유령, 세상을 향해 주먹을 뻗다

유령, 세상을 향해 주먹을 뻗다
천만 비정규직 시대의 희망선언

1판 1쇄 발행 2011년 9월 7일

지은이 홍명교
그린이 박건웅·심홍아·전지은
펴낸이 김찬

펴낸곳 도서출판 아고라
출판등록 제2005-8호(2005년 2월 22일)
주소 경기도 파주시 와동동 604 월드메르디앙1차 112-1704
전화 031-948-0510
팩스 031-948-4018
홈페이지 www.agorabook.co.kr

ISBN 978-89-92055-34-5 03300

* 책값은 뒤표지에 있습니다.
* 이 책의 판매수익금 일부는 비정규직 투쟁 조직에 지원됩니다.

천만 비정규직 시대의 희망선언

홍명교 지음 | 박건웅 · 심흥아 · 전지은 그림

AGORA

차례

PART 2
21세기의 전태일, 비정규직

PART 3
불안정청춘 20대의 오늘

프롤로그 : 빗자루 소리에 잠이 깨다

석관동 어느 예술학교의 새벽 여섯 시. 어딘가 아주 가까운 곳에서 쓱싹거리는 소리가 들린다. 쓱싹쓱싹. 익숙하기 때문에 대수롭지 않게 흘려버리는 소리, 빗자루질 하는 소리였다. 그런 아침은 생소하게 느껴졌다. 알람 소리도, 어머니의 잔소리도 아닌 빗질 소리에 잠에서 깼기 때문이다. 힘겹게 몸을 일으켰다. 기억이 가물가물했다. 아마도 새벽 세 시 즈음이었을 것이다. 수업이 끝나고 같은 과 동기들과 술을 마셨는데 언제나 그랬듯 괴로운 기억들이 떠올랐고, 괴로운 기억을 핑계 삼아 있는 돈 없는 돈 탈탈 털어 계속해서 퍼마셨다. 그리고는 캠퍼스 한복판의 잔디밭까지 와서 기절한 것이다.

같이 있던 친구는 온데간데없었고, 빗질 소리는 점점 멀어지고 있었다. 부끄러운 마음에 고개를 들 수가 없었다. 부리나케 몸을 가누고 비틀거리며 바로 옆 건물로 향했다. 잠겨 있었다. 강의동 쪽으로 달려갔다. 아니, 도망쳤다. 예순 초중반으로 보이는 그녀가 계속 빗질을 하고 있었다. 잠깐 나를 쳐다보지는 않았을까 생각하니 심히 부끄러웠다. 지난밤의 푸념과 한숨들, 좌절감 가득한 한탄들이 한심하게 느껴졌다. 우리가 그렇게 술에 찌들어 잠들 때 그녀들은 아침을 시작하는구나.

몇 년 전에도 이런 아침을 맞이한 적이 있었다. 내가 대학에 입학했던 해, 2003년. 부시 전 대통령의 침공 결정으로 이라크 전쟁이 터지고, 늦여름에는 철로를 수리하던 기차 수리공 다섯 명이 달려오는 기차에 치어 허무하게 죽은 그해에 말이다. 그런 와중에도 철없는 우리는 퍼질러지게 술을 마시고 꽤나 낭만적인 아침 해를 맞이하곤 했다. 그러던 어느 날. 아마 초가을 무렵이었을 것이다. 경비실 안의 공익요원을 제외하면 사람이라고는 찾아볼 수 없던 캠퍼스의 새벽녘. 우리가 둘러앉아 있는 광장 반대편의 학생회관 건물 지하에서 작고 검은 그림자가 나타났다. 그녀는 한껏 허리를 굽혀 천천히, 그렇지만 쉴 틈 없이 산더미처럼 쌓인 쓰레기들을 치우고 있었다. 그걸 보고 있던 우리는 이내 수치심에 얼굴이 빨개졌다. 그녀를 보지 못했다면 우리 역시 아무데나 쓰레기를 쌓아놓고 사라졌을 것이다. 왁자지껄 유난스레 주사를 부리면서 말이다.

술 때문에 더 그랬는지도 모르겠다. 그날 새벽의 마주침은 무척이나 충격적이었다. 고교 시절 내내 '자유로웠던 적 없는' 우리는 갑자기 주어진 시간을 어떻게 쓸지, 무엇을 위해 살아야 할지, 무엇이 되고 싶은지도 모르는 채 꾸역꾸역 밤을 지새우곤 했다. 헌데 우리가 그렇게 술을 마시고 새벽의 어스름을 맞이할 때, 다른 누군가는 바로 그 시간부터 하루의 노동을 시작한다는 것이 몹시 충격적으로 느껴졌다. 대학에 들어온 지 이미 몇 달이나 지났을 때였지만, 우리는 비로소 그녀들을 '볼' 수 있었다. 우리가 '미화원', 혹은 '청소노동자'라고 부르는 그녀들이, 우리와 같은 공간에서 함께 숨 쉬고 있다는 걸 깨달은 것이다.

어떤 이들이 청소노동자를 왜 '유령'이라고 부르는지도 새삼 느낄 수 있었다. 익숙하게 지나치고 '못 본 척'하는 그녀들의 존재를 인정하는 것이 그리도 어려운 일이었을까? 어쩌면 우리가 사는 도시에 덧씌워진 겹겹의 층들이 '어떤 존재'를 목도하는 걸 방해하는지도 모르겠다. 더럽고 창피하고 부끄러운 건 자꾸 감추어지고 덮어진다. 진정으로 '본다'는 것의 의미에서 생각해본다면 우리는 좀처럼 주변의 사물과 사람들을 '보지' 못한다. 그리고 바로 그 점에서 우리들 자신이 처한 현실도 정확하게 직시하지 못하고 있는 게 사실이다. 예컨대 우리 주위의 많은 사람들이 처한 '불안정한 노동'의 조건을 직시하지 못한다는 것은 우리 자신이 처하게 된 동일한 현실의 상황도 바라보지 못한다는 의미이기도 하다. 타인의 고통을 직시할 수 있을 때, 진정한 의미에서 자기 자신을 돌아볼 수 있다고 하지 않았던가. 혹은 그 반대이거나. 그러나 우리는 좀처럼 아무것도 제대로 하지 못한다.

그런데 얼마 전 청소노동자들은 잠든 세상을 일깨우는 서막을 떠들썩하게 알렸었다. 마치 술에 취해 캠퍼스 광장에서 비틀대는 대학생들이 그녀들의 빗질 소리에 깨어나듯이 말이다. 20대 초반 선후배들과 함께 비정규직 노동자들의 싸움에 연대했던 경험이 있는 나는, 숱한 과오와 미숙함으로 인해 꽤나 오래 자기부정과 단절의 시간을 보냈다. 아는 만큼이라도 살며 내가 뱉은 말과 몸부림들을 배반하지 않기를 바랐지만 그게 말처럼 쉽지 않다는 걸 뼈저리게 체감한 시간이었다. 어찌하면 이 난관을 깨고 나갈 수 있을까 고민하

며 쓰라린 좌절의 시간을 보냈다. 그런 나를 다시 불러 세워준 것이 바로 청소노동자들이었다.

21세기 한국 사회에서 어떤 종류의 것이든 일을 하면서 벌어먹는 사람이라면 누구나 억압과 고통, 갈등을 겪는다. 우리 사회는 노동을 해서 먹고사는 평범한 사람들에게는 지극히 살기 어렵고 고단한 곳이 된 지 오래다. 쥐꼬리만 한 월급으로는 가족들과 함께 '인간답게' 산다는 게 거의 불가능할 정도로 물가는 높고, 일하는 순간순간 크고 작은 분노와 눈물이 쌓인다. 다름 아닌 '불안정노동' 때문이다.

불안정노동이란 말 그대로 '안정적이지 못한' 노동을 일컫지만 언제부턴가 우리 시대 '노동'의 보편적인 표상이 되었다. 전체 1,500만 노동자 중 900만 명에 이르는 비정규직 노동자의 삶은 '배제에 대한 공포'와 '포섭에 대한 환상'으로 짜여 있다. 언제 해고될지 모른다는 공포가 극악한 경쟁구도 속에서 인간으로서의 '자존감'을 포기하고 '기계' 같은 존재가 되기를 종용한다. 정규직도 더는 안전하지 못하다. 철밥통이라는 '공무원'조차 무수한 인원 구조조정을 겪고 있고, 일반 기업의 정규직 노동자들도 점차 '노동유연성 강화'라는 미명하에 '비정규직'으로 내몰리고 있다. '우리도 언제 비정규직이 될지 모른다'는 불안감이 그들을 더 움츠러들게 만들기도 한다. 이런 불안정성으로 점철된 노동시장의 대표적 표상은 '하청 노동자', '용역 노동자'다. 그리고 용역 노동자 중 하나가 바로 청소노동자다. 청소노동자들은 도시의 상징-이미지인 '거대한 빌딩숲'에서 유령 같은 존재다. 매일 도심 안에서 건물과 거리를 깨끗하게 쓸고 닦지만, 정작 그곳에서는 '보이지 않는 사람들'로 취급되기 때문이다.

그런데 얼마 전부터 청소노동자들이 '유령'처럼 존재하던 자신의 얼굴을 세상 밖으로 내밀고 '팔뚝질'을 하기 시작했다. 요즘처럼 냉소와 무관심이 팽배한 시기에, 그리고 50, 60대라면 모두가 지독한 보수주의자들일 것만 같은 세상에, 어찌 그런 일이 벌어질 수 있었을까? 이 책은 인생의 황혼기를 맞은 홍익대 청소·경비·시설관리 노동자들이 무더기 대량해고에 맞서 49일간 농성을 했던 사건을 계기로 하여 우리 사회 불안정노동의 실태를 살핀 것으로, 우리는 여기서 한국 사회의 절망 혹은 희망의 이중적 풍경을 엿볼 수 있다.

이 책의 필자인 나 또한 이 절망과 희망이라는 말 사이에 놓인 단절과 공백의 기억이 있다. 대학에서 학생운동을 접한 후 꽤나 많은 비정규직 노동자 투쟁에 연대했었지만 어떤 시기에는 내내 '관찰자'이기만 한 적도 있었고, 또 어떤 일에 대해선 나 스스로 사건의 '당사자'가 아니기에 느낄 수밖에 없는 한계도 있었다. 우리가 결국 '그들' 혹은 '그녀들'이 아닌 이상, 시선의 문제가 환기하는 당사자와 지지자 사이의 긴장감에서 내내 갈등할 수밖에 없다. 관찰자가 아닌 척하는 것도, 또 영원한 관찰자인 척하는 것도 모두 한계적

일 수밖에 없기 때문이다. 그 때문에 이 책의 어느 부분에서는 지극히 감성적인 기억이 투영되어 있고, 또 어느 부분에서는 아주 멀리 떨어져서 서술한 부분도 있다.

그러나 기억과 텍스트가 그것을 말하고 쓰는 주체에 의해 끊임없이 현재적으로 재구성되는 것이라면, 비정규직 노동자와 같이 지금 이 순간 가장 '착취받는 이들'과의 연대의 기억이 제거된 전망은 존재할 수 없다. 하기에 문장과 문장 사이마다 '관찰자/서술자'의 자리가 드러날 때, 너무 당황스러워하지 않으시길 바란다. 운 좋게도 '연대'의 가치를 일찍 알게 된 필자 역시 끊임없이 갈등하고 번뇌하는 대학생이고, 빈틈투성이 인간(실제로 내 친구 S는 항상 나를 "빈틈투성이"라고 부른다)이라는 점에서 이 책을 읽는 독자들과 그리 다르지 않다. 어쩌면 재구성된 기억과 현재의 비정규직 노동자 문제를 바라보는 시야에 이입해보는 것도 나쁘지 않을 것이다. 불안정노동이라는, 이 시대 가장 보편적인 사회 문제에 대한 시선이 대단히 특수한 것처럼 받아들여지는 오늘, 보편적인 쟁점을 보편적인 것으로 받아들일 수 있는 가장 좋은 방법은 사태 속으로 과감히 뛰어들기를 두려워하지 않는 것에서부터 시작하기 때문이다.

홍익대학교의 청소노동자들이 일시에 총장실 앞을 점거해 울부짖으며 집단해고 철회를 외치고 있다는 소식이 퍼진 그날 아침 나는 바로 그것이 가장 보편적인 외침임을 느꼈다. 그 순간 그 현장에 뛰어드는 것만큼 중요한 것은 없다고 생각했다. 그리고 이제 우리는 그 첨예한 갈등과 절규의 장소로 뛰어들 것이다. 앞서서 청소노동자들이, 비정규직 노동자들이, 그들과 함께 연대해 싸우는 청년들이 그랬던 것처럼…….

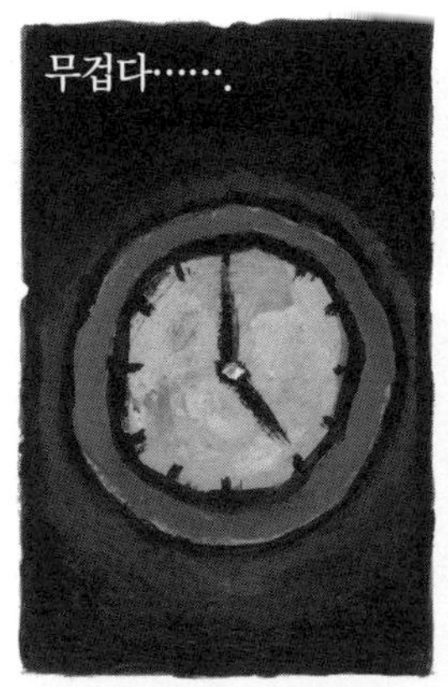
무겁다…….

몸이 천근만근이다.

하지만, 일어나야 한다.

끙!

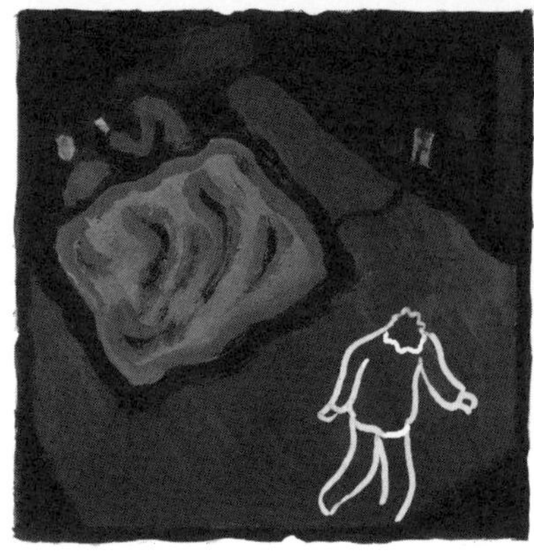

부시럭

꿀꺽
꿀꺽~

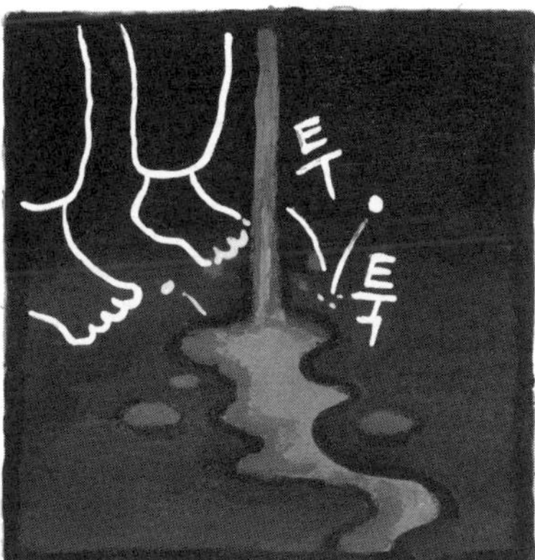
투
툭

아흐흐흐

여보 다녀올게요.
아프지 말고 있어요.

탁-

경축 재개발

텅 빈 버스 안에서는
숨소리조차 나지 않았다.

하지만, 공기는 꽉 차 있었다.

그들은 살고자 했다.

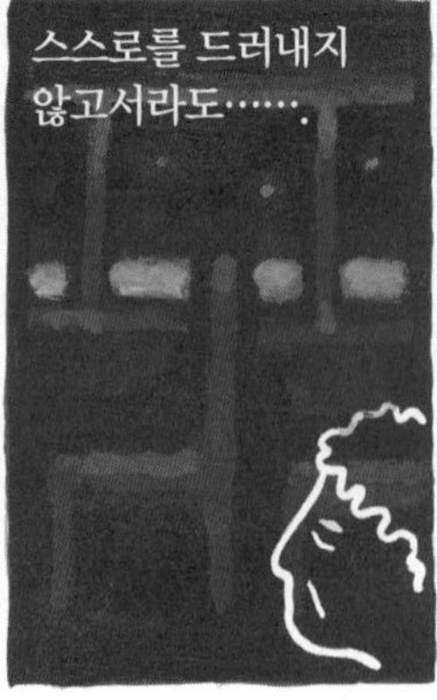
스스로를 드러내지
않고서라도…….

박건웅

학생들의 능목금과
시멘트를 뒤섞어
만들었다는 교문.

그녀에겐

만져도 만져지지가
않는다.

나는 습기찬 지하실
좁은 창고에서
옷을 갈아입고

하루를 시작한다.

고무장갑을 끼고
있어도 물은 차갑고
손은 시렸다.

철그럭~

학생들이 오기 전에
이곳을 청소해야 한다.

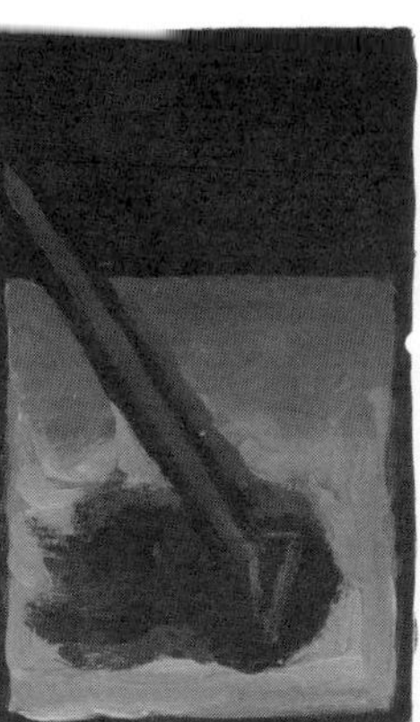

카악~

퉤!

학생들은 정말
우리들이 보이지
않는 걸까?

한번 말을
걸어
볼까?

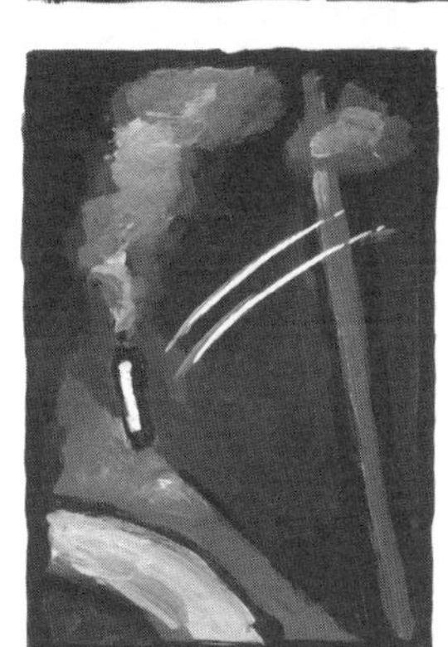

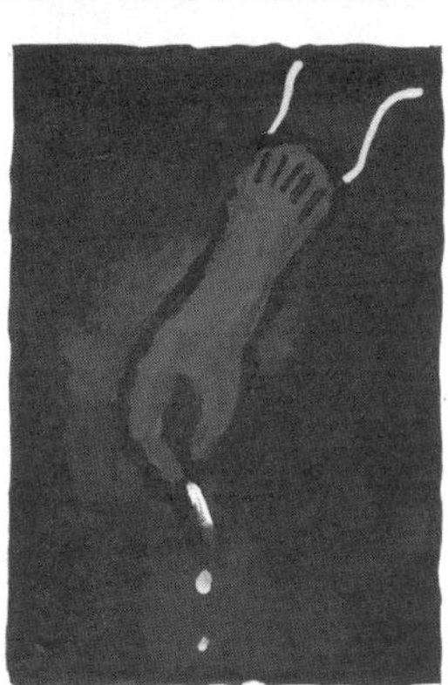

정말 보이지 않는다.

법은 모두에게
평등해야……

여보게들 고생했네!
어여 밥 먹읍시다.
그게 뭔가?

스테이크가
왜 이리 질겨.
엊그제 모임에서
말이지. 허허~
호호. 다음엔
김 교수님이 쏘세요!

메뉴가 똑같네!
등록금은 많이
올리면서 반찬이
이 모양이라니.

내가 집에 있는
반찬을 싸가지고 왔어.
학교에서 밥 사먹으라고
준 300원을 모아서 쌀을 샀네!
국을 좀 끓일까?
어이쿠 큰일나게!
교수님들이 냄새
난다고 했거든.

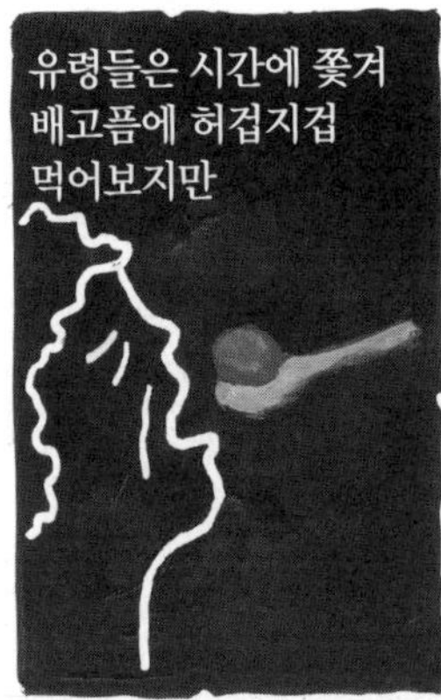
유령들은 시간에 쫓겨
배고픔에 허겁지겁
먹어보지만

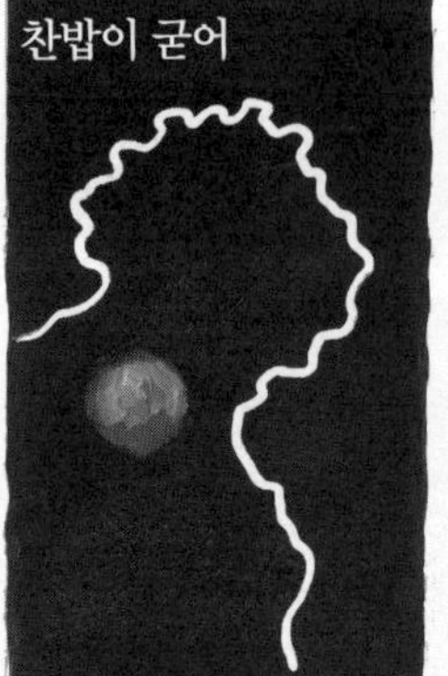
찬밥이 굳어

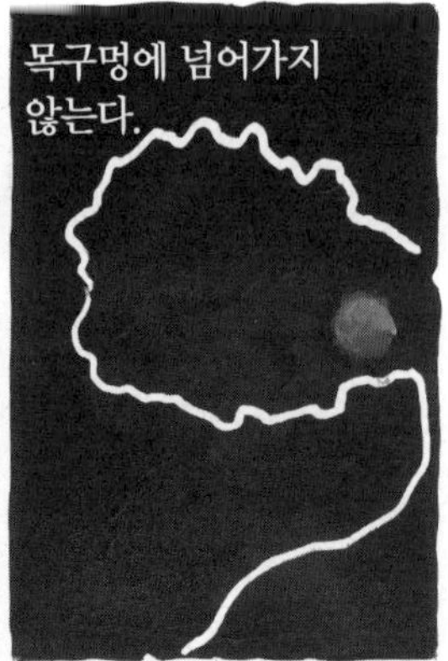
목구멍에 넘어가지
않는다.

훌쩍!

왜 그랴~
체했어?
아니.

군대 간 우리 아들이 편지를
보내왔는데 읽을 수가 있어야지.
자네는 읽을 줄 아는가?

……

우리 모두는 함께 울었다.

유령들은
지금 즉시 사무실로
모이세요!

영매였다.
전에도 얘기했지만
함부로 자리이동
하지 마세요.

내일은 졸업식이 있으니
특별히 깨끗이
청소해야 합니다!
학교에서는 영매를
통해 일을 시켰다.

그 역시 우리를 보지 못한다고 한다.
그저 소리로만 전달시킨다.
분신사바~ 분신사바
화장실 청소하고

영매는 마음에 들지 않으면
몸에 부적을 붙이거나
욕을 하기도 했다.
중얼중얼~
아아아

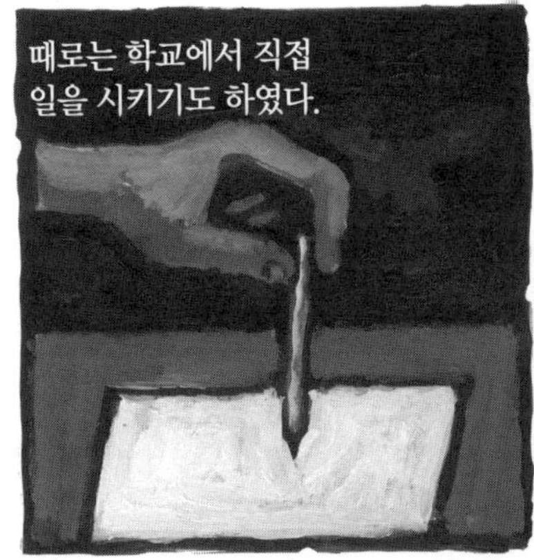
때로는 학교에서 직접
일을 시키기도 하였다.

수억짜리 나무를 심고

수십억짜리 건물을
지으면서

학교는 세상에서 제일
아름다워지고 싶었다.

총장님이 말했다.
홍익인간의 정신으로
세상을 이롭게
해야 합니다.

그들은 세상이

자신을 인정해주길
바랐을 것이다.

그러나

교문 밖으로 나서자마자

그들도 보이지 않게 되었다.

이게 당신들
월급입니다!

이 돈으로는 저희 가족들이
살아갈 수가 없어요.
조금만 더 올려주세요.
제발 대답을
좀 해보세요!

....

그럼 우리들도
우리의 권리를
되찾겠어요!

음......

그렇다면 당신들
내일부터 나오지 마시오!

그랬었군요.

원래……

우리가

보였던 거군요.

아니,
그게 아니고

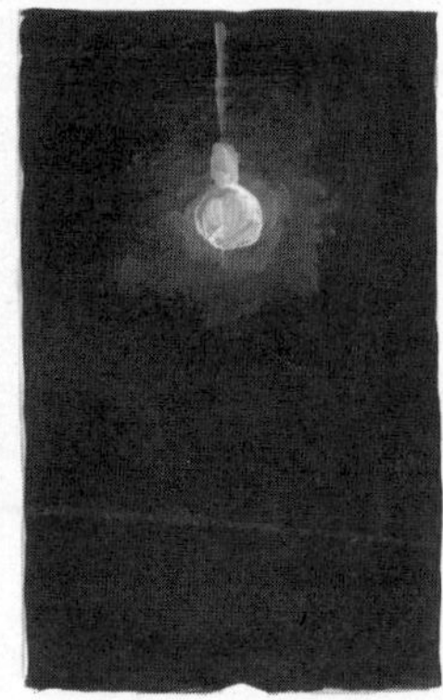

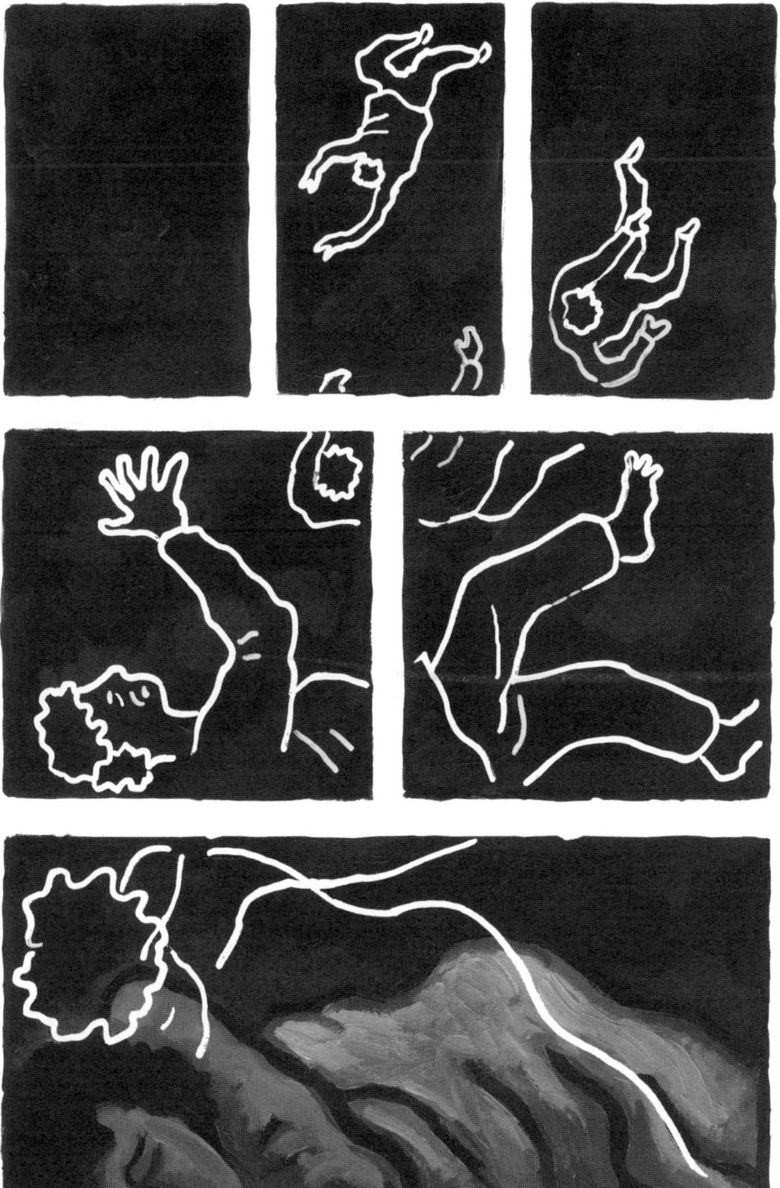

무겁다…….

몸이 천근만근이다.

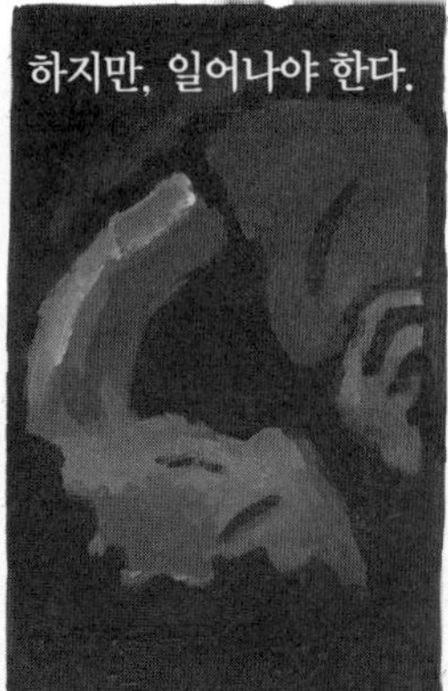
하지만, 일어나야 한다.

오늘은 힘이 났다.

노동기본권 쟁취
비정규직 철폐

오늘 나는 사람의 몸을 안고 일터로 간다.

PART 1

청소노동자, 도심 속의 유령

"홍익대의 청소노동자들이 총장실 앞에 모였습니다!"

믿기 어려운 이야기가 트위터에서 리트윗(retweet) 되어 퍼지고 있었다. 홍익대 청소노동자들에 대한 소식이었다. 짧게는 3개월, 길게는 30년간 일해온 쉰에서 예순다섯 살에 이르는 홍익대학교 청소·경비·시설관리 노동자들이 새해 벽두부터 집단해고 통보를 받았고, 이에 노동자들이 총장실 앞으로 달려가 항의 농성을 하고 있다는 것이었다. 느닷없고 갑작스러운 일이었다. 권력도 빽도 없는 평범한 노동자들이 하루아침에 해고되는 것이 어디 하루이틀의 일이겠냐마는 이렇게 한꺼번에 '모든' 노동자를 해고하는 건 회사가 폐업하거나 부도나지 않고서야 힘든 일이지 않나. 소식은 사람들의 분노를 얻고 빠르게 이곳저곳에 퍼지고 있었다.

무슨 영문일까? 불과 몇 주 전 홍익대학교에서 청소·경비·시설관리 노동자 170여 명이 모여 '노동조합'을 만들었다는 소식은 들었지만 갑자기 '집단해고'라니. 물론 형식적으로는 용역업체와의 '계약해지'라는 명목으로 자행된 일이었다. 학교 안에서 일하는 노동자들을 직접 고용하지 않고 중간에 용역업체를 두어 간접 고용하고 있었던 것이다. 이런 '새로운' 고용방식은 노동자가 아닌 관리자나 경영자 입장에서는 매우 높은 '효용'을 발휘할는지도 모른다. 직접 고용 관계가 아니기 때문에 노동환경 개선이나 임금 인상에 대한 요구를 피할 수 있으며, 매년 재계약을 통해 용역업체를 바꿀 수 있기 때문에 고용하는 노동자 수도 쉽게 조정할 수 있게 된다. 게다가 용역업체에 대한 계약해지 통보만으로 모든 노동자들을 한꺼번에, 매우 용이하게, 해고, 속칭 '자를 수 있는 권한'을 갖게 되는 것인데, 이는 노동조합을 만들어 노동자들이 자신의 권익을 지키려고 할 때, 노동자 탄압의 유용한 수단으로 악용되기도 한다.

타임라인상의 글을 본 순간, 뭔가 잔인하고 이상한 일이 벌어지고 있다는 느낌이 들었다. 해고가 자행된 것이 노동조합을 만들었기 때문으로 보인다는 말들이 전해졌다. 일부 개별 노동자에 대한 해고가 아니었을 뿐만 아니라, 홍익대학교라는 곳에 무슨 특별한 사건이 일어난 것도 아니었기 때문이다. 청소노동자들은 매일 하던 대로 자신들이 맡은 일을 하고 있었고, 하루 전인 1월 2일에도—그날이 일요일이었음에도 불구하고—원청업체인 학교 직원의 통제를 받으며 일을 했다는 것이었다.

고용주에 비해 힘없고 예속적일 수밖에 없는 노동자가 택할 수 있는 선택이 무엇이 있겠는가? 노동조합을 만들거나 법에 호소하는 수밖에 없다. 그러나 절차상으로나 비용상 많은 에너지를 소모해야 하는 법적 호소는 개인이든 집단이든 선택하기 어렵고, 현실적으로 노동조합을 만드는 것만이 노동자들이 자신이 처한 곤경을 해결할 수 있는 대안이 된다. 따라서 노동자들이 노동조합을 만드는 것은 세계 어느 나라, 어느 업종을 막론하고 해고 사유가 될 수 없지만, 일반적으로 한국 사회의 꽤나 많은 자본가, 기업들은 노동조합이 만들어지는 것을 크나큰 '손실'과 '위협'으로 받아들이는 게 사실이다. 이윤을 더 늘리는 것에 방해가 된다고 생각하는 것이다.

예컨대 삼성이나 롯데 등 몇몇 대기업 재벌들이 노동자들이 스스로 '노동조합'을 만들어 집단행동을 하는 것을 막기 위해 갖은 수단과 방법을 가리지 않는 것은 잘 알려진 사실이다. 문서상으로 노동조합을 만들어놓고 실질적으로는 전혀 '노동조합 활동'을 하지 않으며 사측 관리자의 관리를 받는 어용노조를 만든다든지, 노동조합을 만들려는 노동자들을 회유하고 협박하거나 건수를 잡아 징계를 내림으로써 그들의 시도를 저지한다든지 말이다. 대기업 노동자들의 상황도 이럴진대, 다른 노동자들은 어떻겠는가. 대부분의 비정규직 노동자들은 지역과 직장을 막론하고 노동조합을 갖고 있지 못하다. 비정규직은 정규직보다 훨씬 '해고'의 위험에 노출되어 있기 때문에 노동조합을 만들고자 하는 모든 시도들이 쉽게 무력화되곤 하기 때문이다. 그럼에도 불구하고 '사람답게 살고자' 하는 비정규직 노동자들은 결국 노동조합을 만들기 위해 나설 수밖에 없다. 노동조합이 아니면 그 어떤 '권리'도 보장받기 힘들기 때문이다. 홍익대학교의 경우도 마찬가지였다.

오후 두 시. 아르바이트가 끝나자마자 홍익대학교로 향했다. 해고된 청소노동자들이 항의를 하기 위해 아침부터 가 있다는 총장실 앞으로 말이다. 나는 친구들에게도 연락을 돌렸다. 우리가 그곳에 가서 무엇을 할 수 있을진 알 수 없지만, 가야만 한다고 생각했다. 평소 이런 문제에 대해 얕으나마 공감대를 갖고 있던 우리들은 여

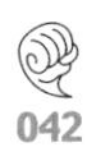

건이 되는 대로 홍익대학교에 모이기로 했다.

홍익대학교 문헌관 6층에 올랐다. 엘리베이터에서 내렸을 때, 복도를 가득 메운 인파에 놀랐다. 그곳은 홍익대학교의 청소·경비·시설관리 노동자들과 그들과 함께하기 위해 모인 사람들, 우리 같은 여러 학교에서 온 대학생들로 가득 차 있었다. 그리고 다른 학교에서 온 '청소노동자들'도 있었고, KBS와 SBS의 카메라도 있었다. 청소노동자들의 싸움이 이런 뜨거운 관심을 받는 것은 이례적인 일이었다. 공중파 방송에서 이미 정오 뉴스로 보도되기도 했다니 꽤나 큰 이슈로 받아들여지고 있는 것 같았다.

아무도 앞으로의 상황이 어떻게 전개될지 알 수 없었다. 학교 당국은 하루아침에 집단해고를 통보했다. 해가 뜨기도 전에 출근한 청소노동자들은 굳게 걸어 잠긴 일터 앞에서 놀라지 않을 수 없었고, 경비노동자들은 간밤에 바뀐 번호키의 번호를 몰라 전전긍긍했다. 학교 측은 해고를 통보하는 과정에서 아무런 설명도 하지 않았다고 한다. 140여 명의 노동자들은 아침 아홉 시부터, 총장과의 직접 면담을 요구하고 있었다. 학교 당국이 예고도 없이 용역업체와 계약해지를 선언해버렸는데, 노동자들에 대해서는 고용을 승계해달라는 것이 그들의 요구였다.

지나갈 길도 없이 빼곡한 인파 속에서 청소노동자 하나하나의 얼굴은 상기되어 있었고 긴장된 표정이 역력했다. 그곳에 모인 시민, 학생, 활동가들의 얼굴에도 분노가 서려 있는 건 마찬가지였다. 노동자에게 '해고'란 다름 아닌 죽음, 생계의 수단 자체를 끊어내는 사망선고나 다름없기 때문이다. 총장은 몇 시간째 총장실 안에서 문을 걸어 잠그고 나오지 않고 있다고 했다. 노동자들과 학생들은 "당장 밖으로 나와서 대화에 응하라!"고 외쳤지만 내내 묵묵부답이었다. 총장실 앞에는 기자들과 노동자들이 장사진을 치고 있었고, 몇 시간째 발언들이 이어지고 있었다.

고령의 홍익대 경비노동자가 마이크를 잡았다. "우리가 많은 것을 요구했습니까. 그냥 그 동안 제대로 받지 못하고 까먹었던 임금 좀 달라고 했던 것뿐입니다." 사실이다. 그들은 인간답게 살 수 있는 권리를 외쳤을 뿐이다. 청소노동자도 마이크를 잡았다. 어눌하고 떨리지만 가슴 절절한 목소리가 울려퍼졌다. "총장님은 우리의 목소리를 들어주십시오! 학교는 우리의 말을 들어주십시오!" 집회 현장의 무수한 활동가들의 연설처럼 똑 부러지고 논리정연하지는 않았지만 온 힘 다해 내쏟는 목소리의 힘만으로도 그 애타는 마음을 느낄 수 있었다.

학생들의 연대 발언도 이어졌다. 성균관대와 연세대, 한국예술종합학교에서 온 학생들이 '연대'와 '지지'의 목소리를 이어갔다. "청소노동자들은 하루에 열 시간을 일하면서도 실질적으로는 75만 원 정도의 월급밖에 받지 못했습니다. 이는 법정 최저임금에도 미치지 못합니다." 왜 이곳에 달려올 수밖에 없었는지, 왜 자신들이 청소노동자들과 함께하려고 하는지 이야기했다. 그리고 하나같이 하는 말. 지금까지 어떻게 다가가야 할지 몰라 망설였던 게 사실이지만 이제 자신들의 학교로 돌아가 청소노동자들을 만나고 싶다고 했다. 총장은 여전히 응답이 없었다. 간간이 학교 쪽의 직원들이 총장실을 들락날락거렸고 총무처 직원 몇몇은 그 앞을 지키고 서 있었다. 마치 청소노동자들이 당장 총장실 안으로 들어가 해코지라도 할 것처럼 말이다. 그러나 청소노동자들이 요구한 것은 다른 무엇이 아니었다. 자신들과 대화를 할 것을, 그리고 아무 죄도 없는 자신들을 향한 무차별 집단해고를 철회할 것을 요구하는 것뿐이었다. 총장실 앞은 격정적인 목소리와 구호로 가득했다. 어떤 청소노동자는 눈가에 눈물이 글썽거렸고, 한 홍익대 학생은 떨리는 목소리를 감추지 못했다. 그녀가 더듬거리며 말하는 단어 하나하나가, 그녀가 지금까지 믿어왔던 세계가 와르르 무너지면서 떨어지는 부스러기들처럼 느껴졌다.

오후 다섯 시. 심하게 굽은 허리의 노인이 농성장에 나타났다. 작은 체구지만 단단해 보이는 인상으로, 동국대학교에서 일하는 청소노동자라고 했다. "우리는 오늘부터 다시 일을 하기 시작했어요." 동국대학교의 청소노동자들이 10여 일에 걸친 투쟁 끝에 얻어낸 것은 고작 '고용승계'였다. 하지만 이마저도 여성으로서는 차마 용기 내기 어려운 삭발과 단식투쟁 끝에 얻은 성과였다. 머리를 빡빡 민 그녀는 꼬장꼬장한 말투로 총장실 앞에 모인 사람들에게 외쳤다. 용기를 내라고. 여러분도 할 수 있다고. 여러분도 우리처럼 승리할 수 있다고 말이다. 다른 어떤 말들보다 그녀의 말이 강렬하게 내리꽂혔다. 다름 아닌 한 청소노동자가, 홍익대와 별반 다를 것 없는 환경에서 힘겹게 노동을 하다가, 노동조합을 만들었고, 해고를 당했고, 투쟁했고, 승리했노라! 그리고 바로 오늘부터, 다시 일한다고 말하고 있으니 말이다.

많은 사람들에게 감명을 주는 말이었다. 연세대학교의 청소노동자들도 나타났다. 그녀들 역시 '노동조합'을 만들고 나서부터 당당하게 '학교 당국'과 싸우고 있는 상황이었다. 노동조합을 만들기 전에는 소장이 시키는 대로, 온갖 비인간적이고 굴욕적인 대우를 참아가면서 업무가 아닌 일까지 도맡아서 해야만 했는데, 노동조합을 만들고 나서 비로소 인간답게 사는 게 무엇인지 알게 되었다고 했다.

이렇게 동시대를 살아가는 동년배의 청소노동자들이 가슴 절절하게 저마다 따로 또 같은 사연들을 쏟아내니, 홍익대 청소·경비·시설관리 노동자들의 눈시울도 조금씩 붉어지고 있었다. 한 노동자는 오늘 대체 몇 번이나 우는지 모르겠다고 했다. "그만 좀 울어!" 주위의 동료들이 애정 어린 격려의 말을 투박하게 건네주었다. "나는요. 노동조합이라는 게 뭔지, 노동자가 뭔지도 모르고 살어온 사람입니다. 그저 하라면 하고, 나부다 새꺼멓게 어린 이한테서 욕도 들어먹고, 그러면서도 꾹꾹 참으면서 일했어요." 우리 모두 그래왔어요. 나도 당신처럼 그렇게 꾹꾹 참으면서 살았어요. 모두들 그녀를

쳐다보았다. 농성이 지속되던 시간 내내 "총장이 책임져라!"라는 외침이 터져나왔다. "우리는 3개월짜리 인생이 아니다"라는 도급제도의 폐부를 찌르는 구호도 들렸다. 학교 당국이 용역업체와 '3개월짜리' 연장계약을 하려고 했던 것을 두고 던지는 탄성이었다. 한편 총장은 몸이 좋지 않다는 핑계를 대며 휠체어까지 대동해 밖으로 나가려 했다. 잠시간의 대화조차 거부하며 그곳을 빠져나가려 한 것이다. 독일문학 전공 교수였던 그가, 그러니까 이 땅의 인문학이라는 것을 가르쳐왔다는 한 교육자가 이런 상황에서 모르쇠로 일관하는 게 얼마나 어처구니없는 일인지 원성이 쏟아졌다. 그러나 그는 그 외침들을 무시하고 말없이 빠져나가려고 했다. 모두들 그게 '생쑈'임을 알았다.

오후 여섯 시. 아수라장이 된 총장실 앞의 밀고 밀리는 싸움이 있었고, 총장은 걸어서 밖으로 나가는 방법을 선택했다. 그때까지도 학교 당국의 입장은 시종일관 '할 말 없음'이었다. 설마, 설마 하던 노동자들은 허탈해 하며 총장의 뒷모습에 야유를 보냈다. 고개를 푹 숙이고 '걸어가는' 총장이 조금 전 자신이 보인 '휠체어 쇼'가 완전히 거짓이었음을 스스로 고백했다.

이런 '쇼'가 처음 있는 일은 아니다. 2009년 가을 성신여자대학교에서는 이보다 더 우스꽝스러운 일도 있었다. 신입생 오리엔테이션에서 무대에 올라 춤을 추기도 해서 유명세를 떨쳤던 심화진 총장이 청소노동자들을 일방적으로 해고해놓고는, 청소노동자들이 항

의차 총장실 앞을 점거하자 창문을 통해 빠져나간 사건이었다. 심화진 총장 스스로 청소노동자를 제대로 쳐다보지도 못할 만큼 부끄러운 짓을 하고 있음을 고백한 것이나 다름없었다. 그래도 최소한의 염치는 남아 있었던 것일까? 우리 사회 '사회지도층'이라는 사람들의 행동이 이렇게 쓴웃음만 나게 한다. 그렇게 하면 모든 청소노동자들의 계약해지, 즉 정리해고라는 초유의 사태에 원인을 제공한 이가 바로 자신이라는 걸 숨길 수 있다고 생각했던 걸까?

월급 75만 원 더하기 식대 9천 원

홍익대 청소노동자들의 출근 시간은 아침 여덟 시. 일이 많은 사람은 새벽 다섯 시에도 출근한다. 이때부터 오후 여섯 시까지 열 시간 동안 일하는 것이다. 물론 그 사이에는 점심시간도 있고, '휴식시간'이라는 명목으로 노동시간에서 제외되는 시간도 있다. 그러나 말이 '휴식시간'이지 실질적으로는 대기하는 시간에 가깝다. 언제라도 '소장'이 불러서 일을 시키면 바로 뛰쳐나가 일을 해야 하기 때문이다. 비좁은 쉼터에서나마 누워 있는 것도 허용되지 않는다.

"수시로 잔업을 시켜요. 당장 와서 치우라면 치워주고 학생들이 버린 쓰레기를 이고 지고 날라야 돼요." 늘 쉼 없이 일해야 하고 업무 외의 노동도 모두 감수해야 하는 그녀들의 노동은 '막노동'이나 다름없다. 하지만 잔업수당 따위는 아예 존재하지도 않으며, 한 노동자가 이에 대해 항의를 했을 때 돌아온 것은 해고 협박과 욕지거리뿐이었다. 미국 노예해방 전의 흑인들이나 조선시대 노비들의 이야기에서나 들어봄직한 내용이다.

11층짜리 건물 P동에서 일하는 최숙희 조합원은 자신을 포함해서 네 명이 건물 전체를 담당한다. 그녀는 첫 출근날 아침 일곱 시 반에 학교에 도착했다. 정해진 시각보다 30분 빨리 온 그녀는 깜짝 놀라지 않을 수 없었다. 대여섯 시에 출근한 다른 노동자들이 벌써 아침 일을 마치고 계단을 내려오고 있었기 때문이다. 대개 주어진 시간 안에 할 일을 다 못 하기 때문에 빨리 출근해야 할 때가 많은 것이다. 그래도 '노동시간'은 오전 여덟 시에 출근한 것으로 계산된다. 일찍 출근했으니 조금 일찍 퇴근하면 안 되냐고 물으면 돌아오는 대답은 "누가 일찍 나오라고 했냐"라는 빈정거림뿐이다.

이렇게 실질적인 노동시간이 열 시간에 이르는 청소노동자들이 실제로 인정받는 임금은 단 '일곱 시간' 어치뿐이다. 이마저도 거의 최저임금에 가까운 수준이다. 따라서 실질 노동시간에 대한 임금으로 따지자면 최저임금 수준에도 미치지 못하는 것이다. 실제로 해고 직전까지 홍익대의 청소노동자들이 받은 임금은 76만 원도 되지 않았다. 2010년도 법정 최저임금인 시급 4,110원 기준이다. 2011년 1월 1일부터는 최저임금이 노동계의 요구안 5,180원에 한참 못 미치는 시급 4,320원으로 올랐는데, 이 기준을 적용해 계산해도 한 달 90만 3천 원밖에 되지 않는다.

고유가 시대, 온갖 물가가 하늘 높은 줄 모르고 치솟는 오늘날, 이 돈으로 한 달 생계를 꾸려나갈 수 있는 가족은 아무도 없다. 월세에 식비, 교통비에 전기세나 가스비까지 내고 나면 생계유지 자체가 불가능한 수준인 것이다. 물론 어떤 이들은 자식들의 부양으로 먹고살 수는 있기도 하다. 그러나 그렇다고 해서 그것이 그녀들이 '노예처럼' 일해도 된다는 뜻은 아니다.

오전 열한 시에서 열두 시 사이. 오전에 해야 할 일을 마친 노동자들은 점심시간을 갖는다. 보통은 모여서 같이 밥을 해 먹는다. 한국사회의 무수히 많은 빌딩과 일터에서 청소노동자들에게 '식권'을

지급하거나 식비를 주는 곳은 별로 없다. 그 때문에 대다수 청소노동자들은 쌀은 돈을 모아 구매하고, 김치나 김, 멸치조림, 깻잎 같은 반찬은 집에서 싸와 비좁은 쉼터에서 함께 밥을 먹는다. 홍익대학교의 경우 한 달 '식대' 명목으로 9천 원이 지급된다고 알려져 논란을 불러일으킨 바 있다. 따지자면 이는 하루 300원 꼴인데, 이 돈으로 한 끼 혹은 두 끼 식사를 한다는 것은 불가능에 가깝지 않은가. 껌 한 통도 300원에 팔지 않는 시대에 한 끼 300원의 식대를 받은 것이다. 사실상 이른 새벽에 출근하느라 아침식사도 제대로 하지 못하는 노동자들의 경우에는 더한 굶주림을 감당해야 한다.

예전에는 학교에 쌓인 '폐지'를 청소노동자들이 직접 모아 팔아 식비를 마련하기도 했었다. 식비가 지급되지 않으니 손바닥만 한 종이라도 줍고, 젖은 종이는 말려서 팔았다. 그리고 그 돈을 모아 고추장이고 된장이고 사서 함께 식사를 했다. 그때는 그나마 폐지를 판 돈이 있어서 "따듯한 밥이라도" 먹을 수 있었다. 그런데 2009년 봄 즈음 학교에서 폐지를 팔지 말라고 통고했다. 폐지를 판 돈은 학생들에게 장학금을 줄 방침이라는 것이었다. 매년 수십억씩 재단전입금을 남겨먹는 홍익대학교가 고작 폐지를 판 푼돈으로 장학금을 주겠다는 건 그렇다 쳐도, 청소노동자들의 '반찬 살 돈'을 빼앗겠다니, 참 어이없는 계획이었다. 그렇게 해서 청소노동자들은 '따듯한 밥'을 먹을 수 있는 방법마저 빼앗겼다. 그래서 항의했더니 식비로 대체해준다는 방침이 내려졌고, 그 뒤로 식비 9천 원이 나온 것이다. 한 달치로 말이다.

'폐지' 문제를 둘러싸고 학교 당국과 노동자들 사이에 갈등이 있었던 곳은 홍익대뿐만이 아니다. 고려대 역시 청소노동자들이 학교 곳곳에 버려진 폐지를 모아 팔아 부식과 간식을 구입하다가, 학교 측으로부터 폐지를 모아 분리수거는 하되, '파는 것'은 안 된다는 통보를 받은 적이 있었다. 이미 몇 년 전 노동조합을 만들어 학교와의 여러 차례의 싸움에서 승리하기도 하고, 긴장관계를 유지하기도 하며 노동자로서의 권리를 지켜오고 있었던 고려대학교의 청소노동자들은 이에 맞서 항의의 목소리를 내기 시작했다. 청소노동자들의 문제에 관심을 갖고 연대해왔던 학생들도 가세했다. 일명 '폐지 논쟁'으로 불거진 이 싸움은 결국 학교가 폐지판매 불허 방침을 철회하는 것으로 마무리되었다. 학생들의 대대적인 지지와 응원이 있었기에 가능했던 일이다.

불행히도 홍익대에서는 이런 흐름으로까지 이어지지 않았다. 우선 청소노동자들과 함께 '연대'하는 학생들이 소수였고, 시기상 방학이라서 관심이 적을 수밖에 없었기 때문이다. 사회적 약자인데다 수적으로도 많지 않은 청소노동자들로서는 노동조합도 없고, 함께 싸워줄 사람도 부족한 상황에서 무기력하게 당할 수밖에 없었다. 고려대나 연세대, 성신여대에서 청소노동자들의 싸움이 계속해서 승리하며 힘을 얻을 수 있었던 데에 총학생회나 '청소노동자 서포터즈' 등의 이름으로 모인 학생들의 전폭적인 연대 활동의 보탬이

있었다면, 홍익대에서는 그런 흐름이 부족했다. 학생운동의 위기와 몇 가지 홍대 내의 사건들로 인해 비정규직 노동자들의 문제 등 사회적인 문제에 대해 고민을 갖고 있는 학생들이 점차 설 자리를 잃고 불신받고 있는 상황이었기 때문이다. 그럼에도 불구하고 홍익대 역시 청소노동자들이 결국 '노동조합 결성'이라는 용기를 내고 행동할 수 있었던 것은 미약하나마 다시 '재개'된 학생들의 움직임 덕분이기도 했다.

스물한 살, 새내기 시절. 어느 날 중앙도서관 앞을 지나가던 나는 거칠지만 또박또박 적혀 있는 플래카드 문구를 보고 놀라지 않을 수 없었다. "뼈 빠지게 일했더니 월급 54만 원 웬말이냐." 다름 아닌 청소노동자들의 임금을 두고 하는 말이었다. 이 플래카드를 건 당사자는 고려대학교의 '불철주야(불안정노동 철폐를 주도할 거야)'라는 학생모임이었다.

실제로 2003년 당시 고려대 청소노동자들이 하루 열 시간씩 꼬박 일하면서 한 달에 받는 임금은 50만 원 정도에 지나지 않았다. 이런 상황을 타개하기 위해 2000년 이후 몇몇 경비노동자, 혹은 청소노동자들이 개별적으로 항의하거나 집단행동을 조직하기도 했었다. 그러나 그때마다 돌아오는 건 쥐도 새도 모르게 감행된 '해고'였다. 매우 단호하고 빠른 조치여서 노동자들이 감히 더 이상 무엇을 할 수 없는 상황이었다. 이때는 학생들도 청소노동자들의 문제에 관심을 갖지 못했다. 당시까지만 해도 '학생운동'이라 함은 학교 밖의 대단한 무엇에 대해서만 실천하거나, 학생들 자신의 등록금과 교육권 문제 등에 대해서만 행동하는 것이라는 관성이 남아 있었기 때문이다. 뿐만 아니라 'NGO'로 불리우는 시민운동의 흐름도 총선 유권자운동이나 평화통일, 주한미군 문제 같은 사안에만 갇혀 있었지 비정규직 노동자들의 문제에 관심을 기울이지 못했다. 이 문제가 1990년대 후반의 전 사회적인 '신자유주의 개혁' 바람으로 생긴 것이기에 그때까지도 어떻게 대응하고 싸워나가야 할지 구체적인 방법을 찾지 못하고 있었던 것이다. IMF 외환위기 이후 노동자들에게 들어가는 모든 '비용'은 '유연성'을 갖추기를 요구받았고, 고려대 청소노동자들에게도 이것이 적용된 것이다. 이 '유연성'은 다름 아닌 해고를 자유롭게 할 수 있는 '사용자들의 유연성'이다.

2003년 당시 청소노동자들의 열악한 현실을 믿을 수 없었던 나는 가까이 지내던 선배에게 플래카드의 문구가 사실이냐고 물었다. "이게 그나마 나아진 거야. 작년엔 50만 원도 안 됐었다니까. 우리가 재작년부터 조금씩 뭔가 해보려고 청소노동자 분들을 만나고 있는데 너도 같이 해볼래?" 그랬다. 당시 고려대의 청소노동자들은 최저임금에 지나지 않는 돈을 받고 있었고, 몇 개월 전까지 50만 원 남짓의 월급을 받았던 것은 학교 당국이 법마저 어기고서 준 임금이었다. 선배들이나 해고된 청소노동자처럼 누군가 먼저 나서서 행동하지 않았다면 이 최소치는 끝까지 지켜지지 않았을 것이다.

스물두 살이던 2004년 늦봄 즈음 나는 내가 다니는 학교 안에서 어떻게 하면 청소노동자들을 도울 수 있을까 고민하게 되었다. 고려대학교에서 학생들이 나서서 청소노동자와의 연대 활동을 고민하기 시작한 것은 2002년부터였다. 앞서 언급한 바 있는 '불철주야'라는 동아리를 만들어 '학내 시설관리 노동자들과 연대하는' 활동을 시작한 것이다. 나 역시 그 동아리의 활동 덕에 이 문제에 대한 관심을 좀 더 구조적이고 근본적으로 심화시킬 수 있었다. 나는 경영학과 학생이었기에 경영대학 소속 세 개의 건물에서 일하는 청소노동자들을 만나는 걸 맡았다. 다른 단과대의 동료들이 가르쳐준 대로 용기를 내어 청소노동자들에게 인사를 하기 시작했고, 조금씩 안부도 묻고 대화도 나누기 시작했다. 말수가 적은 나로서는 꽤나 생소하고 낯선 시도였지만 그럼에도 느껴지는 설명할 수 없는, 벅찬 마음 때문에 더 용기를 얻을 수 있었다.

그때마다 반갑게 환대하던 청소노동자들을 잊을 수 없다. 당시 만났던 분들 중에는 70대의 여성 노동자도 있었는데 나도 모르게 '할머니'라고 불렀던 기억이 난다. 물론 그것은 좋은 칭호가 아닐는지도 모른다. 가족적인 우애감에 호소하는 것을 넘어서서 사람과 사람 사이의 만남을 갈망했지만 딱히 좋은 칭호가 떠오르진 않았다. 아무튼 그 고령의 노동자와 나눈 대화의 기억은 그때까지 친가와 외가의 할아버지, 할머니밖에 모르던 나로서는 매우 낯선 마주침으로 남아 있다.

처음엔 청소노동자들의 휴게실에 들어가는 것조차 굉장히 떨리고 용기도 나지 않았었다. 처음 찾아갔을 땐 어색하게 꾸벅꾸벅 커피만 얻어마셨다. 두 번째엔 이런저런 이야기를 들었다. 당시 만난 청소노동자는 새벽 다섯 시 반이면 출근해서 건물의 3층과 4층 전체를 혼자 청소해야 하고, 또 점심은 이렇게 쭈그려 앉아서 먹어야 한다고 했다. 반찬이라고 해봐야 김치와 김, 콩밖에 없었다. 그렇게 세 번째, 네 번째, 다섯 번째 찾아가면서 그녀들의 삶의 이야기를 들었던 기억이 난다. "퇴근하고 집에 가도 쉬기 힘들어. 남편한테 밥 줘야 돼, 청소해야 돼, 빨래까지. 그러다가 금방 저녁 아홉 시 되면 자야 돼. 새벽 네 시에 일어나야 되니까는. 드라마도 못 봐." 그게 하루도 빠짐없이 반복되는 그녀들의 삶이었다. 이런 한탄 섞인 이야기를 하다가도 노령의 사람들이 항상 그리하는 것처럼 포기하듯이 말한다. "어떡하겠어. 세상이 원래 이렇게 생겨 먹은걸. 학생들이 공부 열심히 해서 높은 사람 돼서 고치고 그래야지."

그러나 나는 '높은 사람' 이 되기 위한 공부만큼은 그다지 할 마음이 없었던 것 같다. 눈시울 뜨겁게 그런 이야길 듣고 나오면 더 자주 청소노동자들을 만나고, 노동자들의 문제에 관심을 갖게 되었다. 몇몇 사람들이 공부를 열심히 해서 높은 자리에 올라간다고 해서 세상은 바뀌지 않기 때문이다. 김대중이나 노무현이 공부 열심히 안 해서 세상이 이렇게 됐겠어. 아니면 우리 학교 총장이, 이명

박 시장이 공부 안 해서 이렇게 됐겠어. 청소노동자들이 직접 나설 수 있게, 행동하지 않으면 안 돼. 우리들은 종종 그렇게 말했고 점점 더 굳게 다짐했던 것 같다.

어떤 사람들은 청소노동자들이 너무 나이가 많아서, 그러니까 우리와는 세대차도 너무 많이 나고, 또 나이든 사람들은 대체로 보수적이니까, 노동조합을 만들어도 제대로 투쟁할 수 없을 거라고 얘기했다. 언뜻 듣기엔 참 설득력 있는 말처럼 들리기까지 했다. 왜냐하면 그때까지 그녀들은 극악한 탄압과 열악한 노동조건 속에서도 꾹꾹 참으며 일을 해왔기 때문이다. 한국전쟁이나 박정희 유신정권 시대를 겪은 노년층들은 한결같이 보수적인 성향을 갖고 있다는 강력한 편견도 한몫했다. 어른들은 항상 경상도 출신은 '기호 1번'에게, 전라도 출신은 '기호 2번'에게 투표하지 않는가. 그들이 실제로 별반 다르지 않는 이해관계를 공유한다고 할지라도 어른들의 생각의 틀은 좀체 바뀌지 않는다. 그리고 인간은 누구든 나이가 들면 세계에 대한 반항심을 억누르게 되지 않는가? 실제로 우리 중에서도 그렇게 생각하는 사람이 점차 늘었다. 뭔가 잘 안 된다는 생각이 들었기 때문이다. 그럴 만도 했다. 선배들로부터 시작된 그 활동이 3년째 지속되고 있었지만 모든 게 너무 지지부진했다.

모든 것이 기우였음이 밝혀진 건 얼마 지나지 않아서였다. 드디어 노동조합이 건설된 것이다. 공공연맹 시설관리노동조합 고려대지부. 몇 차례의 잡음 끝에 많은 노동자들을 설득해냄으로써 이뤄낸

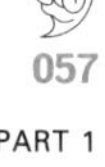

성과였다. 고려대학교 안암동 캠퍼스에서 일하고 있는 200여 명의 청소·경비노동자들이 이 노동조합에 가입했다. 90퍼센트가 넘는 가입률이었다. 그때부터 주인공은 청소노동자들이었다. 학생들은 이제 가장 든든한 '연대' 세력으로 남겠다고 약속했다. 우리는 너무 뿌듯해서, (그 당시 우리에게 기쁜 일이든 슬픈 일이든 결국 종착지는 하나였는데) 밤새 술을 퍼마셨다. 선배들 후배들이 자랑스러웠고 우리 자신이 자랑스러웠다.

어느 학교든 이런 부침의 시간 끝에 노동조합이 건설된다. 노동자들이 이런 용기를 낸다는 것은 너무나도 어려운 일이기 때문이다. 그때만 해도 꽤나 많은 오해를 갖고 있던 우리는, 우리의 재단들이 얼마나 잘못된 것이었는지 깨달았다. 우리에겐 고작 머릿속에서 '옳은 것들'을 감행하는 것의 문제였지만, 청소노동자들에겐 삶 전체를 건 용기의 발걸음이었기 때문이다. 그녀들이 그런 다짐을 하기까지는 그만큼의 '시간'이 필요했던 것이다. 지금 와서 생각해보면 과연 나라면, 내가 청소노동자들처럼 불안정한 조건에서 일하는 노동자라면, 그런 용기를 낼 수 있었을지 의심스럽다. 정의롭고 옳은 것이 무엇인지 너무도 잘 알았고 책도 많이 읽었지만, 삶의 용기에 대해 생각하고 나 자신을 진지하게 돌아볼 만큼 철이 든 상태는 아니었다. 어쨌든 중요한 건 누구도 그녀들을, 아니 모든 노동자들을 쉽게 재단해서는 안 된다는 것이다. 흔히 하는 말처럼 전 세계 70억 인구가 있다면 70억 개의 갖가지 사연들이 있지 않은가.

그 모두 다르듯이, 저마다 조금씩 다른 고민을 안고 살아가는 노동자들은 삶을 건 싸움에 나서기까지 일정한 시간이 필요한지도 모른다.

한편 이렇게 고려대에서 청소노동자들의 노동조합이 만들어지고 당당히 노동의 권리를 주장할 수 있게 되니 연세대나 덕성여대, 성신여대, 한양대, 명지대, 이화여대 등 무수한 학교들에서도 청소노동자들의 노동조합이 만들어지기 시작했다. 어떤 학교에서는 실패를 겪기도 했지만 대부분의 학교들에서 노동조합이 만들어지고 고용승계를 지켜낼 수 있게 되었다. 그러다 보니 청소노동자들이 노동조합을 만드는 것은 하나의 유행처럼 번져나가게 되었다. 청소노동자들 사이에서는 "어느 학교에서 청소노동자들이 노동조합을 만들어서 월급이 얼만큼 올랐다더라", "연세대에서 청소하는 아줌마들이 노동조합 만들어서 싸운다더라", "이화여대는 또 어떻다더라"는 식의 소문이 일파만파 퍼지기 시작했다.

2007년 노동조합을 만든 성신여대의 청소노동자 60여 명은 어느 날 '벼룩시장'이라는 생활정보지를 보다가 자신들이 모두 해고될 예정이라는 사실을 알았다. 청소노동자 자신에게는 일언반구도 없었으니 황당하기 짝이 없었다. 그녀들이 노동조합을 만듦으로써 벌어진 처사라는 데에 이견의 여지가 없었다. 이에 청소노동자들은 즉각적으로 항의 행동에 돌입했는데 다른 학교에서 항상 그랬던 것처럼 성신여대 당국이 보인 행동도 '모르쇠'였다. 자신들은 아무

책임이 없으니 용역업체와 알아서 해결하라는 식이었다. '원청'으로서의 '책임감'은 전혀 보이지 않았다.

노동조합을 만들기 전 조합원들이 실질적으로 받던 월급은 56만 원에 지나지 않았다. 그러다가 노동조합을 만들고 월 72만 원의 임금을 받게 되었다. 그마저도 최저임금이었다. 한동안 용역업체 측은 "학교에 맞는 노동자를 채용하겠다"는 명목으로 일부 해고 의사를 내비쳤는데 이에 청소노동자들이 100퍼센트 고용승계를 요구했다. 여기에 대해 용역업체가 전체 해고로 대응한 것이다. 이에 성신여대 청소노동자들은 추석 연휴 걱정에 한숨을 푹푹 내쉬면서도 굴하지 않고 투쟁했다. 학생들의 연대도 큰 몫을 했다. 전체 9천여 명 중 6,500여 명이 단 3일 만에 청소노동자들의 투쟁에 대해 지지 선언을 한 것이다. 결국 용역업체는 기존의 해고 방침을 철회하고, 추석 위로금이라는 명목으로 20만 원씩을 지급하기로 합의했다. 고려대에서 시작된 청소노동자들의 싸움이 승리의 파고를 이은 것이다.

이어서 연세대, 이화여대에서도 청소노동자들의 싸움이 이어졌다. 명지대나 한양대, 동국대 등에서도 벌어졌다. 오늘날 비정규직 노동자들이 벌이는 모든 싸움들 중에서 50, 60대 청소노동자들이 만들고 있는 흐름은 이만큼 견고하고 파급력이 강하다. '비정규직' 문제에 대한 의식이 한국 사회 전체로 번져나가게 된 데에는 청소노동자들의 싸움이 큰 역할을 했다. 뿐만 아니라 이들이 '여성'으

로서 가부장제의 이중억압에 처한 상황이라는 점은 시사하는 바가 크다고 할 수 있다. '단 한번도 패배하지 않은' 공공노조 서경지부의 청소노동자 투쟁이 바로 이 여성 노동자들에 의해서 이어져가고 있는 것이다.

참을 수 없는 노예 취급, 용역업체의 횡포

일반적으로 청소노동자들에게 '소장'은 조선 시대 말엽의 '마름'과 같은 존재다. 극히 일부를 제외하고는 대다수의 중간관리자들이 끊임없이 그녀들의 노동을 감시하고, 종용하고, 윽박지르곤 한다. 함부로 몸을 만지거나 언급하기에도 민망한 언어적·신체적 성추행을 일삼는 것도 빈번하다고 한다. 그러나 이에 대해 어떤 항의를 하기는 매우 힘들다. 직접고용이 아닌 용역업체 소속이기 때문에 언제고 갖가지 사유로 해고 통보를 받을 수 있기 때문이다. "아줌마 아니라도 일할 사람 많아." 저임금임에도 청소노동자들에게 이런 협박은 매우 익숙한 것이다. "그게 불만이면 그만둬"라는 것이다. 할 말을 잃게 만든다.

실제로 대부분의 청소노동자들이 벌이는 싸움은 '집단해고'에 맞선 항의에서 비롯되는데, 이때 청소노동자들의 주된 요구안 중 하나는 '폭언금지'다. 청소노동자들보다 새까맣게 어린 젊은 관리자가 삿대질을 해가며 이렇게 하라 저렇게 하라고 지시하는 건 예삿일이고, 개새끼 소새끼도 쉽게 듣는 욕이라고 한다. 그때마다 청소노동자들이 하는 말은, 그런 순간이 오면 다른 건 모두 둘째치더라도 인간적인 모욕에 참을 수 없는 모멸감을 느낀다는 것이다. 홍익대 청소노동자들의 경우에도 그랬다. 쌍시옷으로 시작되는 욕설을 듣는 게 매일 같은 일상이었다. 젊은 사람에게 지시받는 건 참을 수 있다고 쳐도 인격적인 모독과 욕설은 도저히 참을 수 없었다고 청소노동자들은 말한다.

홍대에서 노동자들이 49일간 점거농성을 벌이고 있을 때, 나는 매주 두세 번씩 같은 학교 친구들과 농성장에 찾아가 밤을 지새우곤 했다. 마침 방학이기도 했고, 처음의 다짐을 저버리고 싶지 않아서였다. 그때마다 종종 듣곤 했던 노동자들의 이야기가 귓가에서 잊히지 않는다.

한 경비노동자는 일하는 내내 자신보다 스무 살쯤 어린 중간관리자 소장의 욕설과 인격모독에 치를 떨었다고 했다. 큰 잘못도 없는 노동자에게 "당신 이거 뭐야?", "이따구로 하면 어쩌라는 거야?" 등 여러 가지 말들로 모멸감을 안겨주었다는 것이다. 그때마다 목구멍까지 솟아오르는 말을 참고 또 참았다고 했다. 그러나 그가 정작 '노동조합'을 만들어야겠다고 결심한 데에는 "우리 아줌마들"에 대한 마음이 더 컸다. 자신도 그렇게 화가 날 지경인데 저 중간관리자들이 "우리 아줌마들"에게 하는 짓을 보노라면, 인간으로서 도저히 참고 견디기 어려울 지경이었다는 것이다. "내가 이제 살 날이 얼마 남지 않은 게 사실이고, 또 세상만사 아무리 개판이 다 되어간다지만" 자신이 짤리는 날이 오더라도 참아선 안 된다고 느꼈단다. 그에게서 쉴 틈 없이 쏟아지는 한탄의 말에서 그 누구에게서도 쉽게 느끼기 어려운 '연대'의 마음을 느낄 수 있었다. "나 하나 짤리는 건 괜찮다. 하지만 우리 아줌마들은……"이라는 말로 반복되는 그의 말은 결코 거짓처럼 들리지 않았다.

"대기시간에 책 읽지 말라"는 강요도 있었다. 말 그대로 그 시간은

'휴식'시간이 아니었음을 용역업체 관리자 스스로 고백한 것이나 다름없다. 지금도 홍익대는 이 시간을 노동시간으로 인정하지 않고 있는데, 이런 식의 '노무관리'가 계속되는 한 그 시간은 결코 '휴식시간'이 될 수 없다. 노동자들은 "청소노동자는 '책'도 읽으면 안 되나"라는 생각에 눈물이 났다고 했다.

얼마 전 서울 모 대학교 학생들은 청소노동자들과의 '다과회'를 기획했다. "당장 우리 주위의 청소노동자들이 어떤 처지와 환경에서 일하고 계신지 알지 못했기 때문에" 먼저 다가가 그녀들의 삶과 노동에 대해 듣겠다는 취지였다. 그 전에도 이런저런 연대활동을 하긴 했었지만 경험부족 등으로 인해 잘 되지 않았다고 한다. 다과회 자리를 가졌던 적은 있었다. 그런데 노동자들이 하나같이 "우린 참 좋아. 아무 문제 없어"라는 말만 해서 "정말 우리 학교는 청소노동자들에겐 참 예외적으로 좋은 곳이구나"라고 생각했었단다. 그러나 어느 날 한 에피소드를 겪으며 그 생각이 완전히 틀렸을 수도 있음을 깨달았다.

하루는 학생회실 앞에서 한 청소노동자가 청소를 하고 있었다. 마침 학생회실에 있던 학생은 새 학기를 맞아 다과회를 한 번 더 하고 싶다고 말씀드렸다. 그런데 항상 반갑게 인사하던 그 청소노동자가 예상과는 달리 "그런 거 이제 안 할게"라고 한 것이다. 이상했다. 개선할 것이 전혀 없다 하더라도 학생들과의 다과회를 굳이 마다할 분이 아니었기 때문이다. 그래서 좀 더 이야기를 해보려고 하는데,

갑자기 그 노동자가 바로 뒤쪽에 있던 한 남성 노동자의 눈치를 보면서 검지손가락을 코에 대고 '쉿!' 하라는 제스추어를 보였다. 다과회를 제안한 학생은 그제야 눈치를 챘다.

얼마 후 학생들은 그녀와 따로 이야기할 수 있는 기회를 얻을 수 있었다. 지난번 다과회 때도 소장이 엄청 눈치를 주어서 무지 힘들었었고, 이번에 새로 제안할 때 옆에 있던 남성 노동자가 다름 아닌 '소장파'(소장과 친한 쪽)였다는 것이 그녀의 설명이었다. 참 눈치도 없이 이야기를 꺼냈다고 느낀 학생들. 그때까지만 해도 갖고 있던 '우리 학교는 환경도 괜찮고 소장'님'도 참 괜찮은 사람이라서 아주 예외적'이라는 생각이 모두 오해라는 걸 깨달았다. 새삼 알게 된 바, 청소노동자들은 모두 소장을 엄청 싫어했다. 어서 소장이 바뀌기만을, 혹은 용역업체가 바뀌기를 기다렸는데 이번 재계약 때에도 지금의 용역업체가 재계약을 할 것 같아 암울해 하고 있다고 했다. 소장이 일상적으로 노동자들을 심하게 윽박지르고 맡은 업무가 아닌 것까지 마구 시키는 바람에, 모두 힘들어한다고 했다.

지난겨울 눈이 굉장히 많이 왔을 때에도 그랬다. 건물 바깥까지 치울 의무가 없는데도 청소노동자 모두를 '동원'해서 몇날며칠씩 광장의 눈을 모두 쓸어내라고 시켰다는 것이다. 그러니 학생들에게 부탁이 있다면, 학교 내부의 인트라넷 게시판에 "눈을 쓸지 않았으면 좋겠다"고 글을 올려달라는 것이 그 청소노동자의 부탁이었다. "다른 거는 안 도와줘도 다 괜찮아. 그것만 좀 해줘. 생각만 해도

끔찍해.” 학교 안에는 산더미처럼 눈이 쌓여 있었다. 물론 그때 글을 올리긴 했지만, 학생들은 며칠 후 청소노동자들이 하루 종일 눈더미를 리어카에 실어 나르는 모습을 보아야만 했다.

용역업체 뒤에 숨은 원청, '대학교'

해고 통보를 받은 홍익대학교 노동자들이 울분을 토하며 총장실 앞으로 달려왔을 때, 총장실 안에는 장영태 총장이 있었다. 그는 내내 '노코멘트'로 일관하다가 지병을 핑계로 자리를 피했다. 처음에 '휠체어'를 타고 '탈출'을 시도했던 장영태 총장은 탈출에 실패하자 한 시간 만에 두 발 성큼성큼 정문까지 뛰어나갔다. 170여 명 노동자들의 눈물을 뒤로하고서 말이다.

오후 여섯 시. 날이 어둑어둑해질 무렵이었다. 오늘이 지나면 모든 희망마저 사라질 것 같은 분위기였다. 하루 온종일 울분을 토해낸 사람들은 어깨의 힘이 쭉쭉 빠지는 걸 느꼈다. 또다시 이렇게 되고 마는구나, 라는 생각뿐이었다. 아니면 아무 생각도 나지 않았다. 그러나 청소노동자들은 집으로 돌아가지 않았다. 곧바로 건물 1층의 사무처로 내려간 것이었다.

마침 사무처에는 직원 대다수가 아직 자리를 지키고 있었다. 학교 안에 비상사태가 벌어졌으니 그럴 만도 했다. "이제 소용없으니까 다들 돌아가요. 방송 카메라까지 와서 이게 무슨 망신이야." 그들에게선 승리의 미소마저 엿보였다. 그때였다. 노동자들과 학생들이 기습적으로 사무처 안으로 들어갔다. 총장이 자리를 떠났다고 해서 아무것도 해결되지 않은 상태에서 집으로 돌아갈 순 없었기 때문이다. 내일부터 출근할 수도, 일을 할 수도 없는 현실을 무기력하게 받아들일 순 없었기 때문이다.

갑작스러운 사태에 흥분한 사무처 직원은 "XX놈들"이라고 욕설을 내뱉으며 학생들이 버릇없다고 화를 냈다. 몇몇 학생들도 맞대응했다. 노동자들과 학생들, 그리고 사무처 직원들 간에 언성이 높아졌고, 욕설이 오가기도 했다. 한참 후에야 사태는 진정 국면에 다다랐다. 해고된 노동자들은 조용히, 조용히 돗자리를 깔고 바닥에 앉았다. 홍익대 청소·경비·시설관리 노동자들이 벌인 49일간의 점거농성은 그렇게 시작되었다.

노동조합을 만들었다는 이유로 홍익대학교에서 일하던 노동자들이 하루아침에 일자리를 잃었다. 그런데 이에 대해 홍익대 당국은 내내 묵묵부답이었다. '우리 소관이 아니다'라는 식의 입장만 반복적으로 내놓았을 뿐이다. 어떻게 국내 유명 사학 중 하나인 홍익대가 그토록 무책임한 태도로 일관할 수 있었을까? 근본적 원인을 알고자 한다면 노동자들이 모두 '학교'라는 하나의 공간에서 청소를 하고 경비 업무를 하면서도, 두 개의 용역회사에 나누어져 소속되어 있었다는 사실을 주목해야 한다. 중간에 용역업체가 끼어 있는 탓에 노동자들이 노동자로서의 권리를 주장하고 목소리를 내기가 어려웠던 것이다. 이런 고용형태를 '간접고용'이라고 하며, 실질 사용자와 고용 당사자인 용역업체 간의 관계가 원청과 하청의 관계라고 할 수 있다. 용역·외주·도급·파견 등 다양한 이름으로 이루어지는 간접고용은 사용자가 노동자에게 일을 시키면서도 그에 따른 책임에서 벗어나기 위해 중간업체를 이용하는 대표적인 비정규직 고용 형태다. 홍대 청소노동자들이 실제로 일하고, 업무 지시를

받은 곳은 홍익대학교였지만, 그들을 고용한 주체는 용역업체이기에 홍대 당국은 사용자로서의 법적·제도적 책임을 회피할 수 있게 되는 것이다. 이런 계약 구조에서는 노동자들의 임금 인상, 근무조건 개선 요구가 있을 시 용역업체가 얼마든지 "이게 최선"이라는 말로 핑계를 댈 수 있다. 용역 계약을 어느 정도 선에서 맺었으니 그 이상 임금을 올려주는 것은 "우리로서도 불가능"하다며 발을 빼는 것이다. 그렇다면 용역계약을 맺는 주체인 학교 당국이 책임 있는 자세로 나와야 하는데, 학교는 입찰 당시에 가장 낮은 '용역단가'를 제시한 업체를 중심으로 계약을 맺곤 한다.

103주년 세계 여성의 날인 2011년 3월 8일. 고려대와 연세대, 이화여대의 청소노동자 890여 명은 '생활임금 쟁취'를 구호로 삼아 일일 총파업을 벌였다. 이날 하루만큼은 세 대학의 빗자루와 걸레들이 모두 놓여 있었다는 뜻이다. 그녀들이 요구한 것은 간단했다. 청소노동자들이 '삶'을 인간답게 유지할 수 있게 하기 위해 시급을 '생활임금' 5,180원 수준으로 인상하라는 것이었다. 그러니까 국가에서 정한 '최소치'는 도저히 인간으로서 생계와 인간다운 삶을 유지하며 "따뜻한 밥"을 먹고 살기 힘든 기준이니, 재단 전입금이다 뭐다 해서 돈이 넘쳐나는 대학들이 용역업체 입찰 시 5,180원으로 기준을 정해 청소노동자들이 생활임금을 받을 수 있게 하라는 것이었다. 이 세 학교의 네 개 노조는 2010년 10월부터 집단교섭을 벌여왔던 터였다. 11월 말부터 12월 초 사이에 진행되는 용역업체

입찰 과정에서 노동자의 요구를 받아달라는 취지였다. 하지만 원청인 학교 당국들은 오히려 저가입찰을 유도하는 행태를 보였다. 고려대의 경우, 최저입찰가 제시 후 기존에 계약되어 있던 업체와 1순위 업체가 "저가입찰에 동의할 수 없다"며 입찰을 포기했을 정도였다. 교육기관으로서 사회적인 비난을 피해야만 하는 대학들은 종종 "우리는 최저입찰제는 하지 않겠다"는 말을 늘어놓곤 한다. 그러나 이 약속이 지켜지는 경우는 많지 않다.

홍대의 경우와 고대·연대·이대의 집단교섭의 경우 모두 대학들은 노동자들과의 대화를 철저히 거부했다. 오로지 '뒤에서' 용역업체를 조정, 지휘하면서 임금교섭을 파행으로 몰고 갔을 뿐이다. 용역업체와 집단교섭을 하는 내내 청소노동자들은 암담함을 느껴야 했다. 용역업체들 스스로는 아무것도 결정할 수 없었기에 회의를 해봤자 실질적으로 이야기할 수 있는 게 거의 없었던 것이다. 용역업체는 무슨 일을 결정할 때든 학교와 전화 통화를 했다. 대학이 실질적인 사용자임을 드러내는 대목이다.

또한 파견근로자 보호 등에 관한 법률에서는 노동자가 업무 지휘·지시를 누구에게 받는지에 따라 실질 사용자를 규정하는데, 청소노동자들은 일상적으로 '학교가' 시키는 업무를 수행해야 한다. 청소노동자들이 일을 하고 있을 때 학교 쪽의 입김과 입장이 빈번하게 전달되기 일쑤이며, 학교 안의 일상다반사를 교직원들이 직접 시키는 일도 잦다. 심지어 교수나 처장 등 높은 직위의 사람들의 개인적

인 '이삿짐'을 나르는 일도 있다. 실제로 연세대학교에서 일하는 청소노동자들은 몇 번이고 교수실의 짐을 나르는 일에 동원되기도 했다. 이야말로 청소노동자들의 실질적인 사용자가 '대학 당국' 임이 공공연하게 드러나는 진실의 단면이 아닐까?

홍익대 청소·경비·시설관리 노동자들의 농성이 끝나고 몇 개월이 지난 6월 29일. 홍익대학교는 청소노동자 여섯 명에게 2억 8천만여 원의 손해배상 청구 소송을 걸어 많은 사람들을 경악케 했다. 농성 장소의 전기 및 수도 사용료와 대체인력 투입비용, 그리고 정상적으로 용역회사와 계약을 진행했을 경우 소요되는 비용을 차감한 181,345,052원과 명예훼손에 따른 손해 청구액 1억 원을 포함한 것이다. 게다가 고발자인 학교재단 홍익학원은 연 20퍼센트의 이자를 지급할 것을 요구했다. 이는 학교 당국이 자신의 권리를 찾기 위해 저항한 청소노동자들에게 일종의 복수를 가한 것에 다름없다. 심지어 대체인력으로 고용된 이들의 야간수당과 커피값, 술값, 밥값이 포함돼 있고, "학교 행사가 잘 이뤄지지 않았다"는 핑계로 학교 행사 비용까지 청구하는 등 상식적으로 납득되기 어려운 항목들도 많다.

청소노동자들이 집단해고에 맞서 농성하는 기간 학교 당국이 피해를 입었다는 것은 복수를 위한 핑계에 불과하다. 이 소송의 핵심은 더 이상 청소노동자들이 '인간답게 살고 싶다'는 목소리를 내지 못하도록 경제적 압박을 가함으로써 목줄을 틀어잡겠다는 것이다. 또

한 이는 청소노동자들의 고용과는 아무 상관 없다고 내내 발뺌하던 학교 당국이 스스로 자신들이 청소노동자들의 직접적인 고용주임을 천명한 것이다.

여성으로서, 비정규직 노동자로서

청소노동자들의 싸움은 지금도 계속되고 있고, 앞으로도 계속될 것이다. 지금으로선 더 커지고 광범위해지리라 예상되는데, 대중적으로 다른 어떤 비정규직 노동자의 싸움보다도 많은 지지를 얻고 있고, 또 지금껏 거의 패배하지 않고 쉴 틈 없이 진전돼왔기 때문이다. 물론 이는 다른 비정규직 노동자, 학생들, 시민들이 청소노동자들이 일하고 있는 모든 공간에서 그들과 함께 할 때에만 가능한 일이다.

그런데 청소노동자들의 삶의 '전쟁터'는 일터뿐만이 아니다. 바로 그것이 그들의 싸움이 계속될 수밖에 없는 또 하나의 이유다. 그렇다면 여기서 한 가지 유예되어 있던 물음을 던져보자. 우리가 너무도 당연하게 생각했기 때문에, 내내 묻지 않았던 물음이다. 대체 왜 청소노동자의 대부분은 여성인가? 그러니까 열악한 노동조건에 시달리며 보잘것없는 보수를 받는 청소노동자들의 대다수는 왜 남자가 아니라 여자인가? 이 질문에 대해 우리는 쉽게 답할 수 있을지도 모른다. "왜냐고? 당연하잖아. 청소 같은 일은 보통 여자들이 하는 거라고 생각하니까." 맞는 말이다. 그러나 단지 사회적인 인식의 문제만은 아니다. 예컨대 우리는 남자라 하더라도 누구나 청소를 해본 경험을 갖고 있다. 중·고등학생 시절에 학교에서, 군대에서, 그리고 자기 방에서. 그런데 왜 공공의 영역에서 '청소'는 여성의 임무처럼 떠맡겨지고 있을까? 다른 방향에서 되물어보자. 여성들에게 친화적이라고 알려진 여러 직종들은 왜 죄다 저임금이고,

비정규직일까?

자본주의 사회에서 이윤을 창출할 수 있는 노동을 우리는 '생산노동'이라 일컫는다. 이것은 힘을 들여 어떤 가치를 만들어낸다는 의미의 '노동'보다 하위의 개념이며, 노동은 생산노동과 비생산노동으로 나뉜다. 자원봉사나 집에서 하는 설거지처럼 아무 대가 없이 하는 노동은 '생산'으로서의 가치를 지니지 못한다. 단순하게 예를 들어 농부의 농삿일, 공장이나 사무실에서 일하는 노동자의 모든 일들은 '생산노동'이고, 고등학생이 양로원에서 하는 봉사활동이나 교실 청소는 '생산노동'이 아니다.

생산노동에 대해 자본가들은 더 많은 이윤을 남기기 위해 쉴 틈 없이 기계와 노동자들을 굴리고 싶어한다. 그리하면 빠른 시일 내에 상품을 생산할 수 있고 딱 그만큼 '생산비용'이 줄어들기 때문이다. 노동자들이 잠도 자지 않고 24시간 내내 일을 하면 자본가들 입장에서 얼마나 좋겠냐마는 인간은 기계와 다르지 않은가. 휴식시간도, 잠을 잘 시간도, 밥을 먹을 시간도, 여가를 즐기고 자신의 삶에 대해 고민할 시간도, 연애를 할 시간도 필요하다. 과거 산업사회에서는 하루 14~16시간 노동 같은 강제적 착취가 빈번했다. 이는 식민지 노예에게 부과된 노동보다도 더 과도한 것이었다. 19세기 말~20세기 초 영국이나 프랑스의 공업도시에서 공장 노동자들의 모습을 찍은 사진들을 보면 당시 그네들이 얼마나 극악한 조건에서 일을 해야 했는지 간접적으로나마 알 수 있다.

영국의 소설가이자 르포작가 조지 오웰은 『위건부두로 가는 길』이라는 저서를 통해 당시 위건 지역 광산 노동자들의 삶과 노동을 생생하게 묘사한 바 있다. 구체적인 묘사 속에 드러나는 절절한 현실의 언어에서 당시 광산 노동자들이 하루 열두 시간씩 어두컴컴한 광산에서 일을 하면서도 몇 푼 되지 않는 임금을 받았고, 또 일을 하다가 무수히 죽기도 했음을 알 수 있다. 이보다 더한 곳들도 부지기수였다니 상상이 되지 않는다. 이런 상황은 미국에서도 별반 다르지 않았는데 미국 동북부 공장 노동자들의 상당수가 10세부터 17세에 이르는 미성년자들이었다는 사실은 당시의 심각한 노동조건을 짐작케 한다.

자본주의의 이런 비인간적인 현실로부터 노동자운동은 탄생했고 노동조합도 그래서 만들어졌다. 인간으로서의 삶을 누리지 못했던 당시의 노동자들은 "더 이상은 참을 수 없다!"고 외치며 거리로 뛰쳐나오고 공장을 점거하고 기계를 멈추었다. 그런 과정에서 많은 노동자들이 죽거나 탄압받았지만, 그들의 희생을 통해 노동자들의 삶의 조건은 그나마 나아질 수 있었다.

그런데 노동의 범주에서 거의 내내 묻혀왔던 '노동'이 있다. 다름 아닌 '재생산노동'이다. 생산노동은 필연적으로 '재생산'노동을 필요로 한다는 것을 떠올려보자. 재생산노동이란 설거지나 빨래, 청소, 조리와 같은 가사노동은 물론이고, 미래의 생산노동을 책임질 예비노동자 자식들을 낳고 기르는 일련의 양육과 교육까지도 포함해 일컫는 말이다. 이는 자본주의 생산동력 자체를 '재생산' 하는 매우 중요한 문제여서 경제가 어려운 시기에는 사회적으로 가장 큰 문제 중 하나가 되기도 한다. 최근 우리나라는 아기를 낳는 비율이 급격하게 떨어져서 정부기관과 언론이 '아기를 낳자'는 식의 캠페인을 벌이기도 했다. 새삼 과거 박정희 정권 시절의 "더도 말고 덜도 말고 둘만 낳아 잘 키우자"는 캠페인 문구를 떠올리게 하는 일이다.

그런데 이렇게 출산율이 떨어지고 사람들이 결혼하거나 아기를 낳는 일을 피하게 된 건 무엇 때문일까? 그것은 바로 자본 혹은 국가가 '재생산'노동에 대해 아무런 책임을 지려 하지 않기 때문이다. 오직 '가족'이 책임지게 할 따름이다. 정확하게 말하면, 가족 중에서도 여성, 즉 어머니라는 이름의, 모든 '애를 낳은 여성'이 책임을 떠맡는다. 아무리 세상이 변하고 여성들의 사회적 지위가 높아졌다고 해도 여전히 양육의 일차적인 책임은 여성에게 주어진다.

문제는 여기에 그치지 않는다. 재생산노동이 여성의 책임이 되는 순간, 남자들은 생계부양자로 부상하게 된다. 남성이 벌어 오는 돈이 한 가족을 부양할 만큼 되는지는 고려의 대상조차 되지 않는다. 상황이 이러하니, '생산'노동에 종사하는 여성에게 상대적으로 낮은 임금이 주어지는 것은 당연한 일이 되어버렸다. 왜냐하면 여성은 생계를 부양할 책임자가 아니므로, 여성들이 생산노동에 종사하는 것은 부차적인 수입을 위해서라고 정당화되기 때문이다. 텔레

비전 일일연속극만 보아도 그런 풍토를 쉽게 알 수 있는데 사내 커플의 탄생 후 뒤따르는 것은 다름 아닌 '여성'의 '해고'다. 회사에 인원감축의 바람이 불 때마다 여성이 우선순위에 오르는 것은 우리에게 아주 익숙한 부당한 현실 중 하나다.

이리하여 여성에게는 두 가지의 부담이 전가된다. '재생산노동'의 책임과 낮은 임금의 '불안정한 노동'의 정당화. 퇴근해서는 가사노동과 육아를 도맡아야 하고, 일터에서는 상대적으로 낮은 임금과 '불안정성'을 감수해야 한다. 이런 현실은 청소노동자들에게도 온전히 적용된다. 그녀들은 거의 평생에 걸쳐서 집안일을 도맡아 해왔다. 그것은 그 세대에게 매우 당연한 일로 받아들여져왔다. 그뿐만 아니라 아이를 낳고 키우는 것도 그녀들의 전담 분야였다. 오늘날 대다수 여성이 처한 삶의 고난은 그런 것들에서 기인한다. 젊은 세대에게 이르러서는 조금 나아지긴 했지만 재생산노동 부과의 불균형은 거의 여전하다.

이런 현실에서 과연 우리가 청소노동자들이 정당한 임금과 대우를 받기를 기대할 수 있을까? 당장 몇 개 사업장에서의 투쟁이 승리한다고 해도, 재생산노동을 여성에게 전가하고, 저렴하고 유연한 노동력으로 여성을 활용하려고 하는 신자유주의에 가부장제적 폭력이 가미된 이 구조가 바뀌지 않는 한 여성-노동자들의 현실은 절대 깨지지 않을 것이다. 한국 사회의 틀 자체가 여성들, 여성 노동자들에게 생산-재생산노동이라는 이중의 부담을 지게 함으로써 유지되고 있기 때문이다.

홍익대학교 청소노동자들이 열악한 노동환경에서 부당한 대우를 받으며 일해야 했던 이유는 단지 그녀들이 나이가 많아서, 혹은 용역업체가 악독해서만은 아니라는 걸 알 수 있다. 진짜 원인은 재생산노동의 가치를 절하하고, 이를 전략적으로 활용하는 이 사회 체계에 있는 것이다. 홍익대 비정규직 노동자들의 싸움에서 승리를 염원하는 사람들은 말한다. "법정 최저임금을 준수하라!" "대학본부가 고용승계를 책임져라!" 이는 절대적으로 옳은 말이다. 그러나 완전히 최저의 수준에서만 그러하다. 물론 우리는 이 최저치조차 지켜지지 않는 사회에서 살고 있지만 그렇다고 해서 '최저치를 달성하면 되는 것 아니냐'는 발상은 안이하다. 법정 최저임금 자체가 비현실적으로 낮은 상황에서 실제적인 '삶'의 조건은 거의 바뀌지 않기 때문이다.

그래서 이런 요구안들이 받아들여진다고 해서 그 싸움에 대해서 "승리했다!"고 선언해버리는 것은 도리어 무책임한 일일지도 모른다. 재생산노동에 대한 책임이 여전히 여성들에게 전가되고 있는 현실이 끝나지 않고 있기 때문이다. 오늘날 한국 사회에서 일어나는 여성들에 대한 이중부담과 이중착취가 근본적으로 뿌리 뽑히지 않는다면 소용없는 일이다.

그 때문이다. 우리는 단호히 이 사회 시스템 자체를 거부할 수 있어야 한다. 물론 이 사회의 이런저런 작동원리들을 무작정 "반대한다!"고 외친다고 해서 느닷없이 새로운 사회가 시작되는 것은 아닐 것이다. 중요한 건 일상에서의 행동과 공공연한 실천이다.

점거농성과 연대

2010년 11월. 현대자동차 울산공장의 하청 노동자들은 하청 노동자의 정규직화를 요구하며 1공장 전면 점거파업에 돌입했다. 이는 같은 해 7월 대법원에서 원청인 현대자동차가 하청 노동자들을 파견고용했던 것에 대해 '불법'임이 인정된다고 판결한 것에서 출발한다. 이 싸움에서 젊은 '비정규직 노동자들'은 이전까지 노동자운동이 보여준 관성과 폐해와는 전혀 다른 모습을 보여주었다. 그러나 한 노동자의 분신에 이르는 처절한 싸움을 벌였음에도 불구하고, 이 문제의 해결은 아직까지 요원하다. 여전히 현대자동차 측은 '불법파견'을 인정하지 않고 있으며, 비정규직 노동자들의 노동조합인 사내하청노조는 대폭 와해되어버렸다. 내외부에서 엄청난 물리력과 '말들'의 공격을 받았기 때문이다.

그 과정에서 주목을 끈 것은 '외부세력론'이었다. 현대자동차 1공장을 점거하고 있는 하청 노동자들 중에 "외부세력이 있다!"는 것이었다. 하청 노동자들의 '순수한' 파업이 아니라 외부의 정치세력이 개입했다는 것이었는데, 이는 노동자들의 파업이나 학생운동 등에서 꽤나 빈번하게 등장하는 공격의 레퍼토리이기도 하다. 물론 당시 공장 안에는 현대자동차 하청 노동자가 아닌 사람들도 있었다. 기자들도 있었고, 힘겹게 싸우고 있는 비정규직 노동자들과 연대하기 위해 찾아온 다른 노동자들도 있었다. 이들에 대해 쏟아내는 이데올로기적 공격 중 하나가 바로 '외부세력론'이다. 노동자들 간의 연대를 불순한 의도와 음모가 깃든 행위로 몰아 비난하는 것이다.

홍익대학교 청소노동자들의 싸움에서도 어김없이 이 '외부세력론'이 등장했는데, 이는 오히려 판세를 학교 당국에 불리한 방향으로 뒤집는 계기가 되었다. 49일 내내 '외부세력'이라는 단어는 하나의 유행어처럼 농성장 안팎을 횡행했다. 민주노총 공공노조 서울경인지부 홍익대학교 분회, 즉 홍익대 청소노동자들이 노동조합을 결성해서 상급단체인 서울경인지부와 함께 농성에 나서자 갑자기 홍익대 총학생회가 외부세력론을 제기하고 나선 게 그 계기였다. 총학생회는 "청소노동자들의 순수한 싸움이라면 도움을 드리고 싶은데" '민주노총'이라는 "외부세력이 끼어 있기 때문에 문제가 풀리지 않고 있다"며 농성을 중단하고, '외부세력'은 완전히 손을 뗄 것을 요구했다. 그러나 애초에 청소노동자들 개개인이 모두 민주노총의 조합원이었고, '교섭'이란 걸 진행할 때에는 상위 단위인 '지부' 활동가들의 도움을 받는 게 '당연한 권리'다. 사측과의 교섭이나 처우개선의 문제에 있어서 별다른 경험이 없는 홍대 노동자들이 연세대나 고려대, 이화여대, 성신여대 등에서 다른 청소노동자들과 함께 싸워왔던 이 활동가들과 함께 고민하고 문제를 풀기를 선택한 건 너무나도 당연하고 합당한 일이었다. 외부세력으로 규정된 공공노조 경인지부는 명백한 '교섭 당사자'인 것이다.

그러나 홍대 총학생회는 학교 당국이 비정규직 노동자들이 소속된 용역업체와 계약을 해지한 직후 "학교가 최저임금을 지키지 않고 최저입찰제로 용역업체를 선정해 청소노동자 복지 문제를 소홀히 하고 있다는 주장은 사실과 다른 것으로 판명됐다"며 "외부 정치세력과 결탁, 사실과 무관한 내용을 기재하여 여론을 조성하고 언론을 선동하는 방식으로 노동자 복지 문제를 해결하려는 것은 학교 이미지를 실추시킬 수 있으며 정당한 방법이 아니라고 판단한다"는 입장을 밝혔고, 내내 그 태도로 일관했다. 다른 학교들의 경우에서 대개 학생들이 청소노동자들을 지지하고 연대했던 것과 달리, 이 학교 총학생회장은 왜인지 청소노동자들의 싸움에 대해 안 좋은 점만 들춰내려고 안간힘을 쓰는 것처럼 보이기까지 했다. 심지어 1월 6일 홍대 노동자들이 본관 앞에서 집단해고 규탄대회를 열고 있을 때, 총학생회장과 집행부 대여섯 명이 대회장에 들이닥쳐 "학생들의 학습권을 침해하고 있다"며 집회 중단을 요구하기도 했다. 그들은 청소노동자들의 싸움과 자신들의 권리가 배치된다고 생각하는 것처럼 보였다.

1월 10일 총학생회가 연 간담회에서도 외부세력론을 둘러싼 갈등은 반복되었다. 홍익대 학생들이 학교 측과 노조 측의 이야기를 나란히 듣는 자리로 계획된 자리였지만 정작 학교 측은 나오지 않았다. 청소노동자들도 지부 관계자와 조합원들 여섯 명이 나왔지만 총학생회가 배포한 3쪽짜리 설명 자료를 보고 이내 자리를 떴다. 학교 측의 주장만을 반영해 작성한 편파적인 내용으로만 가득했기 때문이다.

끈질기게 외부세력론을 물고 늘어지는 총학생회 덕분에 '진짜 사장'은 빠지고 소모적인 논란만 지속되었다. 학교 당국과 실마리를 풀어야 했던 노동자들은 내내 총학생회장을 상대하느라 시간을 뺏겨야 했다. 공공노조 또한 학교가 아닌 총학생회와 갈등을 빚는 상황을 곤혹스럽게 느꼈다. 노조의 바람이 실질적 사용자인 학교와 직접 대화하는 것인데 총학생회와의 충돌만 쟁점이 되고 있어서 난감했던 것이다. 물론 총학생회의 외부세력론이 등장하게 된 데에는 일정 정도 민주노총에 대한 반감이 깔려 있었을 것이다. 어용노조가 아닌 민주노조로 고통 받는 노동자와 함께하는 운동을 하기 위해 결성된 민주노총이, 지난 시기 20대나 대학생들에게 별다른 희망을 보여주지 못했던 건 사실이다. 꽤나 오랫동안 노동자운동은 부침과 패배를 거듭했고, 몇 번의 비리 사건도 있었다. 노동운동이 근본적으로 뜯어고쳐져야 함은 명약관화한 사실이다. 그러나 다른 한편에서는 이런 민주노총에 대한 변화의 흐름으로 공공노조의 비정규직 노동자 중심 활동도 돋보인다. 공공노조는 지난 3년 동안 비정규직 조합원이 7천 명이나 늘어났다. 다름 아닌 청소노동자와 같은 가장 밑바닥에 있는 노동자들과 연대하고 있기 때문이다.

언젠가 홍대 노동자들이 농성하고 있는 사무처 앞 로비에서 총학생회장과 이야기를 나눈 적이 있다. 농성이 중반부를 넘어서던 즈음의 추운 새벽녘이었다. 서너 명의 경비노동자들과 철야농성 결합을 위해 찾아온 나와 한예종의 친구들은 그와 함께 난롯가에 둘러앉아

얘기를 했다. 그가 말하길 자신도 학내 비정규직 노동자의 처우개선을 학교 측에 요구하는 데 함께하고자 하는 마음이 있다고 했다. 언론에 알려진 것과 달리 "총학생회가 노동자들의 요구 자체를 외면하는 건 아니"라는 거였다. 그러나 이는 대단히 모순적인 태도처럼 보였다. 만약 그랬다면 애초에 청소노동자들이 학교 당국에 정당한 요구안들을 걸고 교섭을 할 때 함께했었어야 했다. 그러나 총학생회는 내내 학교 측의 입장을 대변하는 쪽에 가까웠던 게 사실이다. 또 '점거'나 '집회', 정문 앞 선전전 등에 대해 유난히 난색을 보이며 반대를 하기도 했다.

이는 비정규직 노동자들의 권리는 거저 얻어지지 않는다는 사실을 알지 못하기 때문이리라. 애시당초 설득과 대화만으로 될 일이었다면 학교 당국 스스로가 먼저 청소노동자들과의 대화에 응하거나 집단해고를 하지 않았어야 했다. 그러나 사태는 정반대로 흐르지 않았던가. 이런 이율배반적인 '진술'의 반복 속에서 총학생회장발 외부세력론은 계속해서 반복되었다.

그러나 이런 총학생회의 태도는 실제 학생들의 의견과는 다른 것이었는지도 모른다. 실제로 총학생회가 주최한 간담회에서는 총학생회의 입장이 사태의 본질을 흐리고 있다는 지적이 여러 차례 제기됐다. 경영학과 3학년이라고 자신을 소개한 한 학생은 총학생회가 농성 기간 동안 사태 해결을 위해 한 게 뭐가 있냐며, "문제는 외부세력이 아니라 찬 바닥에 누워 추위에 떨고 있는 어머님들에게 어떻게 도움을 드리는가에 있다"고 말하며 과연 총학생회가 "민주노총 활동가들이 들어오기 전에 무엇을 했나"라고 되물었다. 한 법대 학생은 "밖에서 술만 마시며 놀던 내게 농성 소식을 전해준 건 총학생회가 말하는 외부세력이었다"며 소위 외부세력이라고 불리는 '연대하는 시민들' 을 옹호하고, "비정규직과 정규직을 떠나 약자의 편에 서서 지지하는 것이 당연하다"고 말했다. 더불어 법적으로 아무 문제 없으면 괜찮다는 식의 총학생회의 태도가 삼성 자본이 삼성반도체 노동자들이 백혈병을 앓는 것이 법적으로는 직업병이 아니라고 하는 것과 같은 논리 아니냐는 말도 덧붙였다. 어느 불문과 학생은 "한시가 시급한데 이런저런 방안을 모색할 만한 틈이 없다"며 "비정규직 노동자들의 처우개선을 내걸고 등록금 납부 거부 운동을 벌이자"고 제안하기도 했다.

농성장 역시 도움의 손길을 내미는 '외부세력들'로 북적이기 시작했다. 지금까지의 다른 여느 비정규직 노동자들의 싸움에서는 볼 수 없었던 풍경이었다. 문헌관 1층 로비는 대자보, 시민들이 가져온 온갖 먹을거리, 과일, 라면박스 등으로 가득 채워져갔다.

청소노동자들과 연대하려는 손길들이 많았던 탓에, 매주 두세 번씩 학교 친구들과 적게는 셋, 많게는 열다섯 명이서 농성장을 찾을 때마다 오히려 '민폐'만 끼치는 게 아닌가 하는 생각이 들기도 했다. 방학 중에 하는 세미나가 끝나고 밤 아홉 시에 홍대에 도착하면, 그날 당번인 청소노동자, 경비노동자들과 담소를 나눴다. 자정 즈음

이 되면 노동자들은 잠을 청하고, 우리는 학생들끼리 수다를 떨기 시작한다. 어느 날은 프로젝터를 가져가서 SF영화를 보기도 했고, 지난 2000년 하버드대학교에서 학내 비정규직 노동자들과 학생들이 함께 벌인 생활임금 쟁취 투쟁을 다룬 다큐멘터리 〈점거〉를 보기도 했다. 그러다 해가 뜰 즈음이 되면 두 시간 정도 짧게 눈을 붙이고, 아침에 일어난다. 그리고 노동자 분들이 해주시는 따뜻하고 맛있는 밥을 먹고, 그들과 함께 정문 앞 선전전을 나가는 식이었다. 추운 날씨였지만 매번 그곳에 갈 때마다 기분이 좋았고 뿌듯했다. 우리뿐만 아니라 아마도 그곳을 찾는 모두가 그랬을 것이다. "도리어 얻고 돌아간다"는 말은 농성장에서 가장 자주 건네지는 인사말이었다. 홍익대 노동자들의 싸움에는 그런 즐거움들이 충만했던 것이다.

본관 1층 유리창에 빼곡하게 붙여진 전지들에는 후원금과 후원물품을 보낸 이들의 이름이 가득했다. 쌀, 김치, 라면, 과일, 전기장판, 손난로 등 사람들이 보내오는 물건의 종류도 다양했고, 산골마을의 대안학교 교사부터 시작해서 부산의 여고생까지, 전국 곳곳에서 다양한 사람들이 그곳을 찾았다. 홍익대 졸업생들의 연대도 줄을 이었다. 자신의 모교에서 벌어지고 있는 청소노동자들의 싸움이 '널리 인간을 이롭게 한다'는 '홍익'의 진정한 의미를 살리는 싸움이라고 생각한 것이다. 졸업생들은 후배인 총학생회장이 보이는 실망스러운 행보에 대해서 지탄과 충고의 메시지를 보내기도 했다.

남을 짓밟지 않으면 결코 살아남을 수 없다고 생각하게 된 일부 후배들의 마음을 충분히 이해하고 선배로서 반성하면서도, 거듭 다시 생각해보자고 충고하기도 했다. 요컨대 오늘날 어느 누구 가릴 것 없이 비정규직, 저임금이라는 허울에서 벗어나기 힘든 신자유주의 경쟁 사회에서 학교 안에서 함께 숨을 쉬며 살아가는 학생과 청소 노동자가 이렇게 '다른 권리'라는 이름으로 대치하는 게 얼마나 안타까운 일인지에 대해 얘기하는 것이었다.

홍익대 미술대학의 선배들과 재학생들이 한데 모여 농성장을 멋지게 꾸미는 미술작업을 전개하기도 했다. 내로라하는 홍대 미대 출신의 화가들, 만화가들과 재학생들이 모여서 공동 작업을 한 것이다. 예술이 어디에서부터 시작되어야 하는지 새삼 느끼게 하는 기획이었다. 이후 농성 기간 내내 농성장은 하나의 거대한 전시장이었다. 홍대생들뿐만 아니라 다양한 사람들이 자발적으로 제 나름의 창작물들, 대자보, 손으로 쓴 편지, 조형물들을 만들어서 비치해놓았기 때문이다. 농성 기간 문헌관의 로비에는 다른 여느 미술관보다 동시대적인 고민들이 담긴 작품들이 즐비했다.

총학생회가 간담회를 열었던 1월 10일 저녁에는 혹한의 추위에도 200여 명의 시민과 학생, 노동자들이 모여 촛불집회를 열었다. 이후 이런 촛불집회는 빈번하게 열렸고, 2천여 명이 모이는 대규모의 집회도 자주 이루어졌다. 홍대 비정규직 노동자들의 싸움이 일종의 커다란 기폭제가 될 것임을 암시하는 순간들이었다. 공공노조 서경

지부 소속 천여 명의 노동자들은 자신들의 힘을 확인하고 자신감을 찾을 수 있었다.

한편 1월 10일 저녁 촛불집회가 열리던 같은 시각에는 홍대 인근의 음식점에서 청소노동자를 돕기 위한 방법을 모색하는 '트위터리안'들의 번개도 열렸다. 트위터라는 SNS 매체를 통해 공분을 모아온 각양각색의 사람들이 신문광고부터 후원기금 마련 바자회까지, 다양한 지원 방법을 논의하기 위해 모인 것이었다. 이 역시 전에 볼 수 없었던 풍경이었다. 이 트위터리안들은 '김여진과 날라리 외부세력'이라는 이름으로 활동을 전개했다. 이들은 홍대 청소노동자 싸움의 한 축에 자리 잡아 다양한 지지활동을 펼쳤다. 이 '날라리 외부세력'의 중심에는 영화배우 김여진 씨가 있었는데, 그녀의 진정성 있는 행동들은 여러 사람들을 감화시키기에 충분했다. 농성장에서 자주 그녀의 모습을 볼 수 있었는데, 그 어느 영화배우보다 더 멋져 보였다. 김여진 씨가 홍대 청소노동자들의 싸움에 관심을 갖게 된 것도 다른 여느 연대세력과 다르지 않았다. 평소 마주쳤던 청소노동자들에 대한 몇 가지 풍경, 기억들을 가슴속 어딘가에 담고 있다가, 홍익대 노동자들의 울분을 '간접적으로' 목격하고 달려온 것이었다. 이와 비슷한 사건들을 "볼 때마다 마음이 아팠는데" 홍대 사태를 보고 "빵 터졌다"는 것이었다. 이 '날라리 외부세력'이 보여준 행동양식이 저항의 새롭고 대단한 대안이 된다고 할 순 없다. 분명 한계지점은 있을 것이다. 그러나 침묵하고 지켜보던 시민

들이 자발적으로 나서기 시작했다는 데에 큰 의의가 있다. 직분을 막론하고 지극히 평범하게 살아온 시민들이 비정규직 노동자들의 '점거농성'에 지지를 보내고 열성적인 연대를 했다는 점에서 앞으로 노동자운동이 어떻게 대중적 지지를 획득하고 다시 '대의'라는 것을 얻어낼 수 있는지 생각할 수 있는 좋은 계기가 되었다.

"그녀들이 없다면 홍익대는 단 하루도 깨끗할 수 없습니다."

2010년 5월. 어머니뻘 되는 학교 청소노동자에게 막말을 한 '패륜녀' 사건이 인터넷을 떠들썩하게 달구었다. 해당 사건이 굉장한 논란을 불러일으키면서 당사자는 익명의 다수로부터 도덕적 비난을 들었고, 결국 학교로부터 징계를 당하기까지 했다. 그러나 이에 대한 뒷말들은 둘째치고 과연 대학이 이 학생을 징계할 '자격'이 있는지 의심해볼 필요가 있다. 그 여학생이 도덕적인 잣대로 볼 때 잘못한 것은 분명함에도 불구하고, 과연 누가 진정한 의미에서의 패륜을 저지르고 있는지, 개인과 개인의 관계에서 생기는 문제를 넘어 구조적인 '패륜'이 있는 것은 아닌지 살펴보아야 한다는 것이다. 패륜녀 사건은 분명 씁쓸한 일임에 분명하다. 대학이라는 공간에서 끊임없이 마주칠 수밖에 없는 학생과 노동자가 사소하고 개인적인 갈등으로 씁쓸한 장면을 보여주었기 때문이다. '도시의 유령'처럼 취급받는 청소노동자들이 학교의 한 구성원임을 학생들 역시 인식해야 한다. 서로 소통하고 좀 더 빈번하게 마주치며 연대의 끈을 만들어야만 가능한 일이다.

앞서 언급했다시피 지금까지 서울 지역의 청소노동자 투쟁에 있어서 '학생들'의 역할은 매우 컸다고 할 수 있다. 실제로 고려대학교 청소노동자들이 노동조합을 만드는 데에는 '불철주야'라는 모임 학생들의 2년여에 걸친 활동이 큰 역할을 했다. 연세대학교에서도 마찬가지다. 학내 비정규직 노동자 문제의 해결을 위해 만들어진 '살맛'이라는 학생모임은 용역업체가 착복한 3억 5천만 원의 체불

임금을 받아내는 싸움을 청소노동자들과 함께 하게 된 것을 계기로 만들어졌다. 착복 사실이 발각된 용역업체는 이 돈을 원래의 주인인 노동자들이 아니라 학교 당국에 '발전기금' 명목으로 지불했는데 이 문제를 해결하기 위해 1년에 걸쳐 싸워야 했다. 학교 곳곳에서 집회를 열고, 노동청 복도를 점거하는 등 살맛의 구성원들과 청소노동자들은 힘을 합쳐 많은 일을 벌였다. 이 투쟁을 계기로 노동조합이 만들어지고 이후 살맛의 활동도 계속되었다. 이화여자대학교, 성신여자대학교와 홍익대학교에서도 마찬가지다. 문제의식을 갖고 있던 학생들은 '청소노동자 서포터즈' 등의 학생모임을 만들어 학교 안팎에서 열성적인 연대활동을 펼쳤다. 청소노동자들이 고용승계나 여타의 난관들에 부딪힐 때마다 함께 싸우고, 학교 안에서 학생들을 상대로 대대적인 선전활동을 펼치기도 한 것이다. 뿐만 아니라 '공동대책위'라는 이름으로 대학이 위치한 지역 사회의 여러 시민운동단체, 진보정당, 학교 안의 학생회, 동아리들이 한데 뭉쳐 지역적인 연대운동으로 확대하기도 하는 방법으로 힘을 보태기도 했다.

지금까지 비정규직 노동자들의 싸움은 끝을 모르고 굽혀지고 밀려온 게 사실이다. 더 이상 내줄 것이 없는 비정규직 노동자들에게 자본과 권력은 '더 내놓으라'고 압박을 가해왔다. 그때마다 비정규직 노동자들은 파업의 권리조차 온전히 보장받지 못하기에 해고당할 것을 각오하고 싸워왔다. 그러나 아무 권리도 보장받지 못한 노동자들이 저 거대한 권력을 상대로 싸워서 이기기는 너무나도 힘들다.

이렇게 사회적인 현실이 다윗과 골리앗의 싸움이 될 수밖에 없는 것임에도 불구하고 대학 청소노동자들은 지금까지 거의 지지 않고 버티며 싸울 수 있었다. 아니 어떤 싸움에서는 꽤나 의미 있는 진전을 보고 있기도 하다. 학생회 선거 투표 참여자보다 '청소노동자들의 투쟁'에 대한 지지서명 숫자가 많다는 것만 보아도 알 수 있지 않은가. 2011년 3월 초에 시작되어 4월 초까지 한 달 동안 지속된 고려대와 연세대, 이화여대의 전체 청소노동자들의 싸움은 세 학교의 학생 4만여 명이 지지서명에 동참하는 전폭적인 지지를 얻었다. 학생들 자신의 문제인 등록금 투쟁에서도 얻지 못했던 성과다. 청소노동자들이 불합리한 처우에 저항하며 '생활임금 쟁취'를 요구하고 나서자 이렇게 많은 학생들이 동참했다는 것은 시사하는 바가 크다. '나이 드신 분들에게 어떻게 이렇게 할 수 있느냐' 식의 전통적이고 휴머니즘적인 감성에서 비롯된 사고방식도 학생들이 보낸 청소노동자들을 향한 지지의 바탕이기도 하지만, 그보다는 살맛이나 불철주야, 청소노동자 서포터즈 같은 동아리나 학생회 등 각 대학에서 나름의 자치활동과 학생운동을 해온 학생들이 끈기 있게 연대하며 노동자들과 함께 싸워온 것이 더 큰 힘이 되었다. 실제로 학생들이 함께하지 못하고 있는 몇몇 대학들에서는 청소노동자들이 대책 없이 해고당하거나 노동조합 만들기를 포기해야만 하

기도 했다. 바로 이런 이유 때문에라도 대학 청소노동자들의 행동에 대학생들이 함께한다는 건 실질적으로 큰 보탬이 되는 소중한 일이다.

또 반대로 학생들이 학교 당국으로부터 부당한 징계를 받거나 등록금 투쟁을 할 때 노동조합을 건설한 청소노동자들이 '연대'를 해오기도 한다. 실제로 고려대학교에서 학생들이 학생자치를 지키기 위해 싸우다가 '징계' 조치를 받았을 때, 청소노동자들은 지치지 않고 투쟁이 지속된 1, 2년 내내 연대를 하기도 했다. 이렇게 해를 거듭할수록 쌓여나가는 대학 청소노동자들과 학생들 간의 공동투쟁의 경험이 '막말 사건' 따위는 발도 붙이지 못하게 만드는 문화를 만든다.

이것은 단 한 번의 사건, 일시적인 노력으로 이루어진 일이 아니다. 연세대 살맛과 이화여대 청소노동자 서포터즈 활동을 하는 학생들은 청소노동자들과의 오리엔테이션, 노동조합 창립 1주년 수련회뿐만 아니라 일명 시작교실('시간을 돌리는 작은 교실'의 줄임말)이라는 이름으로 청소노동자들에게 한글과 컴퓨터를 가르쳐주는 활동도 해왔다. 청소노동자 대다수는 한국전쟁 이후와 집약적인 경제개발이 이루어진 1960~70년대에 어린 시절을 보내면서 '여성'으로서, 풍족하지 못한 환경에서 사회적으로 교육권이 배제된 채로 살아왔다. 이 사회는 그것을 여성 개인의 능력 탓인 것처럼 치부해왔고, 또 이런 여성들을 '최저임금을 받아 마땅한' 노동자로 낙인찍어왔던 것이다. 이제 이들은 '고령'의 '여성' 노동자라는 이름으로 오늘을 살고 있다. 이런 문제의식하에 학생들은 '다시 시간을 돌린다'는 의미로 '시작교실' 활동을 했다. 이 과정에서 청소노동자와 학생들 사이에 우애와 신뢰가 쌓였음은 물론이고, 노동자들에게는 스스로 사회적인 주체로서의 자신감을 찾는 계기가 될 수도 있었으리라.

한번은 이런 일이 있었다. 연세대학교 살맛 학생들과 여러 재학생들이 노동자들과 '시작교실'을 하면서 겪은 일이다. 한글을 배우는 시간이었는데 한 '학생 교사'가 청소노동자들에게 '버리다'가 일상적인 언어일 것이라고 생각해 '버리다'를 통해 'ㅂ'을 알려주려 질문을 던졌다. "'쓰레기' 하면 뭐가 떠오르세요?" 그러자 노동자들에게서 돌아온 답. 그것은 '버리다'가 아니라 '줍다'였다. 이처럼 학생과 청소노동자 사이에는 세계를 보는 관점에서부터 일정한 간극이 있었다. 학생들에게 쓰레기는 '버리는' 것이었지만, 청소노동자들에게는 어디까지나 '줍는' 것이었다는 점이 많은 것을 돌아보게 한다.

언젠가 '패륜녀'였던 학생들과 '유령'인 청소노동자는 반드시 만나야 한다. 아니, 만날 수밖에 없다. 결국 한 공간에서 함께 살아가며, 공통의 상황을 맞이하고 있는 평범한 사람들이기 때문이다. 오늘날 청소노동자들이 신자유주의 권력이 가하는 끔찍한 이중착취의 구조에서 자유로울 수 없듯, 대학생들 역시 극심한 취업난과 비싼 등

록금, 취직을 해서도 '불안정한 노동'에 시달리는 구조에 의해 고통 받고 있다. 요컨대 청소노동자들이 뭉쳐서 싸우고 있는 오늘날의 신자유주의 노동시장의 조건이, 바로 20대 대학생들이 반드시 자각하고 싸워야 할 신자유주의 노동시장의 조건이다. 청소노동자들의 승리는 청년실업과 학자금 대출 빚에서 헤어나가기 힘든 대학생들의 승리이기도 하다는 것이다.

내가 다니는 한국예술종합학교의 학생들은 이제 막 청소노동자들과의 연대를 고민하는 단계다. 홍익대 청소노동자들의 집단해고 소식을 듣고 농성장에 찾아가기 시작한 학생들은 매주 빠짐없이 적어도 한두 차례씩 이 학교를 찾았다. 생전 집회 한 번 가보지 않았던 학생들이 대다수라서 처음에는 무지 낯설고 생소해 했다. 맨 처음의 그 어색한 표정, 무엇을 해야 할지 몰라 이리저리 두리번거리던 모습들이 생생하다. 그러나 차츰 "투쟁!" 구호에 익숙해졌고, 남의 학교인 홍대 농성장을 자기 집처럼 생각하고 스스럼없이 침낭을 덮고 잠드는 풍경들이 펼쳐졌고, 청소노동자들의 삶에 맞부딪혀 연대의 의미를 몸으로 느끼게 되었다. 우리는 만날 때마다 꼭 '홍대' 어떻게 될까에 대해서 이야기했고, 그것은 술자리에서도 빠지지 않는 화제 중 하나였다.

홍익대 청소노동자들의 투쟁을 통해 우리는 우리 학교에서 '무엇을 할 것인가'라는 질문을 가슴에 품을 수 있었다. 국립예술학교라는 특수한 대학에 다니고 있지만 그곳에도 학생들이 매일 마주치게 되는 청소노동자, 경비노동자들은 있다. 그들에게도 분명 홍익대나 연세대의 청소노동자들이 겪는 것과 별반 다르지 않은 문제들이 상존할 거라는 예상을 당연히 할 수 있었고, 그들을 어떻게 만날 것인지를 고민하게 된 것이다. "다음 학기 개강하면 청소노동자들이랑 만나고, 다과회도 하고……." 홍대 농성장에서 밤을 새는 동안 별의별 아이디어들이 쏟아져나왔다.

초국적 금융자본이 지배하는 현대 자본주의의 얼굴은 '대도시'라고 해도 과언이 아니다. 독일의 고전영화 〈메트로폴리스〉에서 도시는 '풍요로운 삶을 누리는 지상 세계'와 비참한 삶들로 가득한 '지하 세계'로 나누어진 음과 양의 거대한 총합체다. 이 영화에서 주인공 프레더는 아버지에게 지하 세계의 노동자들의 삶을 개선해줄 것을 요청하지만 단칼에 거절당한다. 가난하고 억압받으며 노예 같은 삶을 사는 '노동자'의 처지는 도시의 거대한 경계선에서 출구를 찾지 못한다.

자본주의 사회의 도시는 점점 보이지 않는 경계, 보이는 경계들로 자신의 치부와 모순들을 감추기 시작했다. 빌딩의 레스토랑은 로비 한가운데나 스카이라운지에 자리 잡고 있지만 그 모든 공간을 쓸고 닦는 청소노동자들의 '쉼터'는 지하층 맨 구석 즈음의 외딴 곳, 보일러실 옆의 습기 찬 창고, 혹은 창고 옆의 작은 칸막이 사이에 자리 잡고 있다. 그러나 그 어느 공간도 그곳을 쓸고 닦는 청소노동자 없이 유지될 수 없다는 것은 누구나 아는 사실이다. 동시대 리얼리즘 영화의 거장 켄 로치 감독의 영화 〈빵과 장미〉에는 이런 경계들 안의 갈등이 사실적으로 묘사되어 있다.

"전 여러분들이 모욕당하고, 해고당하고, 경제적 어려움과 추방 협박을 당하는 걸 보아왔습니다. 그런 여러분들의 용기에 경의를 표합니다. 이제 의료보험 쟁취를 위해, 직장에서 존중받기 위해 싸웁시다. 우린 빵을 원하지만 장미도 원합니다. 하지만 아무도 거저 장미를 주지 않습니다. 우리가 단결할 때 장미는 얻을 수 있습니다. 우리 삶을 휘두르는 회사에 맞설 만큼 강한 노조를 만들어야 합니다. 여러분의 권리를 위해 일어나십시오!"

북미서비스노동자연맹 활동가로 등장하는 샘은 열변을 토하며 투쟁할 것을 호소한다. 이 장면은 1990년 4월 미국 로스앤젤레스 청소노동자들의 파업투쟁을 영화로 재현한 것이기도 하다. 샘이 말한 이 '빵'과 '장미'는 세계 여성의 날의 상징물로도 알려져 있다. '빵'은 인간의 생존을 위한 권리이며, '장미'는 인간으로서의 존엄을 누릴 권리를 뜻한다. 1912년 매사추세츠 로렌스 파업투쟁에서 처음 등장한 '빵과 장미'는 노동이 사회적으로 존중 받기를 원하는 이민 여성 노동자들의 꿈과 희망이 담긴 상징적인 기호였다.

영화가 시작되면 카메라는 멕시코 국경을 넘어 미국으로 밀입국하는 여성들의 등 뒤를 쫓는다. LA에 도착한 마야는 청소 일을 하는 언니 로사와 만나고, 그녀가 일하는 빌딩에서 청소 용역업체 소속 청소노동자로 취직하게 된다. 그러나 '불법이주민'이기에 첫 월급은 몽땅 바쳐야 한다. 그러던 어느 날 경비원에게 쫓기던 샘을 만나는 마야. 얼떨결에 그녀의 쓰레기통 속에 샘을 숨겨준다. 마야와 샘의 사랑은 가능할까? 신자유주의로 점철된 미국 사회의 비정규직·이주·여성 노동자에 대한 착취 구조는 둘에게 어떤 방해물이 될까?

어떻게 보면 대단히 간명한 이야기 구조로 이루어진 이 영화는 신

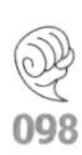

자유주의 사회에서 노동자가 처한 현실들을 세밀하게 보여주고 있다. 첫 월급은 고스란히 감독관에게 상납해야 하고, 의료보험과 휴가는 생각조차 할 수 없다. 한 동료는 버스가 막혀 지각했다는 이유만으로 해고되기도 한다. 결국 마야는 샘에게 도움을 청하게 되는데, 그날 밤 샘으로부터 그녀와 동료 청소노동자들이 함께 단결해서 싸우면 로스앤젤레스의 도심도 멈추게 할 수 있다는 감동적인 연설을 듣는다. 결국 동료들과 함께 작전을 펼치는 마야. 진공청소기와 황금칠면조로 사무실에서 벌어지는 변호사들의 파티장을 망쳐놓는다. 원청에 대한 사용자성을 요구하는 홍익대 청소노동자들의 '항의 농성'이 떠오르는 대목이다.

미국 청소노동자들의 삶과 노동에 대해 말하고 있는 영화 〈빵과 장미〉에서 장미가 전하는 메시지는 의미심장하다. 노동절의 기원이 된 '헤이마켓 사건'으로 사형당한 노동운동가들에 대한 연대의 표시로 가슴에 처음으로 장미를 달기 시작한 것으로부터 '장미'는 노동자들의 꽃이자 진보를 상징하는 꽃이 되었다. 유럽의 좌파 정당들이 당의 엠블럼으로 장미를 택한 것도 이런 이유 때문이다. 영화에서 마야가 "우리는 빵을 원한다. 그러나 장미도 원한다"고 했던 것처럼, 노동자들에게는 밥만이 아니라 인간으로서의 존엄도 필요하다.

마야는 같은 또래의 루벤과 엘리베이터 앞에 쪼그려 앉아 청소하는 법을 배운다. 사람들은 마치 이들이 전혀 존재하지도 않는 것처럼 못 본 척 지나가버린다. 루벤이 말한다. "이 청소부 옷의 비밀이 뭔지 알아? 우리를 보이지 않게 만든다는 거야."

그러던 어느 날. 유령이었던 이들에게 위기가 닥친다. 관리자가 노동조합에 가입하면 모두 해고라고 협박한 것이다. 누군가의 밀고가 있었고 개별적인 회유와 협박이 시작된다. 이는 미국에서뿐만 아니라 한국에서도 빈번한 일이다. 홍대에서도 청소노동자들은 하나같이 학교 당국의 '회유'의 전화를 받아야만 했던 것이다. 그러나 홍대의 모든 청소노동자들이 그러했듯 마야의 동료 베르타는 동료들을 배신하지 않고 결국 해고를 당한다. 결국 마야와 샘, 그리고 다른 청소노동자 동료들은 용기와 단결을 통해 난관을 극복해나간다. 마치 홍대의 청소노동자들이, 연세대와 동국대의 청소노동자들이 그러했듯 불굴의 용기로 온갖 갈등들 너머로 나아가 단결해서 싸운다.

청소노동자들의 삶이 사실적으로 그려진 이 영화는 사실 켄 로치 자신이 미국에서 벌어졌던 청소노동자들의 실제 투쟁에 영감을 받아 만든 작품이다. 그 때문에 영화 곳곳에 현실에서 드러났었던 말과 상황들이 있는 그대로 표현되기도 한다. 현실에 대한 모방인 영화가 거꾸로 현실의 거울이 되기도 하는 21세기 영화예술의 아이러니가 바로 이 영화와 오늘날 한국 사회 청소노동자의 현실 속에서 중첩되어 드러나고 있다.

앞서 언급한 바 있는 〈점거〉는 매우 빠른 속도감이 느껴지는 다큐

멘터리 작품이다. 2000년 하버드대학교에서 벌어졌던 하청 시설관리노동자들과 하버드대 학생들의 20여 일간의 사무처 건물 점거농성을 다루고 있다. 하버드대 학생들은 학내의 청소·시설관리·경비·식당 노동자들이 대부분 저임금에다가 항상 해고될 위험에 처해 있다는 것을 알게 된 어느 날, 넓은 캠퍼스를 가로질러 학교의 사무처 건물을 기습적으로 점거한다. 그리고 그곳에서 피자를 시켜 먹고, 구호를 외치고, 노동자들이 처한 상황을 교내외에 널리 알리는 작업을 전개한다.

처음에 노동자들은 학생들이 벌인 이 농성에 대해 미심쩍은 시선을 보냈다. 치기 어린 학생들이 그저 뭔가 흥미로운 것을 행하기 위해 벌인 행동이 아닐까 생각한 것이다. 물론 그들은 자신들을 둘러싼 노동환경이 무척이나 부당하고 잘못된 것임을 알고 있었다. 그러나 그들이 무언가에 대해 부당하다고 이야기했을 때, 학교 당국이 어떤 반응을 보일지 두려웠기 때문에 침묵하고 참고 있었던 것이다.

결국 하버드대 학생들의 이 투쟁은 커뮤니티의 관심과 연대, 하청노동자들의 동참으로 인해 승리하게 된다. 학교 당국이 굴복해 학생과 노동자들의 요구들을 전면 수용한 것이다. 이것은 이후 미국에서 비정규직 노동자들의 권리 보장을 위해 확대된 몇 가지 사회운동들로 번져나갔다. 물론 70년대 이후 내내 노동자운동의 쇠락을 겪어온 미국 사회는 지금 세계 어느 나라보다 더 '불안정노동'이 확산되어 있으며 노동자운동의 무기력이 극심해 저항의 물결을

좀처럼 찾기 힘든 나라다. 그러나 지난 2000년 하버드대에서 벌어진 이 노동자-학생 간의 연대투쟁으로 인해 앞으로 미국의 노동자 민중들이 어떻게 희망의 물결을 만들어나갈지 길을 제시했다는 점에서 다시 떠올려볼 만하다.

스물넷. 언젠가 서울 도심의 한 빌딩의 '계약직' 사무원으로 일할 때였다. 그해 가을 겪던 방황과 자기혐오로 인한 좌절감은 삶의 의지를 꺾어버릴 정도로 끔찍했다. 학교와 학생운동 모두를 떠나 있었던 그 시절은 일종의 '도피'의 시간이었던 셈이다. 당시 어느 외국계 보험회사 본사의 영업지원 부서에서 문서 스캔이나 보험상품별 분류, 커피 타 오기 등 사무실 내 잡일과 우편수발 일을 하고 있던 나는 매일 두 번씩 카트를 끌고 열 상자에서 열네 상자 정도 되는 우편물을 가까운 우체국으로 실어 날라야 했다. 까칠하지만 인간다운 면모가 있는, 그리고 가끔은 대학 시절 '데모'를 했던 얘기를 하던 커리어우먼 과장은 한 번에 끌고 가면 잘못해서 죄다 쏟을 수도 있으니 두 번으로 나누어서 가라고 했다. 그러나 그렇게 하면 퇴근 시간이 30분에서 한 시간은 지연되기 때문에 나는 꼭 한꺼번에 옮기려고 했다. 그러다가 중간에 상자들을 엎은 게 한두 번이 아니다.

우편물을 옮길 때마다 나는 반드시 남대문경찰서 앞과 '○○빌딩'을 거쳐서 가야 했다. 그때마다 마주치는 어느 노숙인, 전경 버스, 길 건너편 서울역의 전경을 보면서 말이다. 그런데 어느 날, 어디선가 익숙한 노랫소리가 들려오기 시작했다. "흩어지면 죽는다. 흔들리면 우린 죽는다! 하나되어 우리 맞선다. 승리의 그날까지." '파업가'였다. 노랫소릴 따라 빌딩 안으로 들어갔다. 수십 층짜리 거대한 빌딩이었다. 넓은 로비 가득, 노동자들이 빼곡하게 앉아 있었다.

공공서비스노동조합의 깃발도 보였다. 그리고 익숙하게는 아니지만 매우 또렷한 목소리로 노랠 부르는 일군의 사람들이 보였다. 50, 60대의 청소노동자, 경비노동자들이었다. 항상 학교에서만 청소노동자들의 싸움을 봤었던 나로서는 생소하고 인상적인 모습이었다. 켄 로치의 영화 〈빵과 장미〉 속에서 빌딩의 청소노동자들이 대대적으로 빌딩 로비를 점거했던 장면도 떠올랐다. 그후로 며칠간 나는 용기와 망설임 사이에서 고민하며 그 빌딩 주위를 맴돌았다. 우편물 수발도 두 번에 나누어서 하기 시작했다. 항상 지나다니던 그 로비를 구태여 지나다니지 않을 이유가 없었다. 그렇다면 좀 더 많이, 지켜보고 싶었다. 얼마 후 나는 일하고 있던 보험회사에 일을 그만두겠다고 이야기했다. 영화학교 입시 준비를 해야 하기 때문이었다. 그런데 정작 회사를 그만두고 가장 먼저 떠오른 것은 '입시 공부'가 아니라 파업가가 울려퍼지던 그 빌딩 로비였다.

다음 날 내가 그 빌딩에 갔을 때, 빌딩 로비 바로 앞은 완전히 아수라장이었다. 용역깡패들과 청소노동자들, 학생들이 한데 엉켜 싸우고 있었던 것이다. 나도 모르게 그곳으로 달려갔다. 노동자들과 학생, 그리고 용역들은 한 시간 가까이 밀고 밀리는 싸움을 해야 했다. 다음 날도, 그리고 그 다음 주도 마찬가지였다. 오늘날 청소노동자들이 왜 도시의 어딘가에서 외로운 싸움을 할 수밖에 없는지 뼈저리게 느낄 수 있는 시간들이었다. 도심 빌딩 청소노동자들의 노동과 삶은 대학 청소노동자들의 그것보다 더 열악했으면 열악했지 조금도 낫지 않았다. 나는 지하 보일러실에 마련된 노조 사무실에서 시민들에게 전달할 유인물을 만들고, 인터넷용 투쟁 속보를 작성하는 일을 하기도 했다. 언젠가 전에 다녔던 학교 후배와 마주쳐 알 수 없는 죄책감과 미안함 때문에 뒷걸음질 치고 말았지만, 시간이 지나 때가 되면 다시 만날 수 있으리라고 다짐했다. 그리고 나는 예술학교 진학이라는 새로운 진로를 택했다.

2011년 봄. 숭례문 건너편의 롯데손해보험빌딩 청소노동자들은 '투쟁'이란 것을 하지 않을 수 없는 처지에 놓이게 되었다. 그들의 소식을 듣고 우리가 달려갔을 때, 빌딩 앞 대로로 차들이 쌩쌩 지나갔고 겨울이 아직 가지 않은 거리에서는 날카롭고 차가운 바람이 우리를 위협했다. 바람이 너무 세서 플래카드를 펼치려면 힘이 좋은 장정 두 사람이 용을 쓰며 버텨야 할 정도였다. 그 플래카드 너머로 숭례문이 보였다. 2006년 초 한반도에 사는 모두의 가슴에 커다란 구멍을 낸 화재 사건. 영혼이 사라진 그 유적지의 폐허더미에서 아우라가 사라진 거대한 돌덩어리를 하나둘씩 쌓아올리고 있었다. 정밀과학과 역사적 고증을 통해 "과거 남대문보다 더 진짜처럼 복원하겠다"는 포부는 전혀 귀에 꽂히지 않았다. 어두운 현실의 무게가 우리들을 짓누르고 있었기 때문이다. 그러니까 그때 우리는 "노조탄압 분쇄! 해고자 복직! 생활임금 쟁취!"라고 적혀 있는 긴 플래카드 너머로 우리들의 진짜 삶과는 아무 상관 없는 폐허더미를 보고 있었고, 그 풍경이 너무도 아이러니컬하게 느껴졌었다.

스물여섯 층짜리 건물인 이 빌딩에는 모두 스물여섯 명의 청소노동자들이 일하고 있었다. 그러니까 무려 750여 평에 달하는 한 층당 한 명의 청소노동자가 모든 청소 업무를 감당하고 있었던 것이다. 롯데손해보험빌딩의 노동자들은 하루 열 시간씩 일하며 한 달 급여 75만 원을 받고, 토요일이나 일요일에는 무급으로 일해야만 했다. 일하면서 듣는 욕설과 폭언도 극심했다. 대학 청소노동자들보다 연령대가 더 높은 편인 이 빌딩의 청소노동자들에겐 참기 어려운 시간이었다. 결국 이들은 노동조합을 만들었다. 지난 1월 25일의 일이다. 대학, 병원 등의 청소노동자들의 파업에 이어, 도심의 높디높은 빌딩 청소노동자들까지 거리로 나서기 시작한 것이다.

그러자 용역업체 측은 1월 28일, 갑자기 청소노동자 전원에게 해고를 통보했다. 30일이 계약만료일이라는 것이었다. 그리고는 다시 재계약, 2월 말 전원 해고. 이런 식이었다. 그후 두 달씩 계약연장을 하고, 해고하는 수순을 반복했다. 이런 상황에서 일하는 사람들은 끊임없이 해고의 위협을 느끼고 불안에 시달릴 수밖에 없다. 심지어 사측은 10만 원짜리 상품권을 쌓아놓고는 노조를 탈퇴하는 사람들에게만 주겠다고 회유하기도 했다. 대체 인간을 어떤 존재로 보는가. 청소노동자들은 그 술책이 너무 당황스러워 아무도 상품권을 받지 않았다. 그러자 회사는 청소노동자들의 휴게실에서 '노동조합 행사'가 열릴 때마다 관리자들을 난입시켜 행사를 방해했다. 그러더니 급기야는 휴게실을 폐쇄하고 관리소장실로 교체했다.

이제 그녀들의 휴게실은 채 한 평도 되지 않는 기계실이다. 이마저도 이용하지 못하는 노동자도 있다. 하루 종일 뼈 빠지게 일하고 받는 돈은 겨우 입에 풀칠할 수준이고, 휴게실은 먼지 날리는 기계실이고, 일하는 내내 감시와 협박에서 자유롭지 못한 상태로 일해야 한다. 이것이 노예제도와 뭐가 다르단 말인가?

21세기에도 이런 일이 횡행한다는 것은 수치스러운 일이다. 용역깡패 동원까지도 서슴지 않는 대자본의 탄압과 경찰의 방조, 그리고 언론의 무관심을 통해 이루어지는 이 삼각동맹은 여전히도 한국 사회가 노동자가 인간답게 살기 어려운 세상이라는 걸 증명한다. 사실 이 빌딩의 노동자들이 요구하는 것은 아주 간명하다. '인간답게 살고 싶다'는 절박한 외침 하나니 말이다. 언젠가 롯데손해보험빌딩 청소노동자들의 집회에 갔을 때, 7년 전 내가 우편물을 옮기다가 만났던 ○○빌딩 청소노동자들 중 한 명이 바로 롯데손해보험빌딩에서 일하고 있음을 알게 되었다. 비록 7년 전의 싸움에서는 패배했고 좌절했지만, 그녀는 다시 '사람답게 살 권리'를 포기하지 않기를 택한 것이다.

홍익대 청소노동자들의 싸움에 함께했던 나와 친구들은 앞으로도 우리 주변의 이름 없는 청소노동자들을 만나러 돌아다닐 계획을 갖고 있다. 얼마 전 있었던 서울 지역 청소노동자 실태조사에 참가하면서 학교 인근의 대형백화점, 강남역의 대형 상업아케이드, 시내의 박물관 등에서 우리는 노동조합이 없는 청소노동자들을 만났다.

그곳에서 만난 청소노동자들의 노동환경은 홍익대보다 못하면 못했지 나은 곳이 없었다. 우리는 모 대형백화점에 가서 청소노동자 노동환경 실태조사를 했다. 경악스러웠다. 식대고 상여금이고 뭐고 없이 딱 최저임금 4,320원을 주는데, 여기에서 세금을 떼면 월 91만 원이라고 했다. 게다가 일하면서 들은 욕설은 셀 수 없고, 일하다 다쳐 병가를 내려고 하면 사직서를 쓰라는 강요까지 받았다는 것이었다. 우리가 만난 이 여성 노동자는 노조가 절실하다고 말했다. 그녀뿐만이 아니다. 대부분의 빌딩 청소노동자들이 입을 모아 "노동조합을 만들고 싶다"고, 그런데 어떻게 만들어야 하는지 몰라서, 혹은 누군가 용역업체에서 나와 해코지할까 봐 선뜻 나서지 못한다고 말했다. 왜 계속하여 우리가 '유령'으로 취급받는 청소노동자들을 만나야 하는지 절실히 깨달을 수 있는 계기였다. 대학 청소노동자들의 싸움보다 훨씬 어렵고 힘들다는 빌딩 청소노동자들의 싸움은 이제 도시 곳곳으로 퍼져나가야만 한다. 빌딩마다 천차만별이지만 어떤 빌딩은 험악한 '깡패'들이 무시무시한 눈빛으로 청소노동자들의 일거수일투족을 감시하기도 하고, 또 어떤 빌딩에서는 무차별 해고가 난무하기도 하다. 어찌하여 그토록 잔인하게 청소노동자들을 내쫓는지, 그들과 함께할 '대학생' 같은 존재가 없는 '빌딩'이어서 그렇게 대놓고 탄압하고 있는 것인지 묻고 싶다. 우리가 청소노동자들을 만나러 갈 때야만 그 사소한 질문 하나 던지고, 목소리 높여 '사람답게 살고 싶다'라고 외치기라도 할 수 있지 않을까?

새벽

– 심흥아 –

새벽 4시 50분

새벽 6시

일어나!

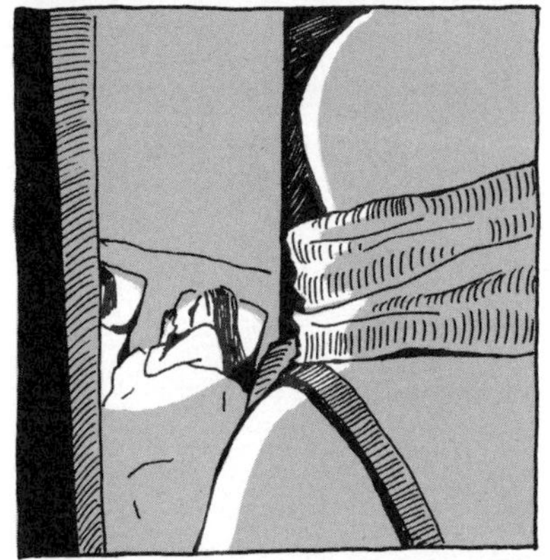

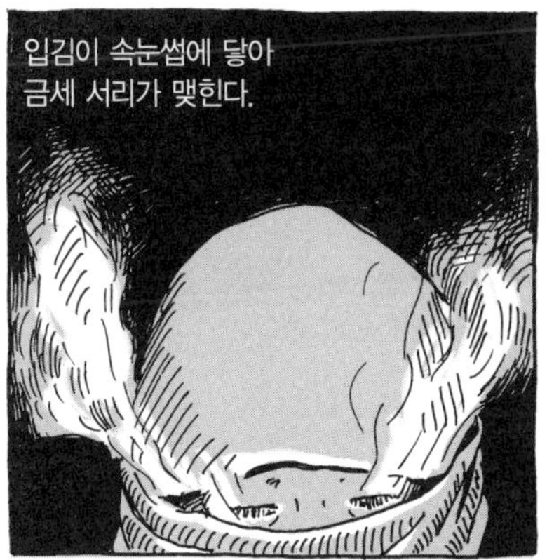
입김이 속눈썹에 닿아
금세 서리가 맺힌다.

겨울 새벽은 언제나
매섭다.

첫차를 타는 사람들은
항상 첫차를 탄다.
그들은 인사를 나누진 않아도
서로를 안다.

사는 모습이
별반 다르지 않은
그들은 서로에게
위안이 된다.

청소도구함

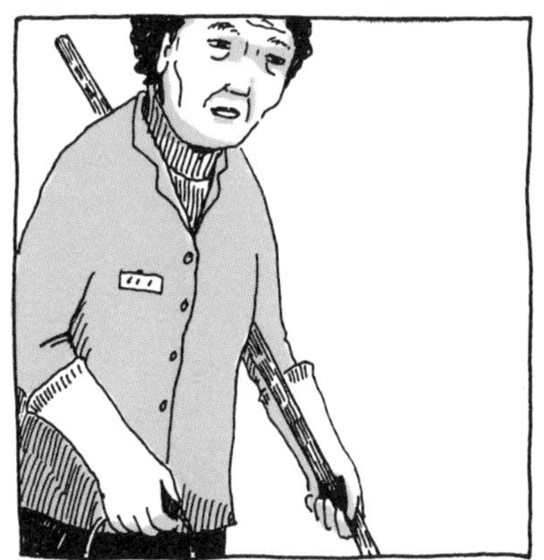

후-

으~

카악—

똥내 지린내 맡으며 마셔도
카악 퉤!
청소도구함

다 식어버려도
커피는 맛있다.
타닥
타닥

엄마다!

엄마!
해남
고구마
제주

일찍 오네-

영하 15도라는데-
오늘같이 추운 날 나오셨어?
하루 쉬시지-

하루 벌어
하루 사는 목숨인데...

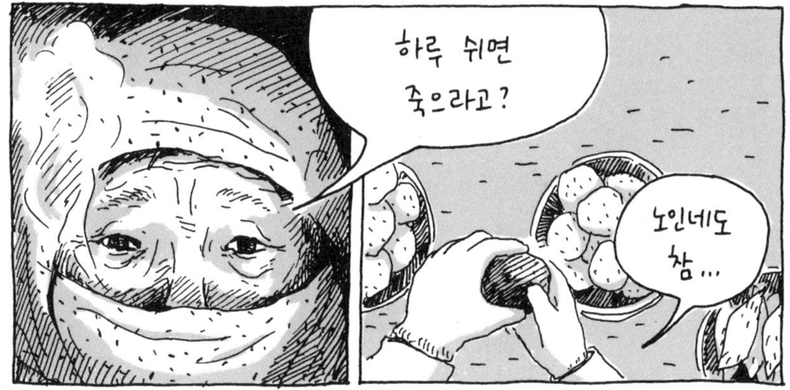
하루 쉬면
죽으라고?
노인네도
참...

감자 한 바구니
주셔요 -

많이 파셔,
할머니 -

끼익-

딱 맞춰 왔네-
오늘
야자 안 했어?
응.

옷도 안 갈아 입고 ...
배고파요.
밥부터 -

아휴 -
허리야 -

자기 전에 엄마
파스 좀 붙여줘 -
네.

엄마...
청소일
그만 하시면
안 돼?

쟁취
비정규직
철폐

권

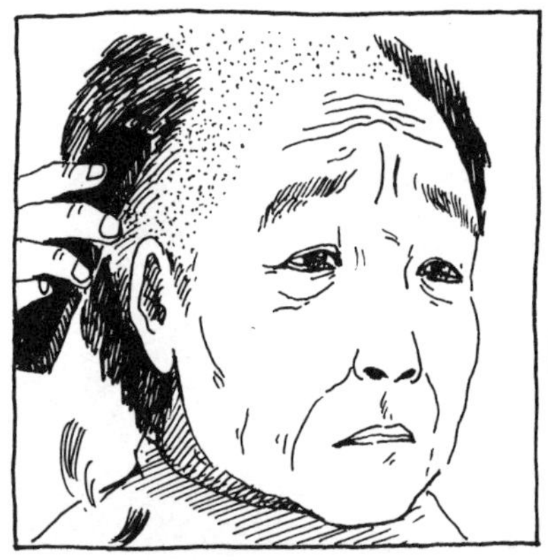

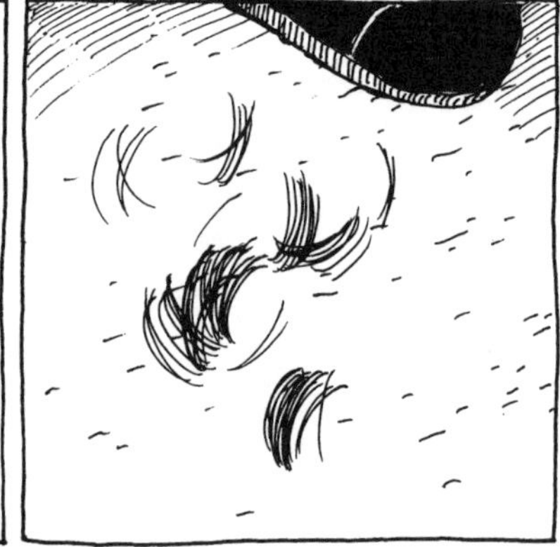

기본권
청소용역
차라리 우리를
죽여라!!

서러운 용역인생 끝장내
비정규직
철폐

MBC
청소용역, 어머니의 눈물
서러운 용역인생 끝장

조용히

갑자기 왜? 엄마 일하는 거 싫어?
힘들잖아.

엄마 아직 젊어. 노인네 취급 하지 마.

두 장 붙여 -

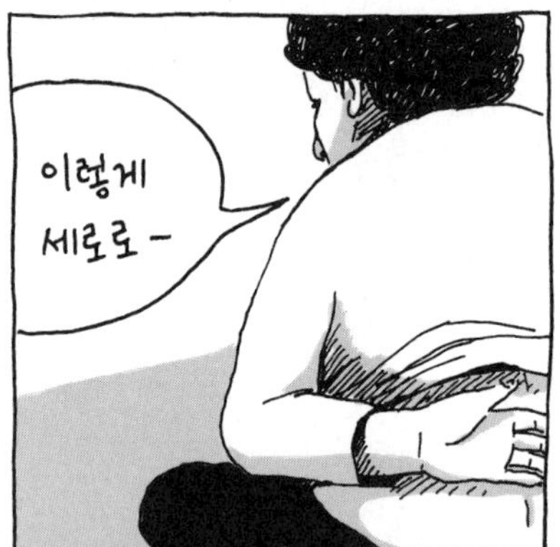
이렇게
세로로 -

나란히-

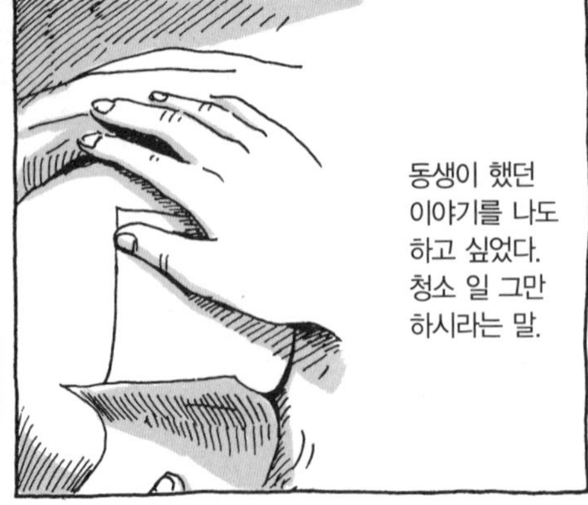
동생이 했던
이야기를 나도
하고 싶었다.
청소 일 그만
하시라는 말.

일 그만 하시고
이제 좀 쉬면 안 되냐고
말하고 싶지만,
말할 수 없다.
내가 할 수 있는
이야기는

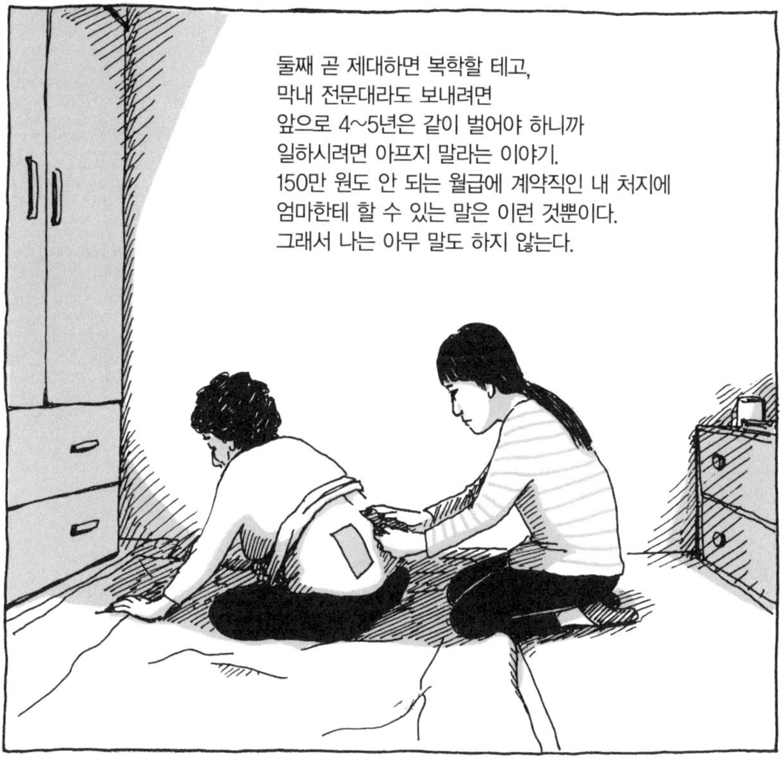

둘째 곧 제대하면 복학할 테고,
막내 전문대라도 보내려면
앞으로 4~5년은 같이 벌어야 하니까
일하시려면 아프지 말라는 이야기.
150만 원도 안 되는 월급에 계약직인 내 처지에
엄마한테 할 수 있는 말은 이런 것뿐이다.
그래서 나는 아무 말도 하지 않는다.

주무세요ㅡ

삐삐삐—

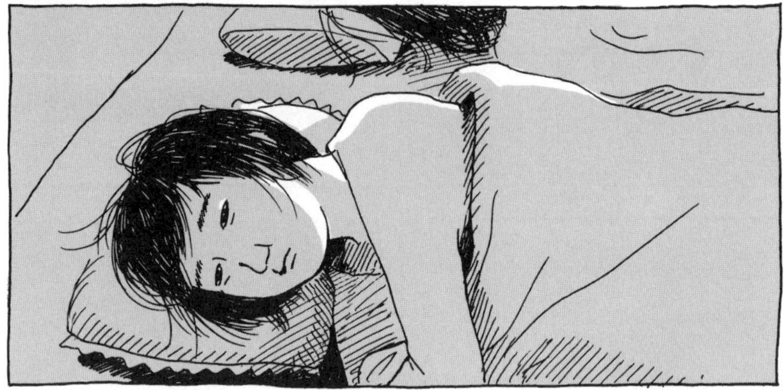

우리들의 새벽이 다시 시작되었다.

PART 2

21세기의 전태일, 비정규직

2003년 가을

가을은 왜 이렇게 짧은 거야?! 하늘을 보고 난데없는 투정을 부렸다. 따뜻하고 바람이 솔솔 부는 날씨 좋은 날들은 점점 짧아지고, 추운 날들은 점점 길어졌다. 어찌나 안타까웠는지 모르겠다. 무더운 여름이 끝나면 바로 추운 겨울이 찾아올 것 같아서. 여유를 즐기며 한가로이 잔디밭에 누워 있을 새도 없을 것 같아서. 아직 스물한 살이니까, 대학 1학년이니까, 라고 여유를 부릴 수 있었던 나는 잔디밭에서 잠도 자고 밤 새워 술도 마셔댔다. 대학 새내기인데 청명한 가을날의 호혜를 느낄 자유라도 있어야지! 이렇게 대책 없는 낭만을 부리며 맹랑한 생각을 했다.

그런 10월의 어느 날. 날씨가 무척이나 좋은 오후였다. 정확히 무얼 하고 있었는지는 잘 기억나지 않는다. 여느 때처럼 친구들과 피시방에서 스타크래프트를 하고 있었는지, 아니면 동아리 세미나 준비를 하고 있었는지, 혹은 '번개'처럼 배달한다는 중국집에서 쟁반자장을 시켜놓고 낮술을 마시고 있었는지. 8년 전 가을이니 오래전이라고도 할 수 있는 시간이다. 불과 1년 전 일만 해도 기억이 가물가물할 정도로 빠르게 돌아가는 세상이니. 그러나 그해 가을만큼은 너무도 또렷이 기억난다. 나뿐만 아니라 많은 사람들에게 지울 수 없는 상처를 남긴 시절이었기 때문이다. 그 가을에 나는 머리가 깨져 가마가 하나 더 생겼고, 전쟁 같은 광경을 목격한 두 눈과 가슴속에는 커다란 구멍이 생겼다.

오후 네 시경이었다. 두 학번 선배인 K형에게서 문자메시지가 왔다. 몇 글자만으로도 다급함이 느껴졌다. "방금 전인 3시 30분경 종로 탑골공원에서 비정규직 노동자 한 명이 분신했다"는 전언. "지금 학생회관에 모여 종로3가로 출발하려고 하니 시간이 되는 사람은 모이자"는 것이었다. 학생회관으로 향했다. 경황 없이 달리면서 이리저리 친구들에게 전화를 걸고, 전체 문자메시지도 보냈다. 무슨 영문인지는 모르지만 무언가 결코 일어나서는 안 될 일이 일어났다는 생각이 들었다. 1970년 11월, 그러니까 그해로부터 33년 전 가을 어느 날 평화시장 골목에서 분신한 젊은 노동자의 이름 전태일이 떠올랐고, 얼마 전 대구에서 제 몸에 불을 질러 목숨을 잃은 어느 비정규직 노동자의 이름도 생각났다. 이해남.

그는 그날로부터 몇 달 전인 초여름 어느 날, 내가 충남 아산의 작은 공장에서 만났던 40대의 노동자였다. 아주 어렴풋하게 떠오르는 그에 대한 기억은 마치 꿈속의 것인 양 희미하다. 고작해야 해질녘부터 늦은 밤까지 본 게 전부이기 때문이다. 키가 무지 커 보였고 고민이 가득한 표정이었다는 것, 목소리가 굵고 고집이 세 보이는 사람이었다는 것, 그리고 투쟁조끼를 입고 있었다는 점. 그러나 이 모든 것도 사실은 명확하지 않다. 확실한 건 그날 밤 세원테크라는 그 작은 공장 앞의 마당에서 인사를 하고 막걸리를 주고받았다는 것뿐이다.

현대자동차를 만들 때 필요한 부품을 만드는 하청 공장인 세원테크의 노동자들은 당시 해고와 노동조합 탄압에 맞서서 공장을 점거하고 싸우고 있었다. 부당한 권력에 맞서서 싸운다는 건 지극히도 '옳은 일'이지만 그런 용기를 낸다는 건 결코 '쉽지 않은 일'이기도 하다. 세원테크 노동자들을 보며 나는 그들의 용기에 대해서 생각했더랬다. 그들은 공장 정문 앞에 바리케이드를 치고, 매일같이 공장 안으로 진입하려는 용역깡패들, 그리고 구사대로 동원된 동료들과 싸워야 했다. 난생처음 '용역깡패'라는 사람들을 본 것도 그 즈음이다. 얼굴이 험상궂고 머리에는 젤을 잔뜩 발라 2대8쯤으로 매끈하게 헤어스타일을 정립시킨 젊고 덩치가 큰 남자들이 쇠파이프나 몽둥이를 들고 공장 앞에서 진을 치고 있었다. 대체 무엇이 그들로 하여금 그렇게 행동하도록 만들었을까? 우리와 비슷한 연령대의 사람들이었지만 우리와 너무 달랐다. 그들과 학생들은 거의 양극단의 위치에 선 20대였던 것이다. 아마 나와는 완전히 다른 어린 시절을 겪고, 다른 고민을 하고, 다른 사람들을 만나며 살았을 것이다. 어쩔 수 없었겠지, 그게 아니면, 그것 말고는 대안이 없었겠지. 자본이라는 권력을 쥔 이들은 이렇게 '20대' 청년들의 방황을 볼모로 삼아 사적인 폭력의 무기로 삼기도 한다. 그러나 내가 그들을 언젠가 이해할 수 있을까, 생각해보면 해볼수록 자신이 없다.

다시 2003년 가을 그날의 기억으로 돌아가보자. 우리는 1호선 지하철을 타고 종로로 갔다. 종로3가역 1번 출구로 뛰어 나오자마자 마주친 그 풍경을 잊을 수 없다. 아마도 평생 잊지 못하리라. 8차선 도로 위에는 수천여 명의 사람들이 모여 있었고, 거리 저편에서는

시커먼 연기가 타오르고 있었다. 시위대 전면에는 전투경찰 수천 명이 방패를 들고 고함을 지르고 있었고, 도로 한복판을 점거한 노동자, 학생, 시민들은 떨리는 주먹을 움켜쥔 채 초점이 흔들리는 눈동자로 앞을 응시하고 있었다. 우리는 그때 정확히 무얼 해야 하는지 알지 못했다. 어떻게 하다 보니 우리는 시위 대열의 맨 앞에 섰다. 우리도 모르는 사이에 팔짱을 꼭 끼고, 서로 놓지 말자고 소리쳤다. 절박하게 소리치던 선배들의 표정이 생생하다. 다리가 후들거리고 심장이 쿵쾅거렸지만 어디로도 도망가면 안 된다고 생각했다. 숨막히는 오후가 시작되었다.

탑골공원에서 진행되던 비정규직 노동자대회에서 한 젊은 남자가 제 몸에 불을 질렀다. '한 노동자' 혹은 '어떤 비정규직 노동자'가, 제 몸에 시너를 붓고 불을 붙인 것이다. 그는 힘겹게 "비정규직 철폐하라"라고 외쳤다. 좀처럼 마주하기 힘든 진실이 우리 앞에 다가온 것이었다. 그의 이름은 이용석. 근로복지공단이라는 공공기관에서 일하며, 이 기관 비정규직노동조합의 광주지부장으로 활동하던 서른두 살의 노동자였다. 다른 여느 비정규직 노동자들과 마찬가지로 '비정규직의 설움'을 안고 살던 그는 비정규직 동료들과 함께 '쟁의'를 벌이던 중이었다.

비정규직 노동자의 권리를 보장하는 법의 '입법'을 요구하기 위해 전국의 비정규직 노동자들이 모인 집회 자리에서였다. 노동자들이 도로로 행진을 막 시작할 무렵, 집회 자리 뒤편에서 이용석은 온몸

에 인화성 물질을 뿌리고 분신을 기도했다. 오후 3시 10분경. 상징적인 의식을 마치고 명동성당 쪽으로 나아가려던 찰나의 일이었다. 주위의 노동자들이 몸으로 감싸며 긴급하게 불을 껐다. 곧이어 5분여 만에 구급차가 와서 서울대병원으로 후송됐다고 했다.

근로복지공단 비정규직 노동자들은 그해 봄부터 단체협상을 진행하고 있었다. 그러나 공단 이사장은 자신이 "사업주가 아니"라며 교섭을 회피했다. 공기업의 '장'이 법적으로 '사업주'가 아닌 것은 맞지만, 실질적으로 한 회사의 경영자와 같은 역할을 하기 때문에 핑계에 불과했다. '공단'이라는 곳에서 일하는 무수한 노동자들의 고용을 책임지고 있는 '관리자'이기 때문이다. 결국 한여름이 되어서야 '중재위원회'의 조정안이 나왔고, 이사장은 교섭에 응해야 한다는 판정을 받았다. 이에 공단 측과 비정규직 노동자들은 열두 차례에 걸쳐 교섭을 진행했다. 그러나 공단 측은 여전히 '단체협상' 체결을 계속 회피했다.

"아버지를 아버지라 부르지 못하고……." 고전소설 『홍길동전』에 나오는 대목으로 유명한 이 말은 비정규직 노동자들의 처지를 이야기할 때에도 자주 인용되는 문구다. 비정규직 노동자들은 사장을 '사장'이라 부르지 못하는 처지에 놓여 '단체협상'의 권리마저 인정받지 못하기 때문이다. 이것은 일반 기업에서도 마찬가지다. 하청 기업이든 하청의 하청 기업이든 비정규직 노동자들은 생산하거나 서비스를 하는 특정한 무엇과 법적으로는 전혀 무관한 일을 한

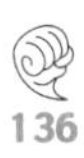

다는 규정에 얽혀 있다. 고 이용석 열사도 마찬가지였다. 그는 노동자로서의 당연한 권리를 이야기하기 위해 오랫동안 회사와의 교섭을 요청했지만, 교섭은 번번이 무산되거나 묵살되었다. 결국 그가 선택한 방법은 자신의 몸에 불을 지르는 것이었다.

많은 사람들이 연행되었다. 도로 저편에서는 사이렌 소리가 들렸고, 한두 자동차에서가 아니라 여러 곳에서 동시에 들려왔다. 사람들은 고함을 지르고, 구호를 외치고, 울부짖었다. 저 너머에 있던 이주노동자 한 명이 끌려가는 소리가 들렸다. 우리는 고개를 돌려 그 쪽을 보았다. 방글라데시에서 온 이주노동자 '비두'가 상체가 발가벗겨진 채 끌려가고 있었다. 한국의 비정규직 노동자들과 함께 연대하기 위해 참가했던 이주노동자 노동조합의 활동가였다.

시위대의 전면에는 전투경찰들 중 가장 키가 크고 폭력적이라고 알려진 1기동대 1중대와 3중대가 서 있었다. 일종의 타격조라고 불리는, 그러니까 80년대의 일명 '백골단'과 같은 역할을 하는 부대였다. 그 와중에 또 수백여 명의 학생들이 도착했다. 다섯 시 즈음이었다. 거리에 선 사람들이 아스팔트 도로 위에 앉기 시작했다.

여섯 시 즈음. 종로3가 서울극장 사거리 곳곳에서 연기가 피어올랐다. 비정규직 노동자들과 시위대는 경찰의 저지선을 뚫으려고 돌진했다. 이에 경찰은 서울시경 1기동대와 3기동대를 중심으로 노동자들을 진압하기 시작했고 남녀노소 가리지 않고 많은 사람들이 부상당했다. 경찰은 인도 쪽으로 흩어진 노동자와 학생들을 에워싸고, 도로에 나오지 못하도록 계속해서 방패로 밀어냈다. 그때까지만 해도 대치 상태에 머물러 있던 경찰은 무차별 진압을 시작했다. 우리는 모두 무슨 말을 해야 할지 알지 못했다. 그저 지칠 때까지 그 자리에서 버티고, 맞고, 뒷걸음질 치고, 다시 한 발씩 나아갈 수밖에 없었다. 해가 질 때까지 사람들은 종로3가를 떠나지 않았다. 부상당한 사람들과 연행되는 사람들이 속출했다. 그날 오후 눈 깜짝할 사이에 얼마나 많이 맞았는지 모르겠다. 말 그대로 아수라장이었다.

방송차 스피커를 통해 분신한 노동자가 영등포에 있는 한강성심병원으로 옮겨질 거라는 이야기가 들려왔다. 그가 분신하는 순간, "비정규직 차별 철폐하라!"라는 구호를 외쳤다는 말도 전해졌다. 방송차 무대에 오른 한 노동자는 "동지가 죽어가는 모습을 내 눈앞에서 보고, 우리는 꼼짝도 하지 못했다"며 "오늘을 영원히 잊지 말아야 한다"고 말했다. 그의 목구멍 깊은 곳에서 울분이 터져나왔다.

비정규직 노동자들의 죽음은 그것이 처음이 아니었다. 2003년 새해 벽두인 1월 9일, 아직 해가 뜨기도 전인 새벽 여섯 시. 한 늙은 노동자가 두산중공업의 노동조합 탄압과 재산 가압류에 항의해 분신하여 한 많은 노동자로서의 삶에 마침표를 찍었다. 그 회사에서 수십 년간 일해온 노동자 배달호 씨가 목숨을 끊은 것이다. "가난한 사람들의 눈물을 닦아주겠다"던 노무현 전 대통령이 당선된 지 채 한 달도 지나지 않았을 때였다.

고 배달호 열사는 2002년 봄 두산중공업 노동자들이 벌인 파업으로 그해 7월에 구속되었다. 이후 두 달쯤 지나 출소했다가 3개월 정직이라는 징계를 받았고, 연말이 되어서야 일터에 돌아온 상황이었다. 하지만 월급을 포함해 부인과 두 딸과 함께 살고 있는 자신의 집까지 '가압류' 되자 절망에 빠지지 않을 수 없었다. 경제적인 곤궁과 정신적인 환멸이라는 이중의 절망에 휩싸인 것이다.

그의 유서는 이렇게 시작된다. "출근을 해도 재미가 없다. 해고자 모습을 볼 때 가슴이 뭉클해지고 가족들은 어떻게 지내는지? 두산이 해도 너무한다 해고자 18명, 징계자 90명 정도 재산가압류, 급여가압류 노동조합 말살 악랄한 정책에 우리가 여기서 밀려난다면 전사원의 고용은 보장받지 못할 것이다." 이 글만 봐도 당시 사측이 얼마나 가혹하게 노동자들을 몰아붙였는지 알 수 있다. 파업은 회사 쪽이 노동자들의 요구에 완전히 귀를 닫아버려 노동자들로서는 불가피한 선택이었다. 그런데 두산중공업은 그 모든 걸 '불법'

으로 규정하면서 '무단결근' 처리를 해버렸다. 이에 노동자들은 임금청구소송을 준비하고 있었고, 사측은 소송을 포기하라고 압박하고 있었다. 비정규직 노동자가 스스로 목숨을 끊으며 자신의 처지를 항변해야 하는 이 끔찍한 현실은 노무현 대통령이 취임하고 나서도 바뀌지 않았다.

그해 여름에는 세원테크의 젊은 노동자 이현중 씨가 1년여에 걸친 투병 끝에 생을 마감했다. 단지 노동조합을 만들었다는 이유 하나만으로 세원테크의 노동자들은 무자비한 탄압을 감수해야만 했다. 노동조합이 만들어지자 사측이 구사대와 용역깡패를 동원해 끊임없이 노동자들에게 폭력을 자행했던 것이다. 앞서 잠시 언급했던 세원테크 노동조합의 이해남 지회장은 노동조합이 뭔지, 노동운동이 뭔지도 몰랐던 평범한 노동자였다. 그런데 그가 입사하고 마주친 현실은 도저히 참을 수 없는 상황들의 연속이었다. 한번은 동생뻘인 동료 이현중이 관리자로부터 욕설을 듣고 맞는 걸 보았다. 멀쩡히 일하고 있던 와중에 말이다. 참을 수 없었다. 그 순간 그는 노동조합을 만들어야겠다고 결심했다고 한다. 2001년 여름의 일이다. 처음에는 민주노총이 뭔지 한국노총이 뭔지 그 차이도 알지 못하고 한국노총을 상급단체로 해 노조를 설립했다. 우리나라에서 가장 규모가 큰 노동조합 상급단체인 한국노총은 대한노총이라는 관제 노조를 전신으로 하는 노동조합 연맹체다. 어떤 사안들에 대해서는 민주노총과 함께 목소리를 내기도 하지만 신자유주의 구조조정이나 비정규직 철폐와 같은 중요한 이슈에 대해서는 종종 침묵하거나 소극적인 자세를 보이기도 한다. 한국노총 사업장 중에서도 노동자들의 입장에서 열심히 활동하는 사업장이 있고, 또 민주노총 사업장 중에서도 어용적이고 타협적인 사업장도 있지만 대체적으로는 민주노총이 좀 더 저항적인 행동과 입장을 견지한다. 물론 오늘날 노동자운동의 위기는 곧 민주노총을 포함한 노동조합 전체의 위기이기도 하다. 대공장, 정규직, 남성 노동자 중심의 노동조합운동의 구조가 중소사업장, 비정규직, 여성 노동자 중심으로 바뀌지 않는 한 이런 위기의 골은 더더욱 깊어져갈 것이다.

다시 세원테크의 이야기로 돌아가자. 우여곡절 끝에 노동조합을 만든 세원테크의 노동자들은 극심한 탄압을 받게 된다. 사측은 노동조합을 와해시키기 위해 온갖 공작을 펼쳤다. 노동조합 간부를 돈으로 매수하는가 하면, 신입사원 채용자들 사이에 용역깡패들을 한두 명씩 끼워넣기도 했다. 세원테크가 고용한 경호업체 용역, 그러니까 용역깡패들의 일당은 20만 원에 이르렀다. 그러나 일상적인 회유와 협박에 시달리면서도 노동자들은 굴복하지 않고 버텼다. 그러다가 12월 어느 날 갑자기 공장 안으로 들이닥친 용역깡패들이 노동조합 조끼를 입은 모든 노동자들을 공장 밖으로 내쫓았다. 이때부터 밀고 밀리는 싸움이 시작된다. 노동자들은 공장에 들어가 '일을 하기 위해' 물리적 충돌을 피할 수 없었다. 세원테크의 노동자들은 "용역깡패를 철수"시킬 것과 "노동조합을 인정"할 것을 요구하며 파업을 감행했다. 평소 이런 문제에 대해 거의 관심을 갖지 못하는 대다수 사람들이 볼 때에는 정말 황당하기 그지없는 광경이다. 왜 노동조합을 만들 권리가 이토록 쉽게 짓밟히는지, 그리고 왜 노동자 스스로가 '일'할 권리를 박탈당하고 공장 안에 들어가기 위해 용역깡패들과 싸워야 하는지 말이다. 문제는 법적인 틀이 전혀 안전망으로 보장되지 못한다는 점이다.

노동자들이 사람답게 살 권리를 위해 만든 노동조합과 이를 무너뜨리기 위해 많은 돈을 써가며 용역깡패를 불러들인 사측의 싸움. 충남 지역의 금속노동자들은 세원테크 노동자들의 이 급박한 대결에 연대했다. 각자의 일터가 아니라 세원테크 공장 앞으로 가기를 선택한 것이다. 충남 지역의 크고 작은 사업장에서 일하던 노동자들은 자신의 일처럼 달려와 함께 싸웠다. 왜 노동자들이 '하나'인지, 왜 노동자들이 반드시 '단결'해야만 하는지를 보여주는, 그리고 그게 가능함을 보여주는 분명한 사례였다.

2박 3일에 걸친 공장진입 투쟁 끝에 노동자들이 다시 공장 안에 들어갔을 때, 공장 안은 비로소 그러나 아주 잠시 일하는 사람들의 세상이 되었다. 공장 앞 한쪽에는 노동자들이 바리케이드로 썼던 물건들과 파레트들이 쌓여 있었고, 세원테크의 김문기 회장이 자랑했던 2천만 원짜리 소나무는 가지 하나 남지 않은 채 흉물스럽게 서 있었다. 그때까지 용역깡패들만 믿고 온갖 욕설을 퍼붓던 관리자들은 온종일 사무실에 처박혀 현장에는 코빼기도 비치지 않았다.

이때 회사와 노동자들은 민형사상의 책임을 서로 묻지 않는다는 합의를 보았다. 그러나 바로 다음 해 여름, 아홉 명의 노동조합 간부들은 형사상 고발을 피하지 못하고 징역을 선고받게 된다. 이 싸움이 그냥 쉽게 끝나지 않을 것임을 알게 된 순간이었다. 세원테크의 이 문제는 당시 단순한 노동자운동 탄압을 넘어선 '공안탄압'의 사례로 비판받지만 끝을 모르고 계속되었다. 그후로 수백여 명의 노동자들이 이런 식으로 구속되었는데, 이것이 과연 '법질서 확립'을 위한 처사인지, 아니면 노동자들이 인간답게 살 권리를 위해 행동하는 것 자체를 탄압하는 것인지는 관점의 차이에 따라 완전히 다르게 볼 수 있을 것이다.

세원테크라는 작은 하청 공장의 싸움은 결국 두 명의 노동자가 죽을 때까지 계속된다. 고 이현중 열사는 세원테크 공장 앞에서 벌어졌던 용역깡패 수백여 명과의 싸움 과정에서 눈썹뼈가 꺼지고 안면이 함몰될 정도의 중상을 입었다. 그는 1년여간 부상 후유증으로 앓아누워 있다가 합병증으로 생을 마감한다. 그때까지 사측은 내내 자신과는 상관이 없는 일이라며 책임을 회피했다. 또 지회장으로서 가장 앞장서서 활동했던 고 이해남은 동지이자 절친한 아우였던 이현중의 죽음을 겪으며 괴로워하다가 결국 스스로 제 몸에 불을 질러 목숨을 끊는다. 함께 싸우던 동료들 중 셋은 감옥에 구속되고, 한 명은 유명을 달리한 상황. 위원장 이해남에게는 아무 희망도 남지 않은 것처럼 느껴졌다. 그의 동료 A가 보기에 이해남은 마치 자

신이 목숨을 끊기라도 하면 그 모든 비극이 끝맺어질 수 있다고 믿는 것처럼 보였다고 한다. 물론 동료들은 계속해서 그를 말렸고, 이를 이기지 못해 이해남 위원장도 알겠다고 했지만, 누구도 진정으로 이해남 위원장의 고집을 꺾지는 못했던 것이다.

서울에서 이 믿기 어려운 소식을 들은 나는 어안이 벙벙했다. 한진중공업의 85호 크레인에서 고 김주익 지회장이 싸늘한 주검이 되어 발견되고 나서 바로 다음 날에 벌어진 일이었기 때문이다. 단 한 번 일어나도 믿기 어려운 일이 연달아 일어나고 있었다. 무언가 크게 잘못된 게 틀림없었다.

10월 어느 날 부산. 고 김주익 지회장은 129일째 35미터의 크레인 위에서 하늘 아래 세상을 보고 있었다. 아침마다 집회가 열렸고 동료들은 자신을 보고 있었다. 그곳에 서서 공장과 동료들을 내려다보던 그의 심정은 어떠했을까. 1991년 한진중공업 노동조합 위원장을 하다가 공안에 의해 끌려갔던 선배 박창수가 의문의 죽음을 당하고, 많은 동료 노동자들이 일하다가 골반압착으로, 두부협착으로, 추락과 감전으로 죽어가던 공장이었다. 20년을 넘게 일해도 기본급 100만 원도 되지 않는 열악한 공장이었다. 그런 삶을 바꾸기 위해, 노예로 살지 않기 위해 동료들과 함께 노동조합을 만들었지만 끊임없이 노조탄압에 시달려야 했고, 급기야는 천문학적인 액수의 '손배가압류'를 맞게 된 상황이었다. 노동자들에게 '법'이란 것이 그렇다. 해고도 용이해진 마당에 노동자들은 평생 시키는 대로

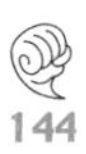

일만 하며 쥐꼬리만 한 월급을 들고 아무 권리도 누리지 못한 채 살다가, 노예나 다름없게 살다가 죽어야 한다는 것인가. 이 마당에 노동자들의 유일한 '수단'인 파업을 하려고 하면 '불법' 낙인이 찍혀 손배가압류와 업무방해 따위의 그물에 낚이게 된다. "대한민국에서 '합법' 파업은 없다"는 말이 괜한 말이 아니다.

그날 아침 동료들은 항상 크레인 위에 서 있던 김주익의 모습이 보이지 않는 게 이상했다. 아침집회 때면 늘 그곳에 서서 아래를 내려다보던 그였다. 동료 노동자가 부랴부랴 크레인 위로 올라갔을 때, 이미 그는 싸늘한 주검이 되어 있었다. 크레인 위로 식사를 나르던 밧줄에 목을 맨 채 숨진 것이다.

그로부터 129일 전인 6월. 김주익 지회장은 조합원들에게 보낸 편지를 통해 2002년 임단협에서부터 비롯된 문제들이 해결되지 않으면 결코 크레인을 떠나지 않을 것이라고 투쟁의 의지를 밝혔었다. 그후 129일 동안의 외로운 싸움이, 크레인 위에서 계속되어왔던 것이다.

그는 자신의 짧은 유서를 이렇게 끝맺는다. "나의 죽음의 형태가 어떠하든 간에 나의 주검이 있을 곳은 85호기 크레인입니다. 이 투쟁이 승리할 때까지 나의 무덤은 크레인이 될 수밖에 없습니다. 나는 죽어서라도 투쟁의 광장을 지킬 것이며 조합원의 승리를 지킬 것입니다."

보름 후. 고 김주익 열사의 시신은 아직 85호 크레인 위에 있었다.

사측은 묵묵부답과 책임회피로 일관했고, 노동자들의 문제는 아무것도 해결되지 않았다. 하기에 시신도 내려갈 수 없었다. 그때다. 김주익 열사보다 먼저 입사해 용접 일을 시작했던 노동자 곽재규 씨는 당시의 정리해고 대상에서 제외된 상태였다. 김주익 열사가 목숨을 끊자 그는 "내가 주익이를 죽였다"며 아침마다 김주익 열사의 '빈소'를 찾아왔다. 물론 그 '빈소'에 시신은 없었고 김주익 열사의 웃는 얼굴이 담긴 영정사진만 덩그러니 놓여 있었다. 결국 고 곽재규 씨는 죄책감을 견디지 못하고 85호 크레인 맞은편 도크 위에서 자신의 몸을 내던졌다.

이해남 열사가 분신했다는 소식을 듣고, 우리는 학생회관 문 앞에 또 하나의 대자보를 붙여야 했다. 배달호, 김주익, 곽재규, 이현중 열사에 이은 다섯 번째 대자보였다. 지난여름에 만났던 그가, 꼭 승리해서 당당한 노동자로 일하겠다고 말했던 그가, 끝내 분신을 택한 것이었다. 분신 후 20여일간 사경을 헤매던 이해남 열사는 결국 생을 마감했다. 그 사이 이용석 열사가 종로 한복판에서 분신을 해 세상을 떠났고, 바로 하루 전에는 김주익 열사와 곽재규 열사의 장례가 치러졌다. 학생회관 로비에는 추모대 테이블이 놓이고 그 위에는 여섯 노동자 열사의 영정사진이 올려졌다. 대체 이 죽음의 행렬이 어디까지 이어져야 끝날지 알 수 없었다.

배달호, 이현중, 김주익, 곽재규, 이해남, 이용석. 그해에만 여섯 명의 노동자들이 제 스스로 목숨을 끊거나 사측의 폭력적인 탄압 속

에서 병을 얻어 생을 마감했다. 이른바 '열사 정국'이라 불리던 잔인한 가을 내내 열리던 비정규직 노동자들의 집회마다 노동자들은 거리를 내달리고, 광장을 가득 채우며 싸웠다. 노무현 정부에 대한 규탄의 목소리가 그치지 않았다. 민주노총 단병호 위원장은 "이 죽음의 행렬을 막기 위해서는 민주노총이 총파업 깃발을 들고 일어설 수밖에 없다"고 말해 정부와의 대립각을 세웠다. 이 대립은 겨울이 오기 전까지 내내 이어졌고, 겨울에는 한-미 FTA에 반대하는 농민들의 대규모 가두투쟁으로 이어졌다.

이때 노무현 전 대통령이 했던 유명한 말이 있다. 이 말은 꽤나 오랫동안 치욕스런 각인으로 환기되곤 했다. "노동자들이 죽음으로 투쟁을 하던 시대는 끝났다." 비정규직 노동자들의 눈물을 닦아주겠다고 공언하며 당선되었던 대통령이 한 말이었다. 비정규직 노동자라고 왜 호소나 탄원을 해보지 않았겠는가. 누구도 죽고 싶어서 죽는 사람은 없다. 절망의 끝에서 아무 희망의 단초도 보지 못했을 때 인간은 죽음을 택하는 것이다.

그해 가을 비정규직 노동자들의 투쟁은 정권이 출범한 지 반 년밖에 되지 않은 상황에서 정권을 크게 압박할 정도로 격렬했다. 수년만에 '화염병'이 시위 현장에 다시 나타났고, 광장과 거리에 선 사람들의 분노는 전에 없이 높았다. 비정규직 공약을 내세웠던 노무현 정부가 오히려 노사정위에서 비정규직 남발 정책을 냈다는 역설이 당시의 상황을 불러일으킨 일차적 원인이었다.

비정규직 노동자들이 스스로 목숨을 걸며 "비정규직 철폐"를 외쳤던 폭풍우 같은 시간이 흘러갔다. 제도권 언론들은 이 문제를 철저히 외면했고, 정부는 구속과 탄압으로만 응답했다. 많은 비정규직 노동자들이 자신의 존재 자체를 알리기 위해서 스스로 자기 몸에 불을 질러야만 했다. 41년 전 전태일 열사가 그렇게 했어야만 했던 것처럼 말이다. 오늘날 누구나 전태일 열사에 대해서 '안다'고 말한다. 그에 대해 물으면 누구나 쉽게 '훌륭한 사람', '다른 사람을 위해 헌신적인 삶을 산 사람' 정도의 답변을 내놓을 것이다. 하물며 그의 삶을 다룬 책이 어린이용 위인도서 시리즈 중 한 권으로도 출간되었으니 가히 대중적인 '위인'의 대열에 선 것이 아니겠는가.

그러나 전태일 열사를 그냥 훌륭한 사람, 또는 타인을 위해 헌신하다가 죽음을 맞이한 사람 정도로 기억하는 건 아무 의미도 없는 일일 것이다. 그런 '이타적 인간'의 유형은 전태일 열사 외에도 무수히 많지 않은가. 41년이 지난 지금까지 우리가 전태일 열사를 기억하는 이유는 '화석'화된 위인의 모습이 아니라, 그가 오늘날까지 유령처럼 우리 주위를 배회하는 존재로서 살아있기 때문이다.

앞으로도 영원히 '청년'으로 남아 있을 전태일은 1948년 대구에서 태어났다. 대한민국 정부가 탄생한 지 열하루 후로, 그가 지금까지 살아있다면 60대 초반일 시간이다. 오늘날 그는 하나의 신화적 존재가 되었다. 청계천8가의 버들다리, 좀 더 구체적으로 말하자면

'전태일 다리'라 명명되어야 한다고 종종 주장되는 그 다리에 세워진 흉상의 주인공이라는 점이 전태일 열사가 지닌 사회적 표상을 드러낸다. 그리고 매년 11월이 되면 '전국노동자대회'라는 이름으로 개최되는 하반기 가장 큰 집회의 중심 화두이기도 하다. 대회 플래카드에는 항상 '전태일 열사 정신 계승'이라는 슬로건이 붙는다. 그러나 우리는 다시금 쓰라리게 오늘날의 초라한 우리네 모습을 돌아볼 수밖에 없다. 2011년 현재 그 누가, 전태일 열사의 정신을 기억하고 있을까? 아니, 처음부터 다시 되물어보자. 그 '정신'은 오늘날 우리에게 무슨 의미가 있는 걸까?

41년 전, 청계천8가의 피복 공장 노동자, 스물세 살의 청년 전태일은 세상을 떠났다. 일명 공순이 공돌이라 불리던 수많은 동료들을 향한 뜨거운 애정과 한을 품은 채 스스로, 제 몸에 불을 질러 산화했다. 어떤 죽음이든 가벼운 것은 없다. 또 어떤 삶이든 고귀하지 않은 것은 없다. 그러나 전태일처럼 자신의 이름 석자를 수십 년이 지난 후까지 '동시대적'인 의미로 남기며 맞이한 죽음은 찾아보기 힘들다. 이는 당시 사회의 공기와 사람들이 처한 삶이 그것을 요구했기 때문이기도 하고, 또 그 요구가 오늘날에도 전혀 식지 않고 있기 때문이기도 하다. 2011년 우리는, '국격'을 요구하는 대통령이, 그리고 불안정하고 빈곤한 삶을 강요하는 자본이 무소불위의 통치를 하는 나라에 살고 있다. 우리는 저마다의 소중한 삶을 충분히 누릴 수 있는 자유를 갖고 있지 못하며, 우리의 말을 마음껏 뿜어낼

자유를 갖고 있지 못하다. 전태일은 과거이며 그저 죽은 자에 불과한가. 다시 우리 자신에게 되물을 수밖에 없다.

전태일 열사가 분신하며 외친 말은 "근로기준법을 준수하라!", 하루 8시간 노동과 법정 최저임금 쟁취라는 동료 노동자들의 염원을 담은 외침이었다. 너무나도 당연한 요구가 당시에는 공공연히 무시당했기 때문이다. 하루 15~18시간에 이르는 노동과 극심한 노동통제에 시골에서 상경한 열일곱 살 남짓한 여성 노동자들이 청춘을 바치던 시절이다. 그렇다면 오늘날 현실이 얼마나 변화되었을까? 돌아보는 순간 두 눈을 의심하지 않을 수 없다. 비정규직 노동자의 비율은 전체 노동자의 60퍼센트가 넘는 900만여 명에 이른다. 이 중 법정 최저임금도 받을까 말까인 저임금노동 시장에 종사하는 사람들이 250만여 명이다. 2011년 7월 초 최저임금위원회는 노동자 위원이 배제된 상황에서 '날치기'로 최저임금 6퍼센트 인상안을 통과시켰다. 노동자들은 "인간답게 살 수 있"는 최소한의 액수로 5,180원을 요구했지만 정부와 경영계는 내내 이를 무시했고, 결국 반발하며 농성하던 노동자들을 배제한 채로 날치기 통과시킨 것이다. 이에 따라 현재 시간당 최저임금 4,320원을 받으며 일하고 있는 노동자들은 2012년부터 법정 최저임금 4,580원을 적용받게 되었다. 임금이 이렇게 낮기 때문에 꽤나 많은 사업장에서는 하루 8시간 노동으로는 생활이 불가능해 3시간, 4시간씩 특근을 하고, 야근을 한다. 게다가 관리자의 따가운 눈초리 때문에 몸이 힘들어도

야간근무 지시를 거부할 수 없는 게 현실이다. 휴일에도 특근에 대한 은밀한 요구가 있으면 따라야만 한다. 이것은 픽션(fiction)도, 먼 옛날 이야기도 아니다. 바로 지금 이 시간, 구로공단과 아산공단 등 전국의 무수한 크고 작은 사업장에서 벌어지고 있는 남녀노소 노동자들의 삶이다.

"우리들은 기계가 아니다!", "근로기준법을 준수하라!" 평화시장 거리에서 그 피맺힌 외침과 함께 제 몸에 불을 지른 청년의 눈에 비친 현실은, 열일곱 살 어린 여공이 매캐한 먼지와 탁한 공기로 가득한 작업장에서 하루 열다섯 시간씩 일하다가 얻은 폐렴 때문에 고통스러워하다가 해고되는 것이었다. 그는 그 잔인한 세계를 그냥 두고 볼 수는 없다는 가장 보편적인 상식을 요청하려 했다. 그러나 그는 여공들과 함께 '분란'을 일으켰다는 이유 하나로 공장에서 강제 해고를 당하고, 결국 좌절감 속에서 모든 걸 포기하고 방황하게 된다. 삼각산의 막노동 현장에 들어가게 된 것이다. 당시 전태일 열사가 쓴 편지의 한 구절에서 우리는 당시 그가 겪은 정신적 고통과 슬픔을 짐작할 수 있다. "나는 한 보름 전에 그러니까 9월 15일경에 공사판에 품팔이를 갔었다네. 자네에게는 좀 이상하게 곧이 안 들리겠지만 어쩔 수 없는 사실이었네. 그날은 날씨도 오늘처럼 침울하고 마음처럼 답답했네. 엷은 잿빛 구름은 온 하늘을 바둑판처럼 넓은 호수에 얼음이 녹는 것같이 덮고 있었으니까!"

그러나 전태일은 다시 평화시장으로 돌아온다. 평화시장 동료들의

품으로 말이다. 그의 일기에는 이렇게 적혀 있다. 이 구절은 너무도 유명해서 오늘날까지 많은 사람들에게 되새겨지고 있다. "이 결단을 두고 얼마나 오랜 시간을 망설이고 괴로워했던가. 지금 이 시간 완전에 가까운 결단을 내렸다. 나는 돌아가야 한다. 불쌍한 내 형제의 곁으로 내 마음의 고향으로. 내 이상의 전부인 평화시장 어린 동심의 곁으로."

평화시장으로 돌아온 그는 다시 굳은 결의를 다지고 방직공장 노동자들의 생존권을 지키기 위한 행동을 재개하기 시작한다. 대통령이나 근로감독관에게 투서를 쓰고, 탄원서를 들고 노동부에도 찾아간다. 그러나 그와 평화시장 노동자들은 계속해서 외면당하고 묵살당한다. 여기서 우리는 오늘날 이 땅의 하늘을 울리는 비정규직 노동자들의 절규를 떠올릴 수밖에 없다. 40년 전 평화시장 노동자들의 삶이나 오늘날 비정규직 노동자들의 삶이나 그리 달라진 것이 없기 때문이다.

결국 전태일은 근로기준법 화형식을 갖기로 한 바로 당일, 자신이 결심한 일을 행하기 위해 거리로 나선다. 근로기준법 법전을 한 손에 들고 평화시장 거리에 서서 자신의 몸과 법전을 함께 불태운 것이다. "사회생활이라는 웅장한 무대는 가장 메마른 면과 가장 비참한 곳만을 보여주고 있습니다. 메마른 인정을 합리화시키는 기업주와 모든 생활 형식에서 인간적인 요소를 말살당하고 오직 고뻬에 메인 금수처럼 주린 창자를 채우기 위하여 끌려다니고 있습니다.

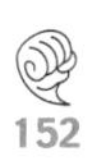

곧 그렇게 하는 것이 현 사회에서 극심한 생존경쟁에서 승리한다고 가르칩니다. 기업주들은 어떠합니까? 아무리 많은 폭리를 취하고도 조그마한 양심의 가책을 느끼지 않습니다. 합법적이 아닌 생산공들의 피와 땀을 갈취합니다. 그런데 왜 현 사회는 그것을 알면서도 묵인하는지 저의 좁은 소견은 알지를 못합니다."

그의 죽음은 아주 적은 사람들만이 기억하다가 변호사 조영래가 쓴 책 『어느 청년노동자의 삶과 죽음』에 의해 조금씩 알려지기 시작했다. 처음에는 대학생들이, 그리고 점점 많은 노동자들이 그를 알게 되었고, 기억하게 되었다. 1987년부터는 매년 11월 둘째 주 일요일에 '전태일 열사 정신 계승'을 기치로 걸고 전국노동자대회가 열려왔다. 이때마다 노동자들은 해당 시기 노동자들이 느끼는 가장 절박한 문제를 구호로 내걸게 되는데, 오늘날 '비정규직 노동자' 문제를 둘러싼 아픔은 전태일이 살아있던 시기와 조금도 다르지 않다. 비정규직 노동자들은 우선 노동자로서의 허약한 지위 때문에 마음대로 자신의 권리에 대해 이야기하지 못한다. 야근이나 특근 등 정규 노동시간 외에 추가로 행해지는 노동을 거부하기 힘들며, 이에 대해 제대로 임금을 받지 못하는 것도 엄연한 현실이다. 또 '노동유연성'이라는 미명하에 갑작스레 해고를 당하더라도 이에 대해 어떤 항변을 할 수 있는 통로가 없다. 게다가 한 공장 같은 라인에서 정규직 노동자와 같은 노동을 하더라도 정규직 노동자가 받는 임금의 50~70퍼센트 가량의 임금밖에 받지 못한다. 이뿐만이 아니다. 통근버스나 공장에서 만든 제품의 할인 구매와 같은 복지 혜택이 비정규직 노동자에겐 거의 주어지지 않고, 심지어 식당 이용까지 금지되어 있는 곳도 부지기수다. 또한 1년이나 2년의 계약기간이 만료될 즈음이 되면 계약연장을 하지 못할까 봐, 즉 실질적으로 '해고'를 통보받을까 봐 노심초사 불안해 하며 여러 가지 부당노동 행위를 감수해야 한다. 이에 맞서 노동조합을 만드는 비정규직 노동자들도 있다. 이는 헌법에 보장된 권리이자, 갖고 있는 것이라고는 '노동력'과 '노동조합'이라는 것밖에 없는 노동자들에겐 당연히 주어져야 하는 '권리'다. 그러나 최근 몇 년간 많은 중소기업들이 노동자들이 '노동조합'을 만들기가 무섭게 '직장폐쇄' 조치를 취하거나, 아니면 계약연장을 빌미 삼아 노동조합 탈퇴를 종용하는 등의 불법 노동탄압을 일삼고 있다.

비정규직 노동자의 채용 비율이 상대적으로 높은 서비스 산업의 경우에도 비정규직 노동자들의 처우조건은 심각하다. 대형마트의 경우 시간대에 따라 필요한 노동력이 시시각각 변화하는 등 노동 수요 변동의 폭이 큰 편인데, 이 때문에 서비스 산업에선 파트타임 노동자 고용을 선호하게 되었다. 이렇게 늘어난 파트타임 비정규직 노동자들은 극악한 차별과 억압에 시달린다. 가까이 나의 친구의 경우만 해도 밤 열 시부터 다음 날 새벽까지 편의점 야간노동을 하지만 법적으로 보장된 주간 최저임금도 받지 못한다. 얼마 전 청년유니온과 참여연대가 함께 발표한 최저임금 준수 및 인상을 위한 공동 캠페인 활동 결과발표에 따르면 "신림·관악·종로·을지로·동대문 등 서울 지역 편의점 아르바이트생 중 46.5퍼센트가 여전히 법정 최저임금도 받지 못하고 있다. 이는 청년유니온이 2010년 자체적으로 진행한 편의점 실태조사의 47퍼센트에서 거의 개선되지 않은 수치다. 지난 1년여간 고용노동부가 실시한 행정지도가 실제 노동현장에서 거의 영향을 끼치지 못한 것이다. 게다가 주당 15시간 이상 일하는 노동자에게 지급되어야 하는 '주휴수당'의 경우 응답자의 8퍼센트 정도만 지급받고 있는 것으로 나타났는데 이는 '편의점 알바'로 불리는 파트타임 노동자들이 최저임금과 기타 수당의 영역에서 일상적으로 '임금체불'을 당하고 있는 현실을 드러낸다. 실제로 한국노동사회연구소 김유선 부소장의 분석 결과에 따르면 비정규직 노동자의 시간당 임금은 정규직의 52.7퍼센트에 불과하지만 주당 노동시간은 50.5시간으로 정규직의 47.1시간보다 오히려 길다. 또 사회보험 가입률은 비정규직 형태별로 22~25퍼센트에 불과하며, 상여금·퇴직금·시간외수당·유급휴가·연월차 적용률은 16~23퍼센트에 그친다(2001년 6월 13일자 《한겨레21》 기사 중 발췌. 그후 10년이 지났지만 이 수치는 거의 변하지 않았다). 이런 현실은 2003년 가을 당시 분신을 택한 많은 노동자들이 21세기에 와서도 왜 전태일 열사처럼 자신의 몸을 불사르며 싸울 수밖에 없었는지, 오늘날 왜 그토록 많은 비정규직 노동자들이 자신의 처지에 대해 하소연하고 항변하고 좌절하고 있는지를 보여준다.

노동자가 자기 몸을 불사르는 일은 전태일이 산화한 지 40년이나 지난 2010년에도 일어났다. 현대자동차의 하청 노동자 황인화 씨가 '불법파견 중단, 비정규직 노동자의 정규직화'를 요구하는 집회 도중 분신을 시도한 것이다.

2010년 여름, 대법원은 현대자동차 공장에서 일하는 2차 사내하청 파견 노동자가 낸 소송에 대해 현대자동차에게 불법파견 판결을 내린 바 있다. 이는 정리해고와 불안정한 노동에 내몰린 사람들이 10여 년간 외치고, 또 어떤 이들이 전태일 열사처럼 제 몸에 불을 지르며 얻어낸 하나의 성과, 혹은 작은 진전이었다. 그러나 현대자동차 사측은 대법원의 판결을 받아들이지 않았고, 현대차 노동자들은 25일간의 공장 점거 파업을 벌일 수밖에 없었다. 황인화 씨의 분신은 그 농성 중, 농성 중인 공장에 물과 전기가 모두 끊길 거라는 소문이 도는 긴박한 상황에서 이루어졌다. 그는 "분신이라도 해서 파업을 강제 진압하는 것을 막고 싶었다"고 한다. 훗날 언론과의 한 인터뷰에서 그는 이렇게 말했다. "몸에 뿌릴 기름을 사러 갈 때, 40년 전 분신한 태일이 형이 날 보고 있는 것 같았다. 함께 노조 활동을 하다 5년 전, 회사의 탄압을 이기지 못하고 목을 매 자살한 기혁이 형 생각도 났다. 그들이 지금 내 모습을 본다면 무슨 생각을 할까?"

그러나 아직까지 현대자동차는 하청 노동자들의 정규직화를 모른 척하고 있으며 불법파견을 자행하고 있다. 이렇게 "바로 저들이 불

법파견을 자행하고 있다!"라고 분명하고도 적확하게 적시할 수 있음에도 불구하고, 잘못된 것들은 아무것도 고쳐지지 않고 있다. 바로 이 사실이 비정규직 노동자들을 더욱 비참하게 만든다. 불법파견 때문에 지난 몇 년간 많은 사람들이 단 10초의 '뉴스 보도'도 없이, 아무도 모르게, 삶에 비관하며 죽어왔지만 노동자들이 스스로 단결하고 저항하지 않는 한 모든 외침은 한계적일 수밖에 없다. 전태일의 요청이 여전히도 끝나지 않았다는 걸 새삼 느끼게 된다.

신자유주의 구조조정과 비정규직 양산

그렇다면 지금 노동자들은 왜 이토록 양극화되고 비정규직화됐을까? 우선 '비정규직'이 무엇인지부터 살펴볼 필요가 있다. 비정규직은 말 그대로 '정규직이 아닌 상태'를 의미한다. 그러니까 비정규직 노동자란 정규직이 아닌 모든 노동자인데, 90년대 후반까지만 해도 존재하지 않던 개념이다. 헌데 1997년 IMF 외환위기와 신자유주의 구조조정을 경과하고 2000년에 다다르게 되면서 '비정규직' 문제는 중차대한 사회적 이슈로 부각되기 시작했다. 처음엔 그것의 심각성에 대해 모른 척하던 정부 관료나 학자들도 차츰 이 문제가 얼마나 큰 사회적 문제로 번지고 있는가에 대해 인정하지 않을 수 없게 되었다.

전문가들이 구분한 비정규직의 규정은 계약직, 임시직, 일용직 등 계약기간이 정해져 있는 경우와 파견이나 용역 등 고용 당사자와 실제로 일을 시키는 사용자가 다른 경우로 나뉜다. 가령 동희오토 비정규직 노동자의 경우 그들과 고용계약을 맺고 노무관리를 하는 사용자는 동희오토라는 하청업체의 사장과 관리자지만, 실제로 그들을 고용하고 일을 시키는 당사자는 기아자동차다. 사용자가 직접 '고용'을 하는 것이 아니라, 용역이나 하청업체를 통해 간접고용하는 시스템이 신자유주의 체제하에서 구축되어왔다.

간접고용이면서 정규직인 노동자들이 있고, 직접고용이면서 비정규직인 노동자들이 있지만, 모두가 불안정노동의 범주에 속할 수 있다.

본래 노동자는 '정규직'으로 고용하는 게 사회적인 통념이었다. 한 번 직장에 취직해서 일을 하기 시작하면, 심각한 병에 걸리거나 엄청나게 큰 잘못을 저지르지 않는 한 계속해서 그 직장에서 일을 할 수 있었던 것이다. 이것은 자본주의 시스템이 본격적으로 태동한 이후 200여 년간 수많은 노동자들이 죽거나 싸우며 만들어온 '노동권'과 맞닿아 있다. 임금을 받으며 일하는 노동자가 기업주에 대해서 예속적일 수밖에 없는 위치에 있기 때문에 이런 관계를 어느 정도 극복하기 위해 기업주의 책임을 정해놓은 것이다. 이렇게 하면 노동자들이 안정적으로 고용과 임금을 보장받게 된다. 이것이 오늘날 '정규직'이라고 불리는 위치에 놓인 노동자들의 상황인데, 최근에는 이마저도 불안정한 지위로 추락하고 있다.

IMF 외환위기가 왜 도래했는지에 대해서는 다양한 분석이 있다. 당시 거의 모든 산업자본 중심 개발국가들은 막대한 규모의 채무를 갖고 있었는데 이것은 끊임없이 채무연한을 늘리는 방식으로 유지할 수 있었기 때문에 각 국가의 정부들이 그것에 대해 큰 문제의식을 갖고 있지 않았다. 그런데 갑자기 해외 채권자들이 신속한 채무 이행을 요구하기 시작한 것이다. 이것은 국가 부도 사태를 유발한다. 실질적으로 정부가 채무를 모두 갚을 돈을 갖고 있지 못하기 때문이다. 지금은 고인이 된 김대중 전 대통령은 당선이 되자마자 '대통령 당선자'로서 각종 조치들을 단호하게 이행한다. IMF가 요구한 신자유주의 개혁 조치들이 그것이다.

1999년 국가채무는 그해 1년 동안 무려 44퍼센트나 늘어나 200조에 달하게 되었다. 이는 외환위기 이후 금융 및 기업구조조정, 대기업 빅딜과 워크아웃 등 일련의 구조조정 과정 속에서 '공적자금 투입'을 위한 채권발행이 급증했기 때문이었다. 그러나 당시 김대중 정부는 '공적자금 투입'을 위한 국고채 발행을 통해, 부실경영의 책임을 고스란히 국민에게 떠넘겼다. 그러면서도 과잉투자와 차입경영 등으로 부실 경영을 초래한 근본적 책임이 있는 재벌총수나 최고경영진의 개인재산 환수로 구조조정의 재원을 마련하지는 않았고, 오히려 재벌일가의 경영권을 유지한 채 빅딜을 통한 자유로운 구조조정을 추진하는 등 특혜를 제공했다. 이는 김대중 정부가 태생적으로 재벌과의 유착관계를 갖고 있었기 때문이다. 수백만 노동자들은 정리해고나 임금 삭감으로 고통 받았지만 정작 경제위기의 주범들은 아무 책임도 지지 않고 개인적 부를 누렸던 것이다.

정부는 워크아웃을 통해 공적자금을 투입했다. 그렇게 국민 모두가 낸 세금이 투입된 이상 해당 기업들은 공기업화하거나 사회적 소유가 되어야 마땅하지 않을까? 그러나 정부는 부도난 기업들을 헐값에 재벌이나 초국적 자본에게 넘겼다. 대우그룹 부도 후 처리 과정에서도 김우중 회장이나 최고경영진의 개인재산 환수, 경영권 박탈은 선행되지 않았다.

국가채무 200조 원이라면 부채비율이 200퍼센트가 넘는 부실정부다. 해외매각이라는 수단으로 모든 위기를 몽매하게 땜빵하려 했던

것으로 볼 때 차라리 공기업의 사기업화와 해외매각에 앞서 정부 자신을 해외매각해야 할 형편이었던 것이다.

당시 외국인 투자 자율화에 대한 논란이 일자 대통령은 "외국인 투자는 원금과 이자를 책임질 필요가 없고 기업의 투명성 제고에 도움이 될 뿐만 아니라 세계시장 확보를 통한 일자리 창출, 대외신용도와 주가 상승 등 1석 5조의 효과를 거둘 수 있다"며 해외 금융자본 유치와 기업의 해외매각을 예찬했다. 이에 따라 제일은행, 한라공조, 삼성중공업 중장비부문, 쌍용증권, 대한종금, 한솔제지 전주공장, 한라제지펄프, 대상라이신, 삼성물산 유통부문, 로케트밧데리, 흥농종묘, 한독약품 등 수많은 기업들이 줄줄이 외국자본에게 팔려나갔다.

그때 팔려나간 만도기계의 경우를 생각해보자. 당시 만도기계 노동조합의 조합원들은 기업이 팔려나갈 경우 단행될 노동자 구조조정에 맞서기 위해 생존권을 건 싸움을 벌였다. 애초에 회사와 '인위적인 인원감축'은 하지 않기로 합의했었지만 회사가 이를 어겼고, 이에 맞서 노동자들이 1998년 8월 17일 아침을 기해 아산공장을 비롯한 전국의 7개 공장에서 일제히 전면파업에 들어간 것이다. 그러나 이에 대한 정부의 대응은 1만 명이 넘는 경찰을 동원한 폭력적 탄압이었다. 2,600여 명의 노동자가 연행되었고, 1,000여 명의 노동자들이 '사법처리'됐다. 이는 당시 워크아웃 단계를 밟은 무수한 기업 노동자들의 공통된 처지였다. 외자유치 사업장이라는 이유로 노동자에게 일방적인 희생이 강요된 것이다. 이에 따라 돌아오는 결말은 정규직 축소와 임시직 확대, 정리해고와 아웃소싱 등 신자유주의적 구조조정으로 인한 인건비 삭감이었다.

이른바 '밀레니엄 시대'를 맞이하며 김대중 정부는 세계 어느 나라보다 빨리 'IMF 위기'를 극복했다고 자랑스레 떠들어댔다. 어느새 외환보유고가 700억 달러에 이르렀다. 정부는 '해외매각'과 공기업 민영화의 불가피성을 피력하며 전기, 가스, 수도 등 국가기간산업과 알짜 공기업을 초국적 자본에게 매각하려 했다. 그러나 과연 초국적 자본이 시설투자나 공장 증설 같은 진정한 기업 회생의 길에 관심이 있었을까? 오히려 처음부터 '투기자본'이었기 때문에 어느 정도 재미를 보면 다시 재매각하며 환차금으로 수익을 올릴 뿐이었다. 또 공장 이전을 서슴지 않고 단행했으며, 정규직 축소와 임시직 확대, 정리해고 등 노동유연화 정책을 거침없이 추진했다. 노동자들의 고용과 생존권만 불안해진 것이다.

표면상으로 IMF 외환위기는 극복되었다. 그러나 그 위기 극복의 비용은 철저하게 평범한 국민 대다수에게 전가되었다. 국가부채 역시 증대했고, 자본가와 기업가들은 훨씬 자유롭게 노동자들에게 무더기 정리해고 처분을 내릴 수 있게 되었다. 소득분배 역시 악화되었는데 물가는 치솟는데 노동자들의 임금은 동결되거나 인하되었기 때문이다. 동시에 위기의 근본적 책임자인 4대 재벌은 자신의 시장 지배력을 더 강화했으며, 초국적 자본의 지배 역시 확대되었다. 결과적으로 경제위기의 주범이라 할 재벌과 고위관료, 10억 이상의 자산 소유자는 비용부담에서 상대적으로 자유로울 수 있었고, 임금 생활자와 국민 대다수는 고스란히 부담을 떠안게 된 것이다.

전체 노동자의 '총노동시간'도 늘어났다. 특히 초과노동시간이 큰 폭으로 증가했는데 99년 2/4분기의 총노동시간은 210.2시간으로 전년보다 8.7시간 늘어난 수치였다. 총노동시간 중 정상노동시간이 3.2시간 늘어난 데 비해 초과노동시간은 5.8시간 늘어났는데, 이것은 외환위기로 쫓겨난 노동자들을 다시 데려오는 대신 남은 노동자들을 특근과 야근 등 초과근로로 내몰고 있는 현실의 반영이었다. 이는 임금삭감으로 줄어든 소득수준이 작용한 것이기도 하고, 해고의 위협을 안고 사는 노동자들이 군말 못 하고 복종해야 했기에 만들어진 결과이기도 하다.

이른바 '진보 언론'이라 불리는 매체들을 포함해 당시 매스미디어가 유포한 지배적인 논조는 이런 식이었다. "권력자들이 부패하고 국민들이 낭비했기 때문이다!" 물론 한국의 권력자들은 항상 부정부패와 떨어져 있지 않았다. 또 당시 국민들의 소비는 매년 상승하고 있기도 했다. 그러나 소비가 늘어난 건 다분히 국민경제 수준이 상승했기 때문이지, 이를 도덕적 해이로 판단하면 곤란하다. 더군다나 당시까지 대다수 국민들은 '근검절약'이라는 유교적 경제생활 모토를 버리지 않고 생활하고 있었기 때문에 이를 원인으로 모는 것은 부당하다. 이런 거짓 담론의 유포가 당시 '금 모으기 운동'

이라는 전에 없는 계몽운동으로 번졌다는 건 역사적 코미디에 가깝다. 순전히 자본이 진 민간부채를 정부가 이양해 처리하는 과정에서 이 모든 결과에 대한 책임을 평범한 국민들에게 떠안긴 것이기 때문이다. 단지 금 모으기 운동에서만이 아니라, 노동자를 대량으로 정리해고하거나 정규직 노동자를 비정규직화할 때도 이런 이데올로기는 주효하게 작용했다.

그러나 이 외환위기는 국제적인 규모의 '헤지펀드', 그러니까 금융자본에 대해 세금을 물리지 않는 카리브연안의 섬 같은 절대 면세지역에 위치한 거대 금융자본이 전세계 자본주의 경제 체제를 '신자유주의 금융세계화'로 바꿔나가는 과정에서 발생한 동아시아를 향한 일종의 개혁이라고 보는 게 맞다. 당시까지 금융자본에게 자물쇠를 걸어 잠그고 있던 동아시아 국가들은 하나둘씩 항복 선언을 하고 빗장을 풀었다. 투기 자본의 유입을 자유롭게 허용했을 뿐만 아니라 관세도 철폐하기 시작한 것이다. 차후에 한-미 FTA나 한-칠레 FTA, 한-EU FTA처럼 개별적으로 '자유무역협정'이 이루어지는 것도 이런 신자유주의 경제개혁의 연장선상에 놓여 있다. 당시 정부는 이런 조치들, 또 세계무역기구인 WTO에서 이루어진 여러 가지 조치들에 의해 수입 농작물에 대한 규제들을 풀기 시작했는데 결과적으로 이것은 300만여 명에 달하던 농민들의 생존권을 박탈하는 결과를 불러일으켰다. 당시 전국 곳곳의 농촌 지역에서 올라온 농민들이 벌인 WTO 반대 투쟁의 격렬함은 이를 입증한다.

그/그녀들에겐 그것이 목숨을 내놓으라는 것과 다르지 않았기 때문이다.

이토록 잔인하고 난폭하게 우리의 삶을 파괴하던 외환위기 시기, 노동자들과 노동운동은 계속 수세적으로 뒷걸음질 칠 수밖에 없었다. IMF 외환위기 이후 3년간 노동운동은 무려 10여 차례에 걸쳐서 '전국적인 총파업 투쟁'을 선언했다. 그러나 매번 총파업을 목전에 두고 철회하곤 했으며, 그나마 시작한 총파업도 몇몇 사업장을 제외하고는 참여율이 높지 않았다. 현대중공업의 골리앗 투쟁, 한국통신, 철도와 지하철 노동자 투쟁 등 사업장별로는 90년대에도 노동자들의 가열찬 투쟁이 이어졌지만, 전국적으로 신자유주의에 맞선 노동자들의 목소리를 하나로 묶기에는 힘에 부쳤다.

노동운동은 정부가 세워놓은 구조조정 일정만을 좇아가며 싸우는 수동적인 대응을 보였다. 반면 신자유주의 정부의 구조조정 계획은 주도면밀했다. 1차적으로는 금융권 구조조정을 진행했고, 그 이후 퇴출명단을 발표한 제조업부문으로 확산시켰다. 제조업의 구조조정이 순항을 거듭할 즈음에는 다시 공공부문 민영화를 확대시켰다. 그리고 다시 금융, 제조업, 공공부문 식으로 구조조정을 반복했다. 이것은 분명 노동자들의 반발과 구조조정 대상 사업장의 노동조합 규모와 노동자 투쟁 조직력까지 계산한 것이었다.

제도권의 구조조정 일정에 맞춘 노동운동의 대응은 언제나 노동자들의 진정한 요구와 삶을 담아낼 수 없다. 금융-제조업-공공부문

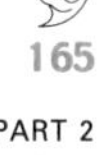

의 순차적 구조조정으로 인해 노동자들의 저항도 금융-제조업-공공부문으로 분산되었고, 노동자들의 목소리를 하나로 모을 수 없었다. 노동자들의 저항은 각개분산되어 각개격파되어갔다.

게다가 관성적으로 '양보 교섭'을 수용하는 노동계 관료들의 태도도 삶의 위기에 직면한 노동자 각각의 목소리를 담아내지 못했다. 관료들이 '노사정위원회'라는 이름의 테이블에 들어가면서 '정리해고'라는 것 자체를 절대적으로 막아내는 마지노선이 아니라 하나의 '협상카드'로 사용한 것이다. 이것은 종종 '현실적 어려움'이라는 핑계를 대는 실용주의적 노동운동 노선의 큰 경향을 만들어냈다. 그리고 그와 함께 점점 더 아래로부터의 목소리와는 괴리되어 가기 시작했다.

'양보 교섭'과 '타협'이 어느새 일반화되어버렸다. 정부와 자본가 그리고 보수언론으로 이어지는 삼각편대의 압박에 끊임없이 양보와 타협을 택했던 것이다. 이는 보수언론의 헤드라인처럼 "아름다운 양보"가 아니라 노동자의 생계를 팔아넘긴 '투항'에 가까웠다. 이때 민주노총이 노동자들이 있는 현장에서 싸우기보다 '노사정위원회' 회의테이블에 목 매달았던 것 역시 싸움들을 무력화시키는데 일조했다. 이렇게 정리해고가 수용되어가는 사이 정치권력과 자본은 노동자들의 이해를 분열시켜나갔고, 그로 인해 불안정노동이 광범위하게 퍼지고 수많은 비정규직 노동자들이 양산되었던 것이다.

2004년 연말. 크리스마스 연휴가 끝나기 무섭게 한 비정규직 노동자가 스스로 목숨을 끊었다. 한진중공업 마산공장에서 일하던 김춘봉 씨가 계약연장을 거부당한 것에 비관해 도장공장 2층 계단에서 스스로 목을 매고 자살한 것이다. 1980년 코리아타코마(한진중공업의 전신) 시절부터 20년 넘게 일해온 그였다. 그는 2000년에 작업을 하다 다리를 다쳐 9급 산재등급을 받은 사람이었는데, 회사 측이 마산공장이 문을 닫을 때까지 고용을 보장하겠다는 약속을 어기고 계약해지를 통보한 것이었다.

그는 유서에 이렇게 썼다. "24년간 이 회사를 위하여 몸과 청춘을 받쳤지만 아무런 성과도 없이 이렇게 밖으로 쫓겨나게 되었다. 누구를 원망하지도 미워할 수도 없지만 나를 이렇게 만든 사람이 정말로 죽이고 싶다. …… 나는 이곳 현장에서 작업 중 다리를 다쳐 병원생활을 10개월 하였다. 그 후 노동부로부터 9급이라는 산재등급을 받았다. 회사 노무팀에서 나에게 이러한 제안이 들어왔다. 산재보상보다는 명퇴를 하고 돈이 좀 작더라도 마산공장 운영할 때까지 촉탁근무를 해주겠다고 하면서 나에게 권하였다. …… 그런데 지금 와서 나가라고 하니 정말로 미치겠다. …… 차라리 여기서 죽겠다고 수차 이야기를 하여도 도와주지도 보지도 않았고 힘없고 돈 없는 사람은 모두 이렇게 되어도 되는지 정말 회사는 너무하다. …… 다시는 이러한 비정규직이 없어야 한다. 나 한사람 죽음으로써 다른 사람이 잘 되면…… 비정규직이란 직업이 정말로 무섭다. …… 아무도 신경을 써주지 않는구나. 나도 지쳐진다. 저번에 다친 허리가 왜 이렇게 아픈지 …… 지금 밖에서는 비정규직 철폐를 외치고 있다. 꼭 그 사항이 이루어지길 간곡히 원하고 싶다. 그렇게 하여야만 나 같은 사람도 인간대접 받을 수 있지. 비정규직이 죽었다는 것을 알면 현재 근무하고 있는 비정규직은 좋은 대우를 해주겠지."

비정규직 노동자의 운명이란 죽도록 일만 하다가 나이가 들거나 다쳐서 노동 능력이 떨어지면 해고, 즉 폐기처분되는 것이다. 특히나 몸을 써서 일을 해야 하는 건설노동자나 블루칼라의 경우, 안정적인 고용이 보장되지 않는 비정규직이 사고를 당하거나 병에 걸리면 그들은 곧 죽음의 위협에 직면할 수밖에 없다.

2004년 여름 포항에서, 나는 시쳇말로 '노가다'라 불리는 비정규직 노동자들을 만났다. 포항에서는 산업 기반 시설이나 빌딩을 짓는 건설노동자들이 파업을 벌이고 있었고, 나는 비정규직 문제에 관심이 많거나 신자유주의가 잘못됐다는 생각을 갖고 있는 대학생 200여 명 중의 한 사람으로 그곳에 간 거였다. 그때 스치며 마주친 수많은 건설노동자들에 대한 인상을 잊을 수 없다. 사실 나는 그들이 매우 낯설었고, 그런 계기가 아니었다면 그들을 만날 기회조차 없었을지 모른다. 팔뚝의 굵은 핏줄, 투박한 표정, 새까맣게 탄 살결과 거친 피부. 그들이 일하는 작업환경의 열악함은 말로 표현할 수도 없었다. 그런데 1년에서 40년 동안 건설현장에서 일하며 '남의 집'만 열심히 지어온 그들이 드디어 자신들의 '인간답게 살 권

리' 를 말하기 시작한 터였다.

세계적인 우량기업 포스코는 그해 상반기에만 1조 9천억의 순이익을 내고, 수년째 순이익이 60~70퍼센트씩 증가하고 있었다. 그러나 포스코 현장의 하청 건설 일용노동자들의 임단협을 수수방관하면서 파업 장기화를 부추기는 요인을 제공했다. 포스코건설이 원청인 포항 지역 노조, 전남동부 지역 노조의 비정규직 노동자들은 원청 노동자의 30퍼센트 수준인 140여만 원의 월급을 받으며 일하고 있었다. 밥 먹을 곳도 없어서 먼지구덩이에서 도시락을 먹으며, 비참한 노동조건에서 일했던 것이다. 포스코가 낮은 가격에 '발주'를 했기 때문에 하청 노동자가 인간적인 삶을 누릴 수 있는 액수인 '생활임금'을 받을 수 있는 가능성은 원천적으로 봉쇄되어 있었다. 이에 건설노동자들은 '생활임금 보장'을 요구하며 3천여 명이 참여하는 파업을 벌였다. 우리가 포항에 갔던 그날, 해가 질 때까지 공단 앞거리를 가득 채웠던 목소리와 숨소리들을 잊을 수 없다.

포스코가 내내 묵묵부답으로 일관하자 건설노동자들은 포스코 건물에 대한 점거농성에 돌입했다. 그러나 이때 노무현 정권이 보여준 '고사작전'은 정권이나 자본이 어떻게 수단과 방법을 가리지 않고 노동자의 저항을 진압하는지를 보여주었다. 공권력-자본-언론의 파상공격은 지배계급 연합의 노동자 '학살'이나 다름없었다. 인간답게 살고 싶다는 절박한 심정으로 저항하는 늙은 노동자들에 대해 식사와 의약품 반입을 막고, 전기와 물을 끊는 등 기본적 인권마저 짓밟은 것이다. 마지막에 보인 경찰의 진압작전은 군사독재정권과 한 치도 다르지 않은 국가폭력 그 자체였다.

그러나 건설노동자들의 싸움은 그것으로 끝이 아니었다. 포항의 건설노동자들은 2006년까지 생존권 보장과 작업환경 개선을 요구하며 지속적으로 저항했다. 한편 대구에서는 도시의 건설 현장 작업 자체가 아예 중단되기도 했다. 70여 명의 노동자들이 아파트 건설 현장에 올라 현장을 점거하고, 동료 노동자 수천 명은 파업을 감행했던 것이다. 이들의 요구 역시 간명했다. 생존권 보장, 일일 8시간 노동 보장, 샤워할 공간과 밥 먹을 공간 마련이었다. 더 이상 먼지 구덩이 속에서 식사를 하거나 땀범벅이 된 몸을 씻지도 못하는 비인간적인 환경에서 일하고 싶지 않다는 것이었다.

건설노동자들이 겪고 있는 구조적인 모순은 다른 직종보다 훨씬 뿌리 깊고 심각하다. 원청인 대형건설사가 건설 발주를 따면, 2차 건설업체들에게 시공을 맡긴다. 그러면 이 중형 건설업체들은 자신보다 규모가 작은 건설업체들에게 다시 하청을 준다. 그러면 다시 이 하청 건설사들이 십장, 혹은 반장이라고 불리는 노동자들에게 시공을 맡기게 된다. 그리고 그 밑에 여러 노동자들이 소속되어 일하는 것이다. 이런 현장에서 노동자들의 실질적인 요구들은 묵살되기 일쑤다. 3차 혹은 4차에 걸친 도급 계약 구조에서 누가 책임을 질 수 있겠는가. 일하다가 죽거나 다치더라도 어디 하소연할 데가 없다. 실제로 매년 무수히 많은 노동자들이 건설현장에서 일하다가 사고

로 죽거나 중상을 당하지만 이 요구들은 대개 묵살당하거나 턱없이 적은 위로금만으로 무마된다.

건설노동자들의 문제가 초미의 사회적 이슈로 부각되던 그 즈음, 나는 중학교 2학년 때 학교가 파하고 집에 돌아가던 길에 봤던 어느 풍경을 떠올리곤 했다. 내가 살던 집은 북한산 매표관리소 아래 산 중턱, 버스에서 내려 20분은 걸어 올라가야 하는 곳에 있었다. 그 길을 걸어 집 앞에 거의 다다랐을 때, 눈앞에서 아슬아슬한 장면이 펼쳐졌다. 3층짜리 빌라 두 동을 짓는 건설현장에 쌓여 있는 아시바 맨 꼭대기, 땅에서 12미터 가량 떨어진 높이의 철 구조물 위에 한 남자가 올라 있었다. 그는 아무 지지대도 없이 단지 두 손으로 하늘로 솟은 철봉 하나를 부여잡고 외치고 있었다. 당장 약속하라고. 당장 은행에서 돈을 출금해서 갖고 오라고 말이다. 알고 보니 그는 넉 달째 임금체불에 시달리고 있는 일용직 건설노동자였다. 빌라를 거의 다 짓고 마감만 하면 되는 상황이 되었는데 건축업자가 그때까지도 임금을 주지 않고 있었던 것이다. 그의 외침 속에 섞인 절박함을 잊을 수 없다. 아니 그것은 외침이라기보다는 목 놓아 우는 소리에 가까웠고, 조용한 동네를 가르는 외침들에 놀란 동네 사람들은 넋 놓고 하늘 위만 쳐다보고 있었다. 내가 15년을 살았던 그 조용하고 '품격 있는'(?) 동네에서 가장 격렬했던 '계급투쟁'의 날은 바로 그날이었다.

그후로 어디를 가든 꼭 하나씩은 보이는 공사장 앞을 지날 때마다

유심히, 그곳을 보게 된다. 어떤 사람이 일하고 있는지, 그의 표정은 어떻고 그의 땀은 어디서 흐르고 있는지를 말이다. 임금을 체불당하는 것도 문제지만, 건설노동자들이 받는 임금 자체가 생활임금 수준에도 못 미치는 저임금이고, 고용불안이 극심한 정도는 그 어느 업종보다 심하다. 전국적으로 실업률이 상당해진 상황에서 새벽 인력시장에서 허탕치고 집으로 돌아가는 인원이 일자리를 얻는 인원보다 많다는 점이 이런 열악한 상황을 방증한다. 어느 정도 기술력을 갖고 일하는 노동자들의 경우에도 상황은 크게 다르지 않다. 이는 지난 시기 한국 건설업계가 전에 없는 호황을 누려왔던 것에 비하면 납득하기 어려운 현실이다.

독일의 시인이자 극작가, 연출가인 베르톨트 브레히트의 시 「어느 책 읽는 노동자의 의문」에는 이런 구절이 있다. “성문이 일곱 개인 테베를 누가 건설했던가? / 책에는 왕들의 이름만 적혀 있다. / 왕들이 손수 바윗덩어리들을 끌고 왔을까? / 그리고 몇 차례나 파괴된 바빌론 / 그때마다 그 도시를 누가 일으켜 세웠던가? 건축 노동자들은 / 황금빛 찬란한 도시 리마의 어떤 집에서 살았던가? / 만리장성이 완공된 날 밤 / 벽돌공들은 어디로 갔던가? 위대한 로마에는 / 개선문이 많기도 하다. 누가 그것들을 세웠던가?”(후략) 오늘날 저 거대한 4대강 공사는, 저 높은 빌딩들은, 거미줄 같은 기찻길과 고속도로는 누가 지었을까? 얼마나 많은 건설노동자들이 그 구축물들이 쌓인 땅 아래에 묻혀야 했을까?

젊은 세대라면 누구나 한 번쯤 어린 시절에 '구몬'이나 '눈높이', '빨간펜' 같은 학습지들을 경험해봤을 것이다. 나 역시 어릴 때 한동안 '눈높이수학'이나 '윤선생영어교실'이란 걸 배달받곤 했는데 달리 무얼 해보겠다는 것보다는 남들이 하니까 나도 해야겠다는 생각이 컸다. 한글도, 구구단도 늦게 배웠기 때문에 왠지 뒤처지는 것 같았기 때문이다. 아무튼 그때마다 집에 찾아오던 '선생님'이 기억난다. 항상 그녀가 무서웠고, 어색하게 느껴졌었다.

그후로 학습지 선생님이라는 존재에 대해 생각한 건 아주 먼 훗날의 일이다. 바로 2011년, 이제 막 봄이 찾아온 3월 25일. 다섯 명의 학습지 노동자들이 제 머리를 삭발하고 단식농성에 들어갔다. 재능교육에 소속되어 학습지 교사로 일하던 노동자들이었다. 유명자 지부장 등 다섯 명의 학습지 교사 노동자들은 해고자 복직과 노동환경 개선 등을 요구안으로 내걸고 1,200여 일이 가깝게 투쟁하고 있었다. 무려 4년에 가까운 긴 세월 동안 시청광장 앞 드높은 재능교육빌딩 앞에서 농성을 벌이고 있는 것이다.

그런데 사실 학습지 교사들은 법적으로 '노동자'로 인정받지 못하고 있다. 왜냐하면 학습지 업체가 학습지 교사들과 계약을 맺을 때 노동자와 사용자 간의 근로계약을 맺는 게 아니라, '사업자간' 일대일계약을 맺기 때문이다. 결국 학습지 교사들은 엄연히 노동자로서 일함에도 불구하고 하나의 '사업자'가 된다. 자본주의 발전과

서비스산업의 비율 증대에 따라 노동형태가 다양해졌고, 새로운 직종들이 생겨났다. 이 때문에 기존에 별 비중을 차지하지 않고 있던 일부 직종들이 증가함에 따라 그만큼 그 업종에 종사하는 노동자들이 늘어난 것이다. 이는 신자유주의 구조조정 이후로 심각한 노동문제로 등장하고 있으며, 노동3권조차 제대로 인정받지 못하는 현실 때문에 '불안정노동', '비정규직' 문제의 한 축을 형성하게 되었다.

학습지 교사뿐만 아니라 골프장 캐디, 레미콘이나 대형 화물트럭과 같은 지입차주, 보험설계사, 학원강사 등이 대표적인 특수고용노동자의 사례에 속한다. 근로기준법상으로는 노동자로 완전히 인정되지 않는 상황에서 노동조합은 설립되어 있기도 하며, 또 실제로 일부 노동위원회는 이들을 '노동자로 인정'할 수 있다는 판정을 내리기도 했다. 그러나 법원은 여전히 법적인 미비를 이유로, 판결마다 상반되고 모순된 판결을 내리고 있기도 하다.

학습지 노동조합 재능교육지부의 노동자들은 재능교육 사측이 문제 해결의 의지를 보이지 않은 채 노동자들을 탄압하는 것에만 몰두하고 있다고 비판한다. 조합원 전원을 해고한다든지, 살림살이마저 압류경매하고 손해배상소송을 거는 등 재능교육의 조치는 조합원들의 생계 자체를 뒤흔드는 수준이다. 용역깡패를 동원해 대부분이 여성들인 노동자들을 폭행하고 성희롱하는 등의 극악무도한 행위도 서슴지 않는다. 노동자들은 사측이 "조합원들의 인권을 철저

히 짓밟고 가족관계까지 파탄시키려 하고 있"다고 절규한다.

90년대 초까지만 해도 대부분의 학습지 교사들이 정규직으로 일했으나, 전사회적인 비정규직 확산과 함께 점차 학습지 교사 채용 시 특수고용 관계를 맺게 됨에 따라 사측은 노동자를 아무렇게나 해고할 수 있게 되었다. 계약관계를 '해지'해버리면 그만이기 때문이다. 게다가 학습지 교사는 노동자가 아니라 개인사업자의 위치에 있기 때문에 임금, 퇴직금, 연장수당, 업무상 재해보상 등도 보장받지 못한다. 이보다 더 심각한 문제는 학습지 교사들이 어쩔 수 없이 '유령회원'을 만들어야 한다는 사실이다. 회원이 줄면 그게 죄다 선생님 때문이라며 회원 감소와 경영상의 책임을 학습지 교사에게 전가시키고, 회비를 밀리는 학생들의 회비까지 교사의 월급에서 떼어내고 있기 때문이다. 이렇게 만들어진 유령회원들에 대한 '회비대납'은 온전히 학습지 교사들의 몫이다.

얼마 전 SK그룹 총수 가문의 2세인 최철원 씨가 자신이 대표로 있는 M&M이라는 물류·운송업체 사무실에서 쉰세 살의 화물노동자 유홍준 씨를 향해 끔찍한 폭력을 자행했던 것이 알려져 많은 이들의 분노를 샀다. 이른바 '맷값' 명목으로 알루미늄 야구방망이 한 대당 100~300만 원의 액수를 제시하고, 수차례 때린 후에 2천만 원을 건넸다는 것이다. 이 사실이 방송을 통해 보도되자 많은 사람들이 분노했고 한동안 인터넷 여론을 팔팔 끓게 했다. 이 사건이 '무전유죄 유전무죄'라는 사회적 현실을 환기시키고 보통사람들의 분노를 불러일으킨 것이다.

애초 사건은 M&M이 모 운송회사를 인수합병하면서, 운송회사 직원인 유씨에 대해서만 고용승계를 거부하면서 일어났다. 화물연대 울산 지역 탱크로리 지부장이었던 유씨가 사측의 화물연대 탈퇴 강요를 거부했기 때문이다. 이에 유씨는 노동조합 말살과 고용승계 거부에 반발하며 M&M의 원청회사인 SK본사와 그룹 회장의 자택 앞에서 1인 시위를 벌였다. 그리고 1년여간 일을 하지 못하게 된다. 결국 그는 탱크로리라도 팔아 생계를 잇기 위해 M&M사무실을 찾았다. 최철원 씨는 폭행 후 유씨에게 탱크로리값 5천만 원과 '맷값' 2천만 원을 주었다. 그러나 나중에 알려진 바, 회사 측은 최철원 씨가 폭행을 가하기 열흘 전, 유씨에게 '손해배상' 명목으로 7천만 원을 청구한 것으로 알려졌다. 그러니까 폭행하기 전에 이미 7천만 원의 손해배상을 청구한 뒤, 폭행 뒤 탱크로리와 맷값으로 7천만 원을 건넨 것이다. 이는 치밀한 계획하에 이뤄진 범죄라고밖에 볼 수 없다.

그런데 더 놀라운 것은 이 사건이 우발적인 사고가 아닌, 화물노동자들 사이에서는 빈번하게 일어나는 문제라는 것이다. 특수고용노동자로서 '지입차주'라는 책임관계에 묶여 있는 화물노동자들은 사측으로부터 고용승계 거부나 화물연대 탈퇴 강요, 일방적 해고 등의 탄압을 아주 빈번하게 받는다. 조금만 권리를 주장하려 하거나 노동조합을 만들려고 하면 바로 잔혹한 탄압이 뒤따르는 것이

다. 2009년에는 한 화물노동자가 이런 일방적 해고와 노조 말살에 맞서 싸우다가 스스로 목숨을 끊기도 했다. 사측인 대한통운이 노동조합과의 합의를 깨고, 일방적으로 78명의 택배기사를 해고했기 때문이다. 박종태 열사의 일이다.

운수노동자들 역시, 특수고용노동자로 분리되어 회사에 고용돼 임금을 받으면서도 '노동자'가 아닌 '사장'이라고 정의되어 노동권을 보장받지 못한다. 이들은 사측의 계약해지나 부당해고에도 법적 대응을 마련할 방도가 거의 존재하지 않는다.

이처럼 특수고용노동자들은 업종 여하를 막론하고 노동자로서의 권리를 제대로 인정받지 못한 채 일하고 있다. 이런 현실 속에서 돌아오는 건 많은 노동자들의 해고와 죽음, 좌절뿐이다. 과거 골프장 캐디 노동자들의 싸움에서나, 화물연대 노동자들의 싸움에서나, 그리고 학습지 교사들의 싸움에서나 요구 조건은 아주 간명하게 요약된다. "우리를 노동자로 인정하라!"이다. 신자유주의 체제에서 노동자들은 이렇게 '노동자로 인정해달라!'고 요구하는 힘겨운 싸움을 벌일 수밖에 없는 것이다.

정부가 고용한 비정규직

IMF 외환위기 이후 10여 년 동안 김대중 · 노무현 · 이명박 정부는 공공기관에 대한 강도 높은 구조조정을 연이어 진행해왔다. 각 정권마다 조금씩 성격은 달랐지만, 공공부문 구조조정이라는 신자유주의 정신은 한결같이 계승되어왔다. 공기업의 경우 2만 8천여 명, 그리고 출연위탁기관의 경우에는 1만 3천여 명이 감축되었으며, 사유화나 통·폐합, 자회사 매각이 수시로 이루어졌다. 이명박 정권의 '선진화 프로젝트'는 김대중·노무현 정권의 공공부문 구조조정의 연장선에 있으며, 그 어느 때보다 강하게 진행되고 있다. 실제로 이명박 정권은 선거운동 시기에 공공부문을 구조조정할 것을 공약으로 내걸었었다. 그리고 집권 초창기부터 공공부문 노동자들을 공격하기 시작했다. 공공기관이 도덕적 해이에 빠져 있다고 비난하는가 하면, 공공기관 경영평가를 강도 높게 시도하며 '방만한 경영'이라는 비판의 논리를 부각시켜왔다. 이런 방식의 선전을 통해 경제위기의 책임을 공공부문 노동자들에게 전가하는 것이다. 공공부문에 대한 대중적 분노를 자극하는 이데올로기 공세를 강화하고 공공부문 예산 삭감으로 재정적자를 대체함으로써 공공부문의 사유화를 추동하려는 것이다. 그러나 신자유주의 구조조정의 역학관계에 대해 조금이라도 관심을 두고 예의주시하는 사람이라면 이것이 결국 국내 독점자본 재벌과 초국적 금융자본의 이윤을 보장하는 방향으로 귀결될 것임을 알 것이다. 공공부문 노동자들의 대대적인 총파업 투쟁이 일어난 그리스의 경우를 살펴보면 알 수 있듯, 정부는 금융위기는 국가재정을 통해, 국가재정 위기는 재정긴축을 통해 해결하려고 한다. 결국 이 과정에서 공공부문의 노동자들은 인원감축이나 비정규직화 등 대대적인 구조조정에 직면할 수밖에 없다. 이런 방향의 구조조정은 결국 단체협상 개악과 연봉제, 경영평가 등을 통해 노동자들의 임금을 삭감시키고, 인원을 감축하며, 경쟁을 심화시킴으로써 '노동조합'을 무력화하는 효과를 불러온다.

대학의 구조조정이 '대학평가'라는 기준에 의해 좌지우지되듯이 공공기관에 대한 총체적인 공세 역시 '경영평가'라는 강력한 통제기제를 통해 이뤄진다. '경영 효율화 방안'이라는 항목이나 '노사관계 선진화 추진', 그리고 임금 동결과 복리후생 축소를 골자로 하는 '예산지침'도 결국 모두 '경영평가'를 통해 공공기관에 강제된다. 여기에다가 각 공공기관의 장에 대한 '평가'를 강화함으로써 평가 성적이 나쁘면 임기 중간에도 해임시키는 과감함을 보이고 있다. 2009년의 경우 놀랍게도 모두 네 명의 기관장이 해임되었는데, 이런 평가 기준이 결국 노동조합을 통제하기 위한 수단임을 알 수 있다. 이때 해임된 영화진흥위원회 위원장의 경우 정부의 공공기관 구조조정 지침에 따른 정원 감축을 완료하지 않았다. 다시 말해 정리해고를 하지 않은 것이다. 또 노동조합 전임직원이 많았으며, 징계위원회에 노동조합이 참가하고, 청년인턴제도 시행 역시 미흡했다는 것이 대표적인 감점 요인이었다. 기관장이 노동조합을 탄압할

수밖에 없도록 강제하고 있는 것이다. 이는 결국 정부 스스로가 노동자의 권리를 탄압하는 걸 정책적으로 '강제'하고 있다는 것의 방증이다. 이런 영화진흥위원회에 반해 한국투자공사는 '우수' 평가를 받았는데, 한국투자공사의 기관장이 미국 투자은행 메릴린치 등에 투자했다가 거액의 손실을 본 것은 익히 알려진 사실이다. 이런 '진정한' 부실경영보다는 노동조합을 얼마나 효과적으로 '잘' 탄압했는지가 높은 평가를 받게 하는 요인인 것이다. 또 이명박 정부 출범 이후, 공공기관장 인사 상황을 보면 해당 분야에 어떤 지식과 전문성도 갖고 있지 않은 이들이 낙하산 인사로 자리를 꿰차고 있음을 알 수 있는데, 철도공사 사장 선임이 그 대표적인 사례다. 철도공사 사장 허준영은 전직 경찰청장이었고, 노무현 정권 당시 재직 시절 한-미 FTA 반대 집회에 나선 농민들에 대해 무자비한 폭력진압을 가해 두 명의 농민들을 죽인 장본인이다. '철도 경영'의 전문가가 아닌 '진압'의 전문가가 사장에 임명되어 철도노조에 대한 탄압을 진행하는 임무를 떠맡은 것이다. 이뿐만 아니라 한나라당의 안택수 전 의원은 신용보증기금 이사장으로, 정형근 전 의원은 국민건강보험공단 이사장으로, 과거 이명박 대통령의 현대그룹 인맥이었던 주강수는 한국가스공사 사장으로 인사 발령되는 등 해당 기관에 대한 전문적 지식이나 경험과는 상관 없이 노동자 탄압의 임무를 떠맡은 인사들이 대거 '기관장'으로 임명되었다. 결국 공공기관 경영평가와 기관장 평가는 기관 설립에 대한 고유 목적보

다 정권의 정책방향 또는 권력핵심과 얼마나 코드를 잘 맞추느냐가 높은 점수를 얻는 기준이 되고 있는 것이다. 또 '경영평가'는 인력 감축, 임금 반납, 노사관계 등 공공기관 3대 선진화 과제에 대한 충성경쟁을 유도하는 도구로 악용되고 있기 때문에 공공기관들은 경영평가제도가 요구하는 가치와 기준에 따를 수밖에 없고, 기관장으로서 국민들을 위해 공공서비스를 제공한다는 기본정신보다 제각각 자기 공공기관의 이윤을 높여야 한다는 이윤 지상주의적 목적에 충실할 수밖에 없다.

이뿐만이 아니다. '공공기관 선진화 방안'이 곧 '공공기관 노동자 탄압 방안'이라는 걸 알 수 있는 대목은 단협 개악·해지에도 있다. 2009년 하반기 노동연구원이나 철도공사, 발전소, 가스공사 등에서는 노동조합에 대한 단체협약 전면 개악 및 해지가 줄을 이었다. 임단협, 즉 임금단체협약을 맞이한 거의 모든 공공기관에서 사측은 단협에 대한 개악 요구안을 내놓았다. 여기에 노동연구원은 실제로 단협 해지가 통보되기도 했으며, 직장폐쇄까지 단행되어 노동조합이 85일 동안 파업을 벌여야 했다. 이런 방식의 단협 개악안은 대체로 정부의 일관된 지침에 따라 작성되었다. 노조 조합원의 범위를 축소하고, 노조 활동 범위를 제한하는가 하면, 전임 활동 제한, 노조의 경영 인사권 참여 제한, 단체교섭 대상 제한 등 노조 활동 전반의 축소와 약화를 요구했다. 또 개악안이 관철되지 않을 경우 단협 해지를 통보함으로써 노조탄압 공세를 강화했다. 노동조합법

제32조의 단서조항에 따르면 노사 어느 일방이 단체협약을 해지하고자 할 때에는 6개월 전에 상대방에게 통고함으로써 기존의 단체협약을 해지할 수 있다. 이 조항은 1998년 정리해고법과 함께 만들어진 조항으로 '교섭의 장기화 예방'을 위해 제정되었다. 그러나 지금은 '노동조합 탄압' 목적으로 악용되고 있는 실정이다. 사측이 단체협약 개악을 요구하고 노동자들이 이를 응하지 않을 때, 일방적으로 단체협약 해지를 통보함으로써 노조는 '단협'이 없는 상태가 되고 마는 것이다. '공공부문 선진화 방안'은 또한 정리해고와 인원 감축을 목표로 한다. 한국공항공사 등 여러 공공기관에서 대대적인 인원 감축이 단행되었다. 그리고 그 자리를 '인턴'이나 '수습', '계약직' 등의 '비정규직 노동자'들이 채우고 있다. 결국 이 모든 것이 노동자들을 불안정노동으로 내몰아 자본만이 달가워하는 '노동유연성'을 강화하기 위한 계획하에 진행되고 있는 것이다. 이런 방식으로 공공부문 노동자들이 불안정노동으로 내몰렸을 때, 그러니까 공공부문의 일자리가 계약직 노동자로 대체되었을 때 어떤 효과가 발생할까? 기관 입장에서는 노동자들에게 주어야 하는 '임금'을 줄일 수 있을 것이다. 게다가 노동조합을 무력화시킨 대가로 노동자들의 반발이나 저항 없이 '유연하게' 구조조정을 할 수도 있다. 이로써 비용의 절감을 불러와 공공기관을 '사기업'처럼 굴릴 수 있는 '신화'를 만들 수도 있다. 물론 이마저도 불완전하지만 말이다. 어쨌든 이런 방식으로 공공기관을 구조조정하게 되면

시장에서 매겨지는 각 기관의 '가치'는 높아진다. 결국 나중에 민간, 즉 사기업에 매각하게 될 때 보다 더 비싸게 팔 수 있는 것이다. 헌데 이런 공기업들을 살 수 있는 자본은 어디일까? 바로 신자유주의 시대에 비대해진 '금융자본'이다. 결국 금융자본이 이윤을 불릴 수 있는 통로로만 이용되고, 공공기관이 발휘해야 하는 공공서비스는 축소될 수밖에 없다. 또한 노동자가 감당하는 노동의 강도가 강해짐으로써 서비스의 공백들도 다수 발생한다. 가스나 전기 매각 후 이런 공백의 징후들이 곳곳에서 드러나는 것만 보아도 알 수 있다. 실제로 민영화의 폭을 넓히고 있는 한국전력은 민영자본에 넘어간 지역의 전기 공급이 원활하게 이루어지지 않는 사태를 맞이하고 있다. 최근 들어 곳곳에서 정전 현상이 자주 발생하는 것의 근본 원인은 여기에 있다.

이명박 정부는 "국제 경쟁력 확보를 위해 외국 전문공항운영기업과 전략적 제휴(15퍼센트)를 맺는 것을 포함해 인천국제공항공사의 49퍼센트의 지분을 민간부문에 매각할 것"이라고 공식 발표했다. 많은 국민적 반대에 부딪히자 주춤하고 있긴 하지만 아직 완전히 철회할 기미는 보이지 않고 있다. 만약 정부의 초기 계획대로 인천국제공항이 매각될 경우, 단기이익 확보에 치중하는 해외자본에 의한 매수가 기정사실로 보이며, 결국 이는 공항 서비스 질의 하락과 공항이용료 인상 등 공공성 훼손으로 이어질 것이다. 실제로 중국은 베이징올림픽에 대비해 터미널 신축비용을 마련하고자 베이징

수도공항의 지분 9.99퍼센트를 파리공항에 매각했었다. 그후 파리공항은 선진 운영 노하우 전수는 고사하고 베이징수도공항의 지분을 5년 뒤부터 매도하면서 218퍼센트의 차익만 챙기고 떠났다. 이것만 보아도 공항 매각이 야기할 미래가 얼마나 암울한지 알 수 있다. 금융자본에게는 좋을지 몰라도 공항을 이용하는 일반 승객들과 국민들에겐 해악만 가져올 게 뻔하다는 것이다. 게다가 인천공항은 말 그대로 국민으로부터 걷은 엄청난 세금으로 지어진 공항이 아닌가. 이를 다시 '국민'에게로 돌리는 것이 아니라, 저 해외 투기자본에게 돌리는 것은 공공성의 추락만 불러올 뿐이다.

2007년 여름 전국을 떠들썩하게 만들었던 여성들이 있었다. 다름 아닌 이랜드그룹 산하의 대형할인마트 홈에버에서 일하는 여성 노동자들이었다. '비정규직 대량해고 중단', '외주화 철회' 등을 요구하며 파업투쟁에 나선 이랜드-뉴코아 노동자 투쟁에 대해 노무현 정권은 두 번에 걸친 강제진압으로 화답했다. 7월 20일 홈에버월드컵점과 뉴코아강남점 점거파업에 대해, 7월 31일 뉴코아강남점 점거파업에 대해 해머와 도끼, 진압봉으로 무장한 경찰특수기동대와 전투경찰 병력을 앞세우고 군사작전 펼치듯 폭력 침탈을 했다. 각각 7천 명과 5천 명의 병력이 투입됐다. 두 번의 진압작전에서 연행자만 400여 명에 달하고 6명이 구속되었다. 이랜드 투쟁이 비정규직을 해고하고 외주화하는 비정규직법 전반의 문제를 폭로하고, 전 사회적인 지지를 받게 되자 노무현 정권은 또 다른 비정규직 투쟁으로 번질 기미를 사전에 차단하기 위해 서둘러 무력진압에 나선 것이다.

비정규직법을 만들어 비정규직을 맘대로 쓰다 버리게 하고, 임금 80만 원 받는 여성 비정규직 노동자들이 생존권을 지키고자 나선 투쟁을 군홧발로 짓밟음으로써 노무현 정권은 '노동자 탄압 정권'으로 확실히 자리매김하였다. 사법부 역시 사측의 손배가압류, 영업방해 금지 가처분, 노조 지도부에 대한 구속에 손을 들어주면서, 자본의 소유권에 대한 수호자로서의 면모를 유감없이 보여주었다. 저임금 장시간 노동으로 여성 비정규직 노동자들을 착취하고 쓰다

버리는 일회용 취급한 이랜드 자본은 막대한 자금을 들여 전 직원을 동원해 여론을 호도했다.

그러나 전국적인 매장 점거투쟁을 통해 이랜드의 여성 비정규직 노동자들은 자신이 '반찬값 벌러 나온 아줌마'가 아니라 당당한 노동자임을 인식하고 자신의 권리와 연대의 소중함을 깨달아나갔다. 지금 자신이 하고 있는 일이 자기 혼자만의 문제가 아니라 홈에버를 비롯한 모든 비정규직 노동자들을 위한 싸움임을 자각해나간 것이다. 그들의 투쟁은 우리 사회의 '주변부'에서 값어치 없는 노동으로 내몰리고, 항시적으로 불안정노동에 시달리며, 집에서는 가사노동까지 떠맡아야 하는 여성 비정규직 노동자들의 현실을 극명하게 드러냈다. 한국 사회 모든 일하는 사람들의 중심, 노동자들이 펼치는 저항의 중심이 '여성' 노동자들의 투쟁이 된 것이다.

우리 사회가 여성들의 노동을 얼마나 가볍게 취급하는지는 이랜드의 사례에서뿐만 아니라 돌봄노동에서도 명확히 드러난다. 간병인, 가사도우미, 요양보호사 등의 돌봄가사노동자들은 전국적으로 최소 30만 명 이상 될 것으로 추산되는데, 이들은 노동자로 인정받지도 못하고 있는 실정이다. 국가경쟁력 강화! 일자리 창출! 이는 이명박 정부의 구호다. 그러나 정부가 이렇게 '사회서비스'라는 말을 남발하기 이전부터 이른바 '돌봄노동'의 사회적 책임을 강화해야 한다는 요청은 수없이 존재해왔다. 장애인들은 그/녀들의 일상생활을 보장받기 위해 활동보조 서비스의 대상제한을 폐지하고, 생활

시간을 보장하며, 자부담을 폐지할 것을 요구하는 투쟁을 벌여왔다. 또 아픈 사람이라면 누구나 보살핌을 받을 수 있는 제대로 된 간병서비스 제도 마련을 위한 요구도 있었다. 간병서비스를 환자와 가족의 부담으로 돌리는 게 아니라 건강보험을 통해 의료급여로 지급되도록 하고, 그 동안 비공식부문으로만 존재했던 간병노동자 역시 병원에 직접 고용된 병원노동자로 공식화하도록 요구하는 것이었다. 또 국공립 보육시설 확충 등과 같은 보육의 공공성 강화를 위한 투쟁, 노인장기요양보험제도의 공공성 강화를 위한 운동들도 있었다.

이런 요구들에 밀려 정부는 사회서비스 제도를 확충해 돌봄의 사회화를 이루겠다고 했다. 그러나 경제위기와 사회적 위기를 극복하기 위한 정부의 고용·복지 정책하에서 사회서비스는 시장화되고 돌봄노동자들의 노동조건은 열악해졌다. 이명박 정부의 '사회서비스 제도'는 돌봄노동을 국가와 사회가 책임지는 방식이 아니라, 해당 분야에 종사하는 노동자들에게 희생을 강요하는 방식으로 추진된 것이다. 또한 '중고령 여성 노동자에게 적합한 여성친화적 일자리'라든지, '경제위기 시기 일자리 늘리기 정책'이라는 그럴싸한 포장을 통해 근로기준법도 적용받지 못하고 아르바이트보다 못한 값싼 일자리 늘리기에만 급급하다. 이는 돌봄노동자의 노동권을 침해하고 우리 사회의 빈곤 문제를 더욱 심화시키는 결과로 이어졌다.

정부가 이야기하는 돌봄서비스의 육성이란 결국 노동자들의 노동

통제를 강화하고 사회서비스 관련 민간업체의 난립과 시장화를 부추기겠다는 것이었고, 이 과정에서 노동자들의 노동조건은 더욱 열악해질 뿐이다.

정부는 저출산-고령 사회에 대한 위기감을 조성하며 사회서비스를 통해 여성 인력을 활용할 조건을 만들고, 여성에게 일자리를 주겠다고 생색냈다. 그런데도 노동자운동은 '돌봄'의 문제가 왜 중요한지 인식하지 못하고, 여전히 그것이 여성의 일이라고 여기거나 복지 차원의 문제로 생각하고 있다. 때문에 미조직된 돌봄노동자들을 왜, 어떻게 조직해야 하는지 계획조차 없는 상황이다. 오히려 정부의 일자리 창출 정책과 공명하며 일자리 창출로 경제위기를 극복해야 한다고 주장해왔다. 사회서비스 확충과 일자리 창출은 중요한 문제다. 하지만 왜 공적 영역에서 사회서비스가 제공되어야 하는지에 대한 논의를 제기하지 못한 채 일자리 창출 담론에만 그친다면, 오히려 불안정한 일자리 양산에 동조하거나 언제든 사라질 수 있는 일자리를 요구하는 것일 뿐이다.

자본주의 발달 과정에서 중심부 국가에서는 제조업을 넘어 서비스 산업이 팽창되는 양상을 보였다. 또한 남성 생계부양자 모델을 특징으로 한 핵가족이 정착했다. 하지만 미국 헤게모니가 위기에 놓인 1970년대 이래 국가는 더 이상 복지국가의 기능을 하기 어려운 상태에 놓였고, 중산층의 이상적 모델이었던 근대적 가족형태 역시 더 이상 유지되기 힘들어졌다. 수익성의 위기를 맞은 자본은 노동

비용을 삭감하고 노동시장을 유연화하는 정책을 추진하기 시작했다. 이에 따라 기업들은 가족임금을 제공하던 일자리를 축소하고, 임금과 고용을 유연하게 적용할 수 있는 여성을 노동시장에 대대적으로 편입시켰다. 자연히 여성의 경제활동 참가에 따라 발생한 재생산 노동의 공백을 메우기 위해 돌봄서비스에 대한 수요가 늘어났다. 동시에 그 동안 자본에 포섭되지 않았던 재생산 관련 영역들을 이윤의 대상으로 삼는 신자유주의 세계화가 확산되었다. 돌봄노동의 상품화와 시장화는 빠르게 진행되었고, 돌봄노동자가 위계화, 이주화되는 양상을 보인다. 중심부 국가 여성들의 경우 경제활동 참가에 따른 재생산 노동의 공백을 메우기 위해 노동력을 제공할 여성이 필요했고, 이주 여성노동자는 이러한 수요를 충족하는 노동력 집단이 되었다. 나아가 이주 여성노동자의 모국에서의 빈자리는 더욱 낮은 임금으로 현지 여성노동자가 채워나가게 되었다. 이런 과정은 여성간의 위계와 성-인종간의 불평등 문제를 동시에 안은 채로 국제적인 연결고리를 만들고 있고, 위계체계의 하층으로 갈수록 가족 내 재생산 노동은 더욱 불안정한 상황에 노출되고 있다.

미국의 자본주의 형성과 서비스업의 발달 과정은 다른 국가들에게도 영향을 미쳤다. 한국에서 서비스 산업이 발달하는 과정은 미국과 약간의 차이가 있지만 신자유주의 금융세계화의 추진과 함께 서비스가 팽창하고, 공공서비스가 상품화되며, 여성 노동력이 대거 투입되었다는 점에서 크게 다르지 않다. 한국에서 서비스부문은

1990년대 이후 10여 년 사이 급속하게 팽창했다. 제조업에서 서비스부문으로 급속히 중심이 이동하면서 고용구조가 변화된 것이다. 90년대 금융위기 이후 제조업 고용 증가가 둔화되고, 기업 구조조정에 따른 슬림화와 아웃소싱이 이루어지며 비정규직 고용과 실업이 증가했다. 그리고 개인서비스부문은 확대되었다. 비공식부문이었던 사회서비스는 2000년대 들어 제도화 논의가 시작된다. 한국은 국가가 돌봄서비스 제공자의 역할을 한 역사도 없고, 재정책임도 매우 제한적으로 져왔다. 그러다가 돌봄서비스를 사회서비스로 제도화하는 시점에서 정부가 적극적으로 개입하고 있다. 우리가 계속 여성의 노동을 부차화하고 현재 가족의 성별분업 구조와 여성억압을 당연한 것으로 생각하는 한, 여성들의 저임금·불안정노동은 사라지지 않을 것이다. 그렇다면 이러한 상황에서 요구되는 변화들은 무엇일까?

우선 돌봄노동에 대한 사회적 인식의 변화가 필요하다. 생산과 재생산영역을 분리하고 너무 당연히 재생산 노동을 여성의 일이라 여겼던 인식이 바뀌지 않으면 안 된다. 유급이든 무급이든 누군가를 돌보는 일은 이 세상을 유지시켜주는 그 무엇보다 중요하고 가치있는 일이다. 돌봄노동은 여성이나 개별 가족이 알아서 능력에 맞게 해결해야 할 문제가 아니라 사회가 공동으로 책임져야 하는 일로 인식되어야 하며, 돌봄노동을 수행하는 노동자에게는 당연히 정당한 대가와 권리가 주어져야 한다. 또 돌봄노동의 가치를 '사랑과

정성의 봉사'라거나 '여성이 모성을 발휘하는 일'의 범주에 두면서 돌봄의 의미를 훼손시키는 생각이 변화되어야 한다. 돌봄이 사회적으로 함께 책임져야 하는 일이라고 생각하는 사회는 당연히 해당 노동자들의 권리와 노동조건을 향상시킬 것이다.

이뿐만 아니라 돌봄노동의 문제는 전체 노동자운동과 사회운동의 과제가 되어야 한다. 생산과 재생산 노동을 분리, 재생산 노동을 여성에게 떠넘기고 재생산 노동의 가치를 저평가했던 역사를 비롯해 지금 돌봄노동이 위치하게 된 구조 전반에 대한 이해와 비판이 필요하다. 그럴 때만이 자본의 생산-재생을 둘러싼 전략에 제대로 맞설 수 있기 때문이다.

무자비한 탄압

한국 사회에서 '평생 직장' 개념이 사라지고 노동의 불안정성이 극심하게 증가한 것이 신자유주의 때문이었음은 앞에서 언급한 바 있다. 그렇다면 천만 비정규직 시대의 도래를 목전에 두고 있는 지금에 이르기까지, 노동자들의 비정규직화를 법제화·제도화한 주범은 무엇일까? 안타깝게도 고 노무현 대통령의 이름을 언급하지 않을 수 없다.

고 노무현 대통령에 대해서 이야기한다는 것은 어려운 일이다. 비극적으로 죽은 한 인간에게 누가 돌을 던질 수 있겠는가. 심지어 나는 어린 시절 '노사모' 회원이기도 했고 수능 공부를 하면서 노무현의 선거 포스터를 방 벽에 붙여놓기도 했었기에 '노무현'에 대해서라면 양가적이고 복잡한 감정에 둘러싸여 있는 게 사실이다. 열여덟 살 때인 2000년 늦봄에는 '노무현 팬클럽' 출범식에 참석했던 반면 대학 새내기 시절, 이라크 파병으로 시작된 2003년 봄부터 노동자 탄압이 극심했던 가을 사이에는 "노무현 정권 퇴진!" 구호를 외치며 아스팔트 위를 뛰어다니고 학교 곳곳을 도배했으니 말 다 했다.

어쨌든 노무현 정권이 비정규직 노동자들을 향해 드러낸 신자유주의적 제스처는 많은 노동자들을 죽음과 불안정노동의 나락으로 빠지게 했으니, 그 진실만은 억지로 가리려 해도 사라지지 않을 게 분명하다. 당시 나를 비롯해 노무현에 대해 기대감을 가졌던 많은 이들의 실망감은 이루 말하기 어려울 정도였는데, 나중에는 도리어

그가 '신자유주의 정치권력'의 일부라고 생각하니 마음이 편해지기도 했다. 기대가 없으면 실망도 없는 법이니 말이다.

그렇다면 노무현 정부 시절 노동자운동 탄압의 양상은 어떠했을까? 집권 초기 '참여정부'는 '사회적 타협'이나 '사회통합적 노사관계' 등의 슬로건을 내세우며 노동을 '포섭'하려는 제스처를 취했다. 소위 글로벌 스탠더드에 부합하는 노사관계 구축, 중층적인 사회적 파트너십 형성, 자율과 책임의 노사자치주의 확립 등이 그러한 내용이었다. 그러나 그 듣기 좋은 사탕발림은 2003년 7월의 철도파업에 대한 즉각적인 공권력 투입으로 끝났고, 그 뒤로는 탄압으로 일관되었다. 구속노동자 숫자만 따져보아도 2003년 204명, 2004년 337명, 2005년 109명 등 김영삼-김대중 정권의 연평균 구속 숫자를 훌쩍 뛰어넘는다. 각종 파업현장에 대한 무력진압, 비정규직 노동자 탄압에 더해 이른바 '강성노조'에 대한 이데올로기적 공세 등 노무현 정권의 노동정책은 기업 활동의 자유 방해에 대한 가차없는 배제와 억압을 전면에 내세운 '노동자 죽이기'로 점철되었다. 기업이 무차별적으로 청구하는 천문학적인 손해배상과 가압류는 그 자체로 노동자를 죽음으로 몰아갔다. 손배가압류는 2002년 6월 1,265억, 2003년 1월 1,776억, 2004년 1월 1,100억 등이었고, 포스코는 포항 건설노동자들에 대해 2천억 원이 넘는 손해배상을 청구했다.

반면 자본의 이윤창출과 노동에 대한 지배를 보장하기 위한 '기업

하기 좋은 나라' 노선은 동북아 중심국가-경제자유구역-기업도시-비정규법안-노사관계로드맵-한미 FTA 등 지속적으로 확대·강화되었다. 이미 초민족자본이 된 삼성, 현대자동차 등 재벌 자본들은 매년 수조 원의 이익을 내면서 세계화된 자본주의 체제 속에서 자유와 권리를 누렸다.

노무현 정권 시절 비정규직의 고용 질은 점점 하락했다. 2006년 8월 대비, 2007년 8월의 비정규직 규모는 1.9퍼센트 상승했는데 파견근로 및 용역근로는 각각 33.1퍼센트와 18.8퍼센트가 늘어났다. 기존 직접고용 비정규직이 대거 간접고용으로 전환된 것이다. 간접고용은 이제 제조업뿐만이 아니라 산업 전반으로 확장되었다. 대표적인 비정규직 사업장인 이랜드, 뉴코아, 코스콤, KTX 등이 모두 외주 용역화 등 간접고용으로의 전환 과정에서 발생했다. 결국 이런 비정규직 고용 질의 악화는 정규직과 비정규직 사이의 임금 격차로 확대됐다. 비정규직 임금은 2001년 정규직 임금 대비 56.9퍼센트에서 2007년 51.1퍼센트로 하락했는데, 그 중에서도 특히 용역 노동자들의 임금은 47퍼센트에서 39.7퍼센트로 하락했다. 특히 '비정규직보호법' 도입 이후 급격히 증가한 외주 용역화 흐름으로 정규직-비정규직 간 임금격차가 큰 폭으로 증가했다. 비정규직의 양적 규모보다는 비정규직의 노동조건 하락이 큰 문제로 등장한 것이다. 특히 중소사업장에서의 아웃소싱과 저임금 등이 심각한 문제로 등장했다.

2007년과 2008년 당시 비정규직 노동자들의 싸움은 고착상태를 헤어나오지 못한다. 대형할인마트 홈에버에서 캐셔나 물품관리직으로 일하던 비정규직 노동자들은 전국의 매장 몇 곳을 통째로 점거하는 강력한 파업을 벌이며 싸웠지만, 당시 홈에버를 인수하려던 삼성테스코의 외면과 이랜드 박성수 회장의 탄압으로 싸우는 내내 어려움을 겪었다. 증권거래소 코스콤의 비정규직 노동자들도 상황이 어렵기는 마찬가지였다. 법원의 원청 사용자성 인정 판결을 받고도 사측의 불복 항소와 버티기, 노동자 탄압으로 지독한 어려움을 겪었다. 억대 연봉을 받는 노동자들로 이루어진 정규직 노조는 이런 비정규직 노동자들의 투쟁을 방해하기까지 했다.

반면 90일이 넘는 단식투쟁과 한나라당 원내대표실 점거 등으로 비정규직 문제를 다시 사회적 이슈로 만들어낸 기륭전자 비정규직 노동자들은 광우병 쇠고기 수입 반대 촛불 집회 이후 네티즌들의 자발적 참여와 금속노조의 집중 투쟁 결정으로 투쟁의 강도를 높여나갔다. 또 전국 곳곳의 대학 청소노동자들은 하나둘씩 노동조합을 만들고 저임금과 불안정한 고용관계에 맞선 투쟁에 나서기 시작했다. 오랫동안 길바닥에서 구르며 싸운 KTX 여승무원 노동자나 학습지노조 재능지부의 학습지 교사 노동자 역시 마찬가지였다.

2007년 여름, 이랜드와 뉴코아의 비정규직 노동자 매장 점거투쟁은 전사회적 이슈를 낳았다. 2008년 8월에는 기륭전자 노동자들이 목숨을 건 단식농성을 이어나갔다. 사회적인 관심과 지지 여론도

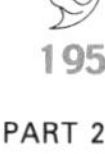

만만치 않았지만, 그런 상대적인 호조건에도 불구하고 비정규직 노동자들은 힘겹게 저항할 수밖에 없었다. 비정규직의 정규직화, 외주 용역화 저지 등의 요구사항 대부분은 사측의 완강한 버티기에 따라 장기화 투쟁의 슬로건이 되었고, 원직복직이나 손배소 철회 등으로 '요구'를 점점 후퇴시킬 수밖에 없었다.

노무현 정권은 한편에서는 노사정위원회나 노사정대표자회의의 형태로 타협체제 구축을 위해 계속 노력했다. 그러나 그것은 만성적 경제 불황 상태에서 체제 위기를 관리하고자 하는 신자유주의 정권의 이해와 타협적인 노선을 추구하는 노동운동 진영 일부 관료들의 이해가 맞아떨어진 것이지, 다수 비정규직 노동자를 중심으로 하는 평범한 사람들의 입장에서 보면 극히 비현실적인 것이었다. 비정규직 노동자들의 처지를 근본적으로 개선하고 노동권을 실현하는 것은 자본 우위의 세력관계와 노동자에게 일방적으로 위기의 고통을 전가하는 신자유주의 체제를 바꿔내지 않고서는 요원한 일이기 때문이다.

물론 이명박 정권에 이르러서도 노동자들을 향한 탄압은 계속되었다. '정규직-남성 노동자를 위한 당근'과 '비정규직-여성 노동자를 향한 채찍', 그러니까 회유와 협박의 양면성은 최근에도 정치권력이 노동자운동을 관리하고 통제하는 효과적인 수단이다. 이 '당근'의 달콤함은 비정규직 노동자, 여성 노동자들에게는 아무 호혜도 주지 않지만, 비정규직 노동자와 별반 다르지 않게 불안을 안고

살 수 밖에 없는 정규직 노동자들은 노동자운동 관료나 기층 노동자를 막론하고 누구보다 가장 먼저 스스로를 '통제'할 줄 알게 되었다. 저항과 불복종에 대한 전면적인 탄압과 당근과 채찍의 노동자운동 관리·통제 전략이 효과적으로 먹히고 있는 것이다.

모든 정치인들이 '비정규직 문제가 해결되어야 한다'고 말한다. 그러면서 하나같이 '노동유연성을 강화해야 한다'고 말한다. 이는 완벽한 형용모순이다. 왜냐하면 '노동유연성'이란 '비정규직 양산'을 순전히 기업가 입장에서 좋은 말로 표현한 것에 다름없기 때문이다. '노동'을 '유연화'시킨다는 것은, 노동자들을 해고하고 재배치하는 것을 유연하게 만든다는 말이 아닌가. 21세기의 노예계약 비정규직이 "노동유연화"라는 이름으로 우리 사회를 지배하고 있다. 그리고 이는 우리들의 삶을 더욱더 잔인하게 짓밟고 있다.

노사정위원회

노무현 정권 시기 노사정 합의는 수차례에 걸쳐 진행됐다. 대부분 총파업을 앞두고 파업 철회를 조건으로 이루어진 합의였다. 노동자에 대한 요구사항은 구체적이었던 반면, 자본과 정권에 대해서는 추상적인 선언에 머무르는 경우가 대부분이었다. 이런 양보교섭의 결과로 대공장, 정규직, 남성 노동자들의 노동권은 방어했지만 중소기업, 비정규직, 여성 노동자들의 권리는 계속해서 축소됐다.

그럼에도 불구하고 노동자들의 투쟁은 점차 격화되었다. 정부의 노동자 탄압 강도가 높아졌지만 저 유명한 옷 로비 사건이나 각종 정치권력의 부정부패가 폭로되면서 거리에선 사람들의 싸움이 점점 치열해졌다. 그러나 비정규직 노동자들의 투쟁은 전국 곳곳에서 분산되어 고립적으로 일어났고, 노동운동 지도부는 이 목소리들을 하나로 모으지 못한 채 내내 실용적 타협노선 안에서 갈팡질팡했다.

물론 어떤 사회적인 갈등이 있을 때 당사자들간에는 타협의 지점을 찾으려는 노력이 필요할 수 있다. 그러나 이런 식의 타협이 노동자 자신의 생계와 삶을 걸고 있는 것이었기 때문에 근본적 모순이 있다. 우리는 실용주의라고 하면 합리적이고 이성적인 것이라 생각해 긍정적으로 여기는 경향이 있다. 머리를 써서 '얻을 건 얻고, 버릴 건 버린다' 는 식의 '전략적 마인드'를 연상케 하기도 한다. 그러나 어떤 '실용'인지가 중요하며, 그것이 현실에서 어떤 효과를 불러일으키는지 살펴볼 필요도 있다.

노무현 정부가 처음 당선되었을 때에도 '실용주의 노선'이 천명된 바 있다. 아이러니컬하게도 당시 여당인 열린우리당뿐만 아니라 보수야당이었던 한나라당도 실용주의를 당론으로 채택했으니, 둘의 차이가 무엇인지 찾아내기는 무척 힘들었다. 지금도 그렇지만 당시 실용주의는 시대의 '선구적' 이념으로 받아들여졌다. 공동체에서 사람들 사이의 관계들마저 '실용주의'적으로 재구성되고 있었으니 말 다 한 것이다. 효율성 중심의 사고방식인 실용주의가 대세를 이루면서 노동자나 빈민, 농민과 같은 사회·경제적 약자에 대한 사회공공성은 약화되었다. 과거 개발독재 정권이 노동자 탄압과 인권탄압을 '성장'이라는 이름으로 합리화하고 국민의 희생과 인내를 강요했듯이, 실용주의적 경제노선은 모든 사회적 갈등의 문제들을 '효용성'의 문제로 환원시킨다. 물론 여기서 '효용'은 전적으로 '이윤'이 얼마나 남느냐에 따라 판가름나는 기준이다.

최근에는 교육기관인 대학에서도 실용주의라는 가면을 쓴 '이윤지상주의'가 판을 친다. '돈'이 되지 않는 전공은 과감히 폐지하고, 돈이 되는 사업, 돈이 되는 전공과 연구만 키우고 있는 것이다. 이러니 자연과학 기초학문이나 인문학은 여지없이 무너지고 있고, 이 학문들을 연구하는 학과들은 통폐합의 진통을 앓는다.

오늘날 노동운동이 안고 있는 문제도 이와 별반 다르지 않다. 표면적으로 외치는 목소리는 조금 다를지언정 자기 목소리를 외치고 활동하는 행동의 형식은 다르지 않기 때문이다. IMF 외환위기 이후

10여 년간 노동운동 관료들의 주된 경향도 이런 것이었다. 실용주의적으로 판단해서 투쟁을 할지 안 할지를 결정했고, 거센 뉘앙스와 수사로 '총파업'을 운운하고, "세상을 바꾸는 투쟁" 운운하다가도 이내 모든 약속과 선언을 접고 타협에 들어갔다.

타협의 정점은 노사정위원회 협상 테이블이었다. IMF 이후 한동안 노동운동은 노사정위원회 참가라는 압박에서 헤어나오지 못했다. 노사정위원회란 말 그대로 정부와 자본가들, 그리고 노동조합 삼자가 한 테이블에 모여 임노동을 둘러싼 여러 가지 현안들에 대해 협상을 통해 결정을 내리는 자리다. 요컨대 노동자들이 처한 삶의 모순이 극한에 치달아가는 상황 속에서 이를 효율적으로 관리·통제하기 위해 정부와 자본이 어느 정도의 가이드라인을 제시해나가는 자리라고 볼 수 있다. 이는 서유럽식 코포라티즘(협동조합주의)을 모델로 삼는 것으로 알려져 있다. 그러나 사실은 이와도 어느 정도 다른 측면이 있었다. 70~80년대 당시 유럽 코포라티즘이 계급투쟁 관계에서 노동운동의 우위와 경제적인 호황에서 이루어진, 케인즈주의적 경제구조하에서의 사회적 협약이었다면, IMF 이후 한국에서 전개된 노사정위원회의 양상은 극심한 불황과 노동운동 탄압 속에서 이루어진 일방적 협박의 장에 가까웠기 때문이다. 관료화된 노동운동가들의 실용주의적 태도, 신자유주의 경제개혁에 대한 자신감에 차 있는 정부의 공격적 태도가 어우러져 이루어진 결과였다.

1998년 노사정위원회는 정리해고제와 근로자파견제, 변형시간근로제 합의를 통해 파견노동을 허용키로 했다. 즉 대공장 자본이 노동자를 고용할 때 '직접' 고용하지 않고 파견업체를 통해 '간접 고용'하는 구조를 용인한 것이다. 좀 더 과도하게 말하자면, 중간착취를 합법화한 것이라고 할 수 있다. 또 2000년에는 복수노조 금지조항 유예와 전임자 임금지급금지 유예를 맞바꿔치기하면서 비정규직 노동자들의 독자노조 건설을 어렵게 만들었다. (복수노조 금지조항은 2011년 7월 1일부터 해제되었다.) 2001년에는 모성보호법이라고 하여 출산휴가 확대와 육아휴직 급여, 남녀고용평등법 적용 대상의 확대, 성희롱에 대한 처벌 강화 등을 골자로 한 법률을 개정했지만, 그 혜택은 고용보험에 가입되어 있는 40퍼센트 미만의 여성 노동자에게만 한정되는 것이었다. 고용보험에 가입하기 어려운 처지에 놓여 있는 대부분의 비정규직 여성노동자들은 소외된 것이다. 2002년이 되어서는 노사정위원회 비정규직 특위를 통해 비정규 노동자의 범위와 통계 개선, 취약노동자 개념 도입, 노사정 참여기구 설치, 상담 및 고충처리방안 확충, 사회보험제도의 부분적용 등이 노사정 합의의 이름으로 발표되었다. 이는 이후 노사정위원회에서 왜곡된 비정규직 문제에 대한 논의가 진행되게 만드는 발판으로 작동하게 되었다. 더불어 2003년 골프장 캐디, 화물트럭 운전자 등 특수형태근로종사자 특위에서는 특수고용노동자를 사용자와 노동자의 중간자적 위치로 보고 그 개념을 조정하는 역할을 했다. 유사-근로자라는 개념을 도입한 것인데, 결과적으로 이는 특수고용 노동자의 노동자성을 부정한 것이나 다름없었고, 노동3권과 산재보험 등 사회보험 등을 선별적으로 적용하는 안을 내놓아 노동자들의 저항을 불러일으키기도 했다. 이어서 2004년에는 파견법을 다시 개정하려는 시도를 펼쳤다. '파견', 즉 간접고용이 가능한 업종을 전체 업종으로 확대한 것이다.

신자유주의 구조조정 과정에서의 노사정위원회의 역할은 이처럼 자명했다. 당시 정권은 "사회통합적 노사관계를 추구하겠다"며 민주노총 지도위원을 지냈던 김금수 씨를 노사정위원회 위원장으로 임명했지만 노동자 입장에서 볼 때 달라지는 건 아무것도 없었다. 그리고 그 일련의 과정들이 모두 진행된 후, 지속적인 양보와 물러섬에 대한 노동운동 내부의 비판으로 인해 민주노총은 노사정위원회 참가를 경계하고 거부하기 시작했다. 그러나 이미 내줄 것은 다 내준 상태인지라 때는 늦었다.

'정규직 이기주의'라는 불변/가변상수

이른 추위에 몸서리가 쳐지던 2010년 11월. 현대자동차 울산 1공장을 점거하고 26일에 걸친 파업을 벌인 현대자동차 사내하청 비정규직 노동자들의 싸움은 왜 처참하게 마무리됐을까? 이때 비정규직 노동자들이 보인 저항을 향한 의지와 용기는 전에 없는 울림을 안겨주었다. 그러나 그들의 저항이 끊임없이 봉쇄되고 있던 그때, 현대자동차 정규직 노동자들은 비정규직 노동자들에게 힘을 실어주지 않았다.

사실 정규직과 비정규직 노동자 사이의 갈등은 '비정규직 문제'의 상수(常數)처럼 언급되어왔던 문제다. 정규직 노동조합이 파업을 일으키면, 여론은 종종 "귀족노조의 이기주의"라는 비난을 쏟아붓는다. 실업자와 비정규직이 넘쳐나는 세상에, 배부르고 등 따신 정규직 노동자들이 뭐가 그렇게 맘에 안 든다고 '파업'을 하며 사회적 물의를 일으키냐는 것이다. '귀족노조' 운운하며 노동자들의 투쟁을 가로막는 이 논리는, 구조조정에 맞선 싸움에서도, 심지어 정규직 노조가 '비정규직 노동자들의 정규직화'를 요구하며 싸울 때에도 여지없이 적용되었다. '여론'의 향방에 따라 좌지우지될 수 있는 노동자들의 투쟁이 이 귀족노조론 앞에서 자기 싸움의 이유와 타당성을 설명할 기회조차 얻지 못하고, 항복 선언을 해야 했던 것이 여러 차례다.

이에 대해 정규직 노동조합은 반성할 필요가 있다. 귀족노동론은 분명 반노동자 이데올로기 공세지만, 정규직, 특히 대기업 정규직

노조들이 조합이란 틀 안에서 자신들의 이익을 지키는 데만 급급해 보였던 것이 사실이기 때문이다. 물론 억울한 점도 있다. 과거 대규모 공단 지역의 대공장 노동조합들은 아주 오랫동안 구조조정에 맞서 투쟁해야 했다. 그때마다 '귀족노조론'과 '정규직 이기주의'라는 논리로 여론의 뭇매를 맞아야 할 때가 많았고, 오랫동안 패배를 거듭해야 했다. 그리고 거세게 일으켰던 파업이 완벽한 패배로 돌아갈 때마다 대공장 노동조합에는 점점 협조주의적이고 경제주의적인 노조 지도부가 들어서기 시작했다. 투쟁보다는 타협을 우선시하고, 비정규직 문제나 한-미 FTA, 신자유주의 등 사회적이고 구조적인 문제를 등한시한 채 자기 사업장 안에서의 실리적 문제에만 관심을 갖게 된 것이다. 어떤 노동조합들은 민주노총을 탈퇴하기에 이르렀으며, 또 어떤 노동조합들은 자신들이 점하고 있는 파이를 비정규직 노동자들과 나누지 않으려 대놓고 비정규직 노동자들을 탄압하기도 했다. 노동자 스스로 노동자를 탄압하는 무참한 배반의 시대가 도래한 것이다.

현대자동차 울산공장 점거파업이 한창이던 2010년 11월 중순. 민주노총의 가장 큰 대공장 노조 중 하나인 울산의 현대자동차 정규직 노조는 현대차 비정규직지회가 요청한 원·하청 공동투쟁 요구에 대해 "비정규직 불법파견 문제는 현대차지부가 진행할 수 있는 사안은 아니다"라고 밝혀 분명한 선을 그었다. "(집단해고를 당한) 시트공장 동성기업 폐업신고와 관련해서는 회사에 협상창구를 요

청하고 이와 관련된 문제의 해결을 위해 적극 노력할 수 있다"고 말하면서도 비정규직 불법파견 문제는 자신들이 관여할 사항이 아니라며 발을 뺀 것이다. 그러자 진보적인 시민들과 노동자운동 일각에서 다시 정규직 이기주의라는 쟁점이 제기되기 시작했다. 그러나 누가 누구를 비난할 수 있단 말인가. 이는 단순히 어떤 사악한 '지도부' 몇 명 때문에 벌어진 일이 아니다. 구조적이고 절멸적인 위기에 처한 노동자운동이 전면적인 쇄신을 하지 않는 한 영원히 헤어나올 수 없는 노동자운동 이데올로기의 문제이기 때문이다.

1953년경 미국 노동운동은 커다란 위기에 봉착했다. 노조가 온갖 부정부패와 비리에 연루되어 정부의 감시를 받는 등 노동운동의 독립성은 크게 훼손되고 조합원 조직률도 현격히 떨어진 것이다. 이는 현재까지 회복되지 못하고 있다. 그 결과 오늘날 미국에서는 8시간 노동제가 무너졌고, 노동시간은 계속하여 증가하고 있으며, 정리해고는 전세계 어느 나라보다 더 강도 높게 이어지고 있다.

이렇게 미국에서 노동자운동이 쇠락하게 된 것은 단지 정권과 자본의 탄압 때문만은 아니었다. 50~60년대 미국 노동자운동은 대공장-백인-남성 노동자 중심의 '그들만의 리그'였다. 흑인과 히스패닉 등 소수인종 이주노동자로 이루어진 미국 저임금노동 시장에서 노동자운동은 당연하게도 장시간 저임금 노예노동 상태인 이주·소수인종 노동자들에 대한 차별 철폐와 동일노동 동일임금을 지향하는 투쟁을 벌였어야 했다. 그러나 철강, 조선, 자동차, 항공 등 대규모 제조업과 군수산업 노동조합들은 사측과 담합해 백인–남성 노동자들의 임금 인상과 고용안정에만 매달렸으며, 이주노동자와 흑인 노동자들이 차별을 받든 정리해고를 당하든 나 몰라라 했다. 이는 오늘날 한국의 노동운동이 대공장–남성–정규직 중심이라는 점을 떠올리게 한다.

우리는 '노동자도 인간이고, 인간답게 살고 싶다'는 외침으로 시작해 범민중적 항쟁으로까지 이어졌던 87년 노동자 대투쟁과 민주노조운동의 역사를 갖고 있다. 그러나 IMF 사태에 이은 정리해고 과정을 거치면서 노조운동은 힘을 잃고 말았다. 정권과 자본, 보수언론은 대공장 정규직 고임금론으로 비정규직 저임금 착취체제의 책임을 돌렸으며, 재벌기업과 중소영세기업 간의 임금격차를 벌인 최저입찰제와 자본이 강행하는 납품단가 후려치기마저 정규직 임금 인상과 성과분배에 대한 고통분담이라고 선전했다. 대공장 정규직 이기주의, 대공장 정규직 책임론과 양보론은 연봉 6천만 원 노동귀족론으로 발전했다. 국민들 역시 '먹고살 만한 놈들이 파업하고 지랄한다'는 파업반대론에 힘을 실어줬고, 노동자운동은 점점 세상의 정의를 향한 정당한 투쟁조차 회피하고 공장 담벼락 안으로 숨어들어 사회적 고립에 처하게 되었다.

한진중공업 출신 여성 용접공인 김진숙 씨는 2011년 8월 현재에도 200일 넘게 한진중공업 영도조선소 35미터 상공 85호 크레인 위에 있다. 그녀의 동료이자 선배 노동자였던 김주익 열사가 올라가 있었던 바로 그곳이다. 한진중공업 사측이 무자비한 정리해고와 노동자 탄압을 계속하고 있기 때문이다. 정규직 노동자들 또한 하나둘씩 정리해고나 불안정노동의 나락으로 빠지고 있다. 비정규직 문제는 정규직 노동자의 미래이기도 하다는 것이다. 지난날 그 누가 이토록 많은 불안정노동이 양산되리라 예상했겠는가. 아무도 그렇게 생각하지 못한 채 한 발 두 발 후퇴해왔을 뿐이다. 도저히 이해할 수 없을 정도로 자본과 노동의 힘의 불균형이 심각한 이 상태가 계속되다간 거의 모든 노동자들이 불안정한 삶의 나락으로 추락하고 말 것이다.

다시 현대자동차의 사례만 떠올려보더라도, 공장 안 하청 노동자들이 '정규직화'라는 걸 쟁취하기 위해서는 정규직 노동자들의 연대가 반드시 필요하다. 현대자동차 사측은 비정규직 투쟁을 불법으로 몰며 정규직 노동자들이 비정규직 점거투쟁으로 피해를 보고 있다고 흑색선전을 퍼부었지만, 언제나 그렇듯 노동자 사이의 갈등은 노동자 모두의 공멸과 자본의 승리로 귀결될 뿐이다. 따라서 정규직 노동자들은 자칫 발생할 수 있는 비정규직 노동자들과의 갈등을 비정규직의 정규직화와 차별 철폐라는 '대의' 속에서 해결해야 한다.

"전국의 모든 청소노동자들이 한날한시에 빗자루를 놓는다면……"

홍대 청소노동자 집단해고에 맞선 싸움 이후 계속하여 비정규직 노동자들의 싸움에 함께하고 있는 영화배우 김여진 씨가 한 말이다.

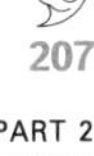

만약 그렇게 된다면, 문제는 아주 쉽게, 금방 해결될 것이다. 따라서 그녀가 트위터에서 뱉은 이 '가정'은 대단히 중요한 사실을 내포하고 있다. 오늘날 비정규직 노동자의 문제는 전국 모든 노동자들의 가장 중요한 문제가 아니겠는가. 따라서 비정규직 투쟁은 한 사업장만의 싸움으로 끝나선 안 된다. 전국의, 그게 아니라면 적어도 그 지역의 모든 정규직·비정규직 노동자들이 함께 '연대'할 때에만 진정으로 문제를 해결해나갈 수 있다는 것이다. 청소노동자들이 같은 날 동시에 빗자루를 놓는다면 그것은 곧 전국 청소노동자들의 '총파업'이 되는 것이요, 현대자동차를 비롯해 울산의 모든 노동자들이 정규직, 비정규직 구분 없이 '비정규직의 정규직화'를 위해서 기계를 멈춰버린다면 그건 곧 울산 지역 모든 노동자들의 총파업이 된다. 그렇게 될 때야만 진정으로 변화를 꾀할 수 있는 조건이 마련되는 것이다.

노동시장 유연화가 노동자들간의 경쟁을 얼마나 심화시켰는가. 반드시 비정규직 노동자와 정규직 노동자 간의 연대 흐름을 만들어야 하며, 또 대다수가 비정규직 노동자인 우리 자신도 스스로를 '통치'할 수 있는 계기들을 만들어나가야 한다.

이 나라에는 무려 5천만 명에 이르는 사람들이 살고 있지만, 땅의 크기는 인구 수에 비해 무척이나 작은 편이다. 언젠가 크게 놀랐던 사실 하나는, 전국의 크고 작은 도시 어디를 가더라도 '비정규직' 문제를 둘러싼 갈등과 싸움이 존재한다는 것이었다. 나는 한때 매년 여름마다, 대도시에 사는 대학생으로서 마주치기 힘든 지방의 비정규직 노동자나 철거민들을 만나기 위해 전국 곳곳의 '투쟁'이 벌어지고 있는 주요 도시들을 돌아다니는 프로그램에 참여했었다. 이 프로그램은 노동자와 학생 간의 '연대'를 형성하기 위한 작은 몸부림이었다. 몇 년 전 춘천의 풀무원 두부 공장에서 일하던 노동자들이 살인적인 노동강도와 최저임금 수준의 임금에 항의하며 지속적인 싸움을 벌이고 있을 때, 서울에서 출발한 학생들의 전국투어 첫 번째 일정이 이곳에서 시작되었다. 참가자 중 한 명이었던 나는, 춘천뿐만 아니라 청주, 대구, 구미를 비롯해 부산과 광주, 전주, 인천까지, 일주일간에 걸쳐 전국 곳곳의 비정규직 노동자들을 만날 수 있었다.

호반의 도시 혹은 닭갈비나 막국수 따위가 떠오르는, 아니면 "조금은 지쳐 있었나 봐"라는 노랫말로 시작되는 오래된 유행가가 떠오르는 춘천에 난생처음으로 갔다. 버스는 춘천 시내 한복판에서 멈추었고, 주차할 곳을 찾아 이리저리 맴돌다가 학생들을 내려주었다. 우리를 맞이한 것은 지극히도 평범한 춘천의 시민, 노동자들이었다. 무척이나 어색하게 미소 짓고 있는, 투쟁조끼 입은 중장년 노동자들의 얼굴에는 수심이 가득했다. 바로 풀무원 두부공장에서 일하는 비정규직 노동자들이었다.

풀무원이면 좋은 회사 아닌가? 언젠가 어머니가 했던 말이 생각났다. 요즘은 두부도 대충대충 중국산이나 안 좋은 콩으로 만든 게 많고, 콩 자체도 농약을 많이 쳐서 재배한 경우가 많은데 풀무원 두부는 참 좋다고 했던 것 같다. 아마 대부분의 사람들이 풀무원에 대해 그런 좋은 이미지를 갖고 있을 것이다. 그러나 그 좋은 두부를 만드는 공장의 노동실태는 통념상의 이미지와는 전혀 달랐다. 그곳에서 일하는 사람들은 엄청난 노동강도를 견뎌야 했으며, 그것 때문에 '근골격계 질환'과 같은 직업병이 생겨도 치료비조차 제대로 받지 못했다. 그렇게 아침부터 저녁까지 매일 일을 해도 한 달에 받는 임금은 법정 최저임금 정도에 불과했다.

이후로 풀무원 노동자들의 싸움은 오래도록 지속되었다. 2010년까지도 이 싸움은 끝나지 않고 계속되었는데 이렇게 몇 년 동안이나 싸움을 지속하다 보면 노동자들은 경제적으로나 심리적으로나 지치고 좌절감을 갖지 않을 수 없다.

이런 사례는 무수히 많다. 1998년, 그러니까 IMF 외환위기의 도래 직후였던 그해 사측이 감행한 노동자 정리해고에 맞서서 정리해고 분쇄투쟁에 나섰던 당시 '태광하이텍 노동조합'의 노동자들은 10년이 넘도록 '하이텍알씨디코리아 노동조합'의 이름으로 싸우고 있었다. 회사가 필리핀에 따로 공장을 차리고, 노동자들과 한 약속

과는 다르게 한국에서 생산하던 제품을 똑같이 생산하게 되면서 해고가 시작되었던 것이다. 노동자들은 거세게 저항했지만 단 한 명의 복직이라는 결과로 패배하게 됐다.

헌데 2002년이 되어 다시 싸움이 시작된 것이다. 그해 임단협(임금단체협상)에 들어갈 즈음 술에 취한 사측 간부는 "올해는 사장이 10억이 들든 20억이 들든 반드시 노동조합을 깨겠다고 했다"고 말했다. 그 말 그대로 사측은 끔찍한 노조 말살 계획을 실천해나갔다.

회사 측은 공장 라인을 재배치하면서 노동조합 조합원들만을 따로 한 라인에 배치시켰다. 그리고는 그곳에 CCTV를 설치했고 구사대를 동원해 폭력을 자행하기도 했다. 2003년 설 명절을 앞두고 조합원 전원을 징계, 5명을 부당해고했으며, 2005년 4월에는 조합원 8명에게 7억 6천만 원의 손해배상을 청구했다. 한 사람당 거의 1억 원 꼴이다. 노조 조합원 13명은 '우울증을 수반한 만성적응장애'란 정신질환에 빠졌다. CCTV를 동원한 감시와 폭행들이 빚어낸 결과였다. 그러나 이 노동자들은 끈질기게 싸워나갔다.

하이텍 자본은 끝없이, 쉬지 않고 노동조합을 탄압했다. 그러나 주저하지 않고 싸운 결과, 노동자들은 2005년 8월 18일 서울행정법원의 '해고자 5명 전원을 원직에 복직시키고 해고 기간 동안의 임금 상당액을 지급하라'는 판결을 얻어냈다. 그때까지 노동자들이 불굴의 정신으로 버티면서 싸우지 않았다면 결코 그런 성과를 얻지 못했을 것이다. 이 재판은 고등법원과 대법원을 거쳐 2008년 1월

17일, 만 5년 만에 확정 판결을 받았다. 2006년 5월에는 CCTV 설치로 노동조합을 감시한 하이텍 자본에게 '노동조합 및 노동관계 조정법 위반으로 유죄 판결'이 내려졌고, 국가인권위원회에서는 '사기업에 대해서 최초로 차별 시정 권고 결정'을 내리기도 했다. 1,700여 일이 넘게 싸우지 않았다면 얻을 수 없는 성과였다. 노동자들은 1,724일 만에 공장으로 돌아갔다.

구로공단의 또 다른 공장, 기륭전자의 노동자들 역시 1,895일이라는 상상할 수 없을 정도로 긴 시간의 투쟁을 통해 승리를 얻어냈다. 그래서 그녀들에게 붙은 별명이 '비정규직 투쟁의 큰언니' 다.

서울디지털산업단지 내 대표적 불법파견 사업장이었던 기륭전자의 노동자들은 불법파견 정규직화를 요구하며 노동조합을 결성했다. 당시 300여 명의 노동자 가운데 200여 명이 순식간에 노동조합에 가입했다. 당시 사측은 1년 미만 노동자들에게 계약해지를 통보했는데, 이에 노조는 전면파업으로 맞서 해고 중단과 정규직화를 요구했다. 기륭전자 투쟁이 시작될 즈음 매일같이 공장 앞에 갔던 기억이 생생하다. 2005년 5월 어느 날 새벽. 50여 일 동안 농성을 이어가던 열다섯 명의 노동자들이 모두 경찰에 연행됐을 때, 사람들과 팔짱을 껴 스크럼을 짜고 버티던 기억도 어렴풋이 난다. 당시 공장을 점거하고 해고자 복직과 정규직화를 요구하고 있던 노동자들을 보고, 어떤 어른들은 그 모습이 30년 전의 구로동맹파업이나 YH노조 사건을 떠올리게 한다고 말했다. 30여 년이 지나 21세기

가 되었지만, 구로공단 노동자들의 현실은 조금도 나아지지 않았던 것이다.

시간이 지나도 기륭전자 사측은 해결 의지를 보이지 않았다. 사회적인 지탄을 들으면서도 묵묵부답이었고, 정부 역시 별 의지가 없었다. 하긴, 비정규직을 양산하는 게 경제정책인 정부가 무얼 하겠는가. 2008년 기륭분회는 투쟁 1,000일을 기점으로 시청과 구로역 35미터 높이 철탑 위로 올라갔다. CCTV 철탑에 올라 고공농성을 시작한 것이다. 철탑에 오른 노동자들은 "사측이 실질적인 안을 제시하지 않는 한 쉽게 철탑에서 내려오는 일은 없을 거"라며 "다시는 속지 않겠다"고 말했다. 그리고 그해 8월 16일에는 단식투쟁 67일을 맞는 김소연 기륭전자분회 분회장이 주위의 설득 끝에 응급치료를 받기 위해 병원으로 옮겨졌다. 하지만 그녀는 단식의 뜻을 굽히지 않고 20여 일을 더 버텼다. 94일 동안의 단식투쟁이었다. 2010년 9월 15일에는 노동자들이 쳐놓은 '농성천막'을 덮쳤던 그 포크레인 위에 김소연 분회장과 송경동 시인이 올라 싸움을 이어나갔다. 송경동 시인은 도중에 추락해 심각한 중상을 입었고, 김소연 분회장은 교섭이 타결된 11월 1일까지 포크레인에서 내려오지 않았다.

기륭전자의 노동자들은 끈끈한 다짐, 불굴의 용기로 6년을 싸웠다. 그리고 마침내 2010년 11월 1일. 기륭전자 노동자들과 회사 간의 합의가 이뤄졌다. 복직과 해고 기간에 상당하는 월급을 쟁취해낸 것이다. 54일간의 공장 점거농성으로 경찰에 연행되며 "우리는 반드시 정규직으로 돌아오겠다!" 외쳤던 것을 6년 만에 '실현'하게 된 것이다. 그때 그 말이 이루어지리라 믿었던 사람이 몇 명이나 될까? 어쩌면 나 역시 마음 깊은 곳에서는 그 말을 믿지 않았는지도 모른다. 왜냐하면 저 거대한 골리앗과도 같은 자본과 권력에 비해 우리들은, 비정규직 노동자들은 너무도 작고 왜소하며 약하기 때문이다. 그러나 기륭전자 노동자들은 비정규직 노동자들의 단결과 끈질긴 싸움만이 희망을 줄 수 있음을 온몸으로 보여주었다. 게다가 기륭전자 노조의 조합원들은 언제나 다른 투쟁들에 연대하는 것을 잊지 않았다. 항상 제 코가 석 자인 상황에서 힘겹게 싸웠지만, 다른 곳에서 싸우고 있는 노동자들을 외면하지 않았다. 이런 연대의 정신이 그녀들의 승리에 밑바탕이 되었는지도 모른다.

이 외에도 비정규직 노동자들의 장기투쟁 사업장은 무수히 많다. 보통은 중소기업 규모의 일터에서 일하는 노동자들이 많고, 사내의 하청 노동자인 경우도 많다. 싸움이 오래도록 지속되면 노동자들은 힘과 조직력도 떨어지고, 사람들의 관심도 점점 받지 못하게 된다. 절망과 회의감 속에서 싸움을 접는 경우도 많다. 그럼에도 불구하고 신자유주의 국가와 자본은 더 이상 어디로도 물러설 수 없도록 사람들을 몰아붙이고 착취한다. 이런 상황에서 노동자들은 더 이상 물러설 곳이 없기에, 싸우지 않을 수 없는 것이다. 혹은 그곳에서 더 물러나면 끊임없이 아래로 추락해 결국 노예가 될 것이 뻔하기 때문에 싸우지 않을 수 없는 것이다.

이렇게 오랫동안 싸움을 이어가는 노동자들은 서로가 서로에게 연대하고 함께 싸우지 않을 수 없다. 안타깝기도 하고, 또 서글프기도 한 현실이다. 이를 현장에서는 '품앗이 투쟁'이라고도 한다. 2008년 3월 25일 기륭전자, 뉴코아-이랜드, 코스콤, 재능교육, 한솔교육, GM대우, 하이텍알시디코리아, 청구성심병원, 맹호운수, 장애인콜택시, 르네상스호텔, 코오롱, 한국합섬, 테트라팩, 하겐다즈, 신공항, 그리고 이주노동자 등 20여 개 비정규직 장기투쟁 사업장의 노동자 400여 명은 한자리에 모여 공동투쟁을 결의하는 시간을 갖기도 했다. 오늘날 얼마나 다양한 곳의 비정규직 노동자들이 동시다발적으로 악랄한 현실에 맞서서 싸우고 있는지 보여주는 자리였다.

힘도 없고, 저항권도 인정받기 어려운 비정규직 노동자들은 아주 자주 이렇게 힘겨운 장기투쟁을 벌여야 한다. 그러나 홍익대 청소노동자들의 경우처럼 많은 사람들의 관심과 지지를 받는 경우는 극히 드물다. 사회적인 무관심과 외면 속에서 파묻히곤 해왔던 것이 바로 비정규직 노동자 투쟁이었고, 우리는 이 지긋지긋하고 고통스런 품앗이 투쟁의 궤를 넘어설 필요가 있다. 그게 가능할까? 그래야만 한다. 이에 대해 대안을 내놓는 어떤 사람들은 노동자운동이 이제 '여성', '비정규직'을 주체로 삼아, '사회운동적 노동조합', 지역운동적 노동자운동으로 바뀌어나가야 한다고 말한다. 불안정노동과 노동의 복잡다양한 '분할'로 흩어진 노동자들을 지금의 '업종별', '직장별' 형태를 뛰어넘어 '지역'을 중심으로 모아내고 이런 결합을 바탕으로 노동이나 경제적인 사안뿐만 아니라, 환경·생태나 복지, 교육 문제, 그리고 FTA나 WTO, 금융위기와 같은 대단히 포괄적인 사안이면서도 우리들의 실질적인 삶을 규정짓곤 하는 사회적이고 정치적인 이슈에 대해 사회운동적인 활동을 펼치는 노동조합운동을 전개해야 한다는 것이다. 이렇게 전방위적이고 총괄적인 범위에서 노동조합 운동을 벌이지 않으면 끊임없는 분할과 경계들 속에서 고립 분산되는 노동자들이 '단결'을 이루기 어렵기 때문이다. 시대적 변화를 감지하지 못하고 제대로 조응하지 못하고 있는 노동자운동의 일대 쇄신이 절실하게 요구되는 시점이다.

지금 이 순간에도 비정규직 노동자들은 '다시 싸움을' 준비하고, 또 싸우고 있다. 현대자동차 사내하청 노동자들은 지난 겨울의 패배와 무자비한 징계와 대량 해고 이후 다시 전열을 가다듬고 있다. 2011년 7월 22일은 "2년 이상 근무한 사내하청 비정규직 노동자는 불법파견이므로 현대차 정규직"이라는 대법원 판결이 나온 지 1년이 되는 날이었다. 그보다 3주 전인 7월 1일에도 대법원은 타이어를 포장하는 금호타이어 비정규직 노동자들이 불법파견이므로 정규직이라고 판결하기도 했다. 그러나 현대자동차는 대법원 판결을 거부하고 있으며, 2010년 11월 15일 모든 사내하청 노동자들이 하청 노동자의 정규직화를 요구하는 25일간의 점거파업을 했다는 이유로 104명을 해고하고, 1,091명을 감봉하고, 162억 원의 손해배상을 청구하는 최대 규모의 징계를 했다. 이에 노동자들은 울산공장 사내하청지회를 다시 정비하고 현대자동차 자본의 불법파견에 맞서는 정규직화 투쟁을 다시 준비하고 있다. 비록 현대자동차 자본이 대법원 판결도 무시한 채 모르쇠로 일관하며 비정규직 노동자들을 탄압하고 있지만, 하청 노동자들은 '진짜 사장'이 정몽구임을 알고 있기에 '불법파견 철회'와 '정규직화'를 외칠 수밖에 없다. 정몽구 일가와 이사진들이 한 해에만 수백억 수천억씩 챙겨가는 현대자동차의 이윤은 그 이윤을 벌게 만든 하청 노동자, 그리고 2차·3차 부품공장의 불안정노동자들에게 돌아가야 한다.

또 충남 아산의 자동차 부품 공장인 유성기업의 노동자들은 탐욕스러운 자본뿐만 아니라 자본이 고용한 용역깡패 수백 명과도 힘겹게 싸우고 있다. 지난 5월 유성기업 노동자들은 '야간노동'을 없애고 주간 2교대제로 바꾸기 위한 단체협상과 2시간 파업을 하다가 갑작스레 사측에 의한 '직장폐쇄' 조치를 맞이했다. 이는 명백하게도 노동조합을 탄압하기 위한 '위법적 직장폐쇄'였지만 정부의 용인 속에서 이루어졌고, 노동자들은 공장을 점거하고 파업을 단행했다. 1987년 민주화의 열기가 뜨거웠던 시기 7, 8, 9월 노동자 대투쟁의 대열 속에서 탄생한 유성기업 노동조합은 강한 단결력을 보이며 저항했다. "밤에는 쉬고 싶다"는 인간으로서 외칠 수 있는 당연한 외침이 사측에 의해 고용된 용역깡패의 무자비한 폭행, 심지어 대포차를 몰아 노동자 13명을 치어버리는 짓까지 서슴지 않는 폭력에 의해 짓밟혔다. 그리고 이어진 직장폐쇄 조치가 조직적이고 계획적으로 이뤄진 것이라는 사실이 사측 문건이 유출됨으로써 밝혀지자 유성기업 사측과 사설경비업체를 향한 사회적 원성은 높아졌다. 헌데 여기에 경찰력이 투입되어 500여 명의 노동자들을 모두 연행했다. 수백 명의 노동자들이 공장 밖에서 치열하게 농성을 이어갔지만 정부와 사측은 꼼짝도 하지 않았다. 오히려 공장 안에 용역깡패 200여 명이 상주하며 경찰과 긴밀하게 '공조'(?)했을 뿐이다.

금속노조 유성기업지회는 소식지를 통해 "살인적인 테러주범 유시영 사장을 구속 수사하라"고 촉구했다. 회사가 배치한 용역깡패는 유성기업 인사담당자가 알선을 통해 직접 고용한 일용직이며 따라서 인사권자는 유시영 사장이기 때문에 이런 폭력을 사주하는 사장에게 법적인 책임을 물어야 한다고 말하는 것이다. 지금도 유성기업 공장 인근에서는 집단폭행과 상해, 살인적인 테러 등이 자행되고 있으며, 지금까지 60여 명의 노동자들이 부상을 입었다.

지난 7월 나는 학교 사람들과 함께 '2차 희망버스'를 탔다. 크레인 위에서 185일째 농성하고 있는 노동자 김진숙을 만나고 한진중공업의 해고노동자들에게 '희망'을 전하기 위해서였다. 무려 1만 명이 넘는 사람들이 전국에서 195대의 버스를 타고 모였다. 1차 때 1천여 명이 갔던 것의 열 배의 숫자가 모인 것이었고, 이 수치는 3차에서는 더 늘었다. 희망버스를 타기 전날 밤, 나는 밤새 한숨도 잘 수 없었다. 어스름녘에 잠시 눈을 붙일 수 있었지만 크레인 위의 김진숙도 아마 잠 못 들고 있을 거라 생각하니, 머릿속에 떠오르는 그 모습, 귓가에 아리는 그 목소리 때문에 잠이 찾아올 틈도 없었다. 그날 우리는 '희망'의 버스를 탔지만, 분노하기도 하고, 펑펑 울기도 하고, 독성 강한 최루액이 고통스러워 괴성도 질렀다. 그 밤 영도 거리에 가득했던 그 울음들, "물을 달라!"고 소리치던 그 목소리들, 잊을 수 없다. 전화로 연결돼 방송된 김진숙의 목소리도 잊을 수 없다. 일순간 1만여 명의 사람들은 모두 김진숙의 목소리에 귀 기울였고, 그녀의 쩌렁쩌렁한 목소리가 거리를 채웠다.

어느샌가 김진숙의 85호 크레인 농성은 사람들 사이에서 뜨거운 화제가 되었다. 그녀의 싸움과 2003년에 죽은 두 노동자, 그리고 85호 크레인에 대한 이야기는 여러 사람들의 입에서 회자되고 있다. 그러나 2차 희망버스가 부산에 갔던 날 밤의 폭압적 상황을 제대로 보도한 언론은 거의 없었다. 그날 밤 온갖 풍광이 폭로하는 시대의 진실은 그야말로 참혹한 것이었지만, 뉴스는 결코 그런 '진실'을 말하지 않았다. 어느 정도 포장된 수준의 형식적 중립만 유지하는 척할 뿐이었다. 그러나 존재하는 참극을 제대로 알리지 않는 것은 이미 그 자체로 직무유기인 셈 아닌가. 다시 말하자면, 지금 현재 85호 크레인 위에 올라 200일 넘게 농성 중인 김진숙과 한진중공업 노동자들의 목소리를 '가리기 위해' 안간힘을 쓰는 '권력'의 전략에 합작을 벌이고 있는 것 아닌가?

지난봄부터 나는 유튜브 영상을 통해 그녀의 목소리를 들을 때마다, 신문에 난 그녀의 사진을 볼 때마다, 매번 목구멍까지 차오르는 울음을 삼켜야 했다. 졸음이 쏟아지는 밤에도 내일 내가 할 수 있는 일은 무엇일지 생각하려고 노력했다. 그러나 이것은 이 사소한 슬픔을 토로하기 위해 하는 말이 아니다. 한 사람에 의해, 아니 저 힘없고 이름 없는 노동자들의 외로운 저항의 몸부림이 얼마나 많은 사람들의 일상을 뒤흔들 수 있는지 기억하기 위해서다.

잊지 말아야 한다. 사건 보도를 용역깡패 중심, 재벌 위주로 하기로 유명한 연합뉴스의 악명 높은 모 기자가 사건을 어떻게 전했건, 진

실은 변하지 않는다. 그날 밤 전국에서 모여든 만여 명의 사람들은 용접노동자 김진숙의 싸움에 희망을 전하기 위해, 이 땅 모든 해고노동자, 불안정노동자들에게 용기를 전하기 위해, 그리고 또 자기 스스로 희망과 용기를 얻기 위해 영도조선소 앞으로 행진했다. 어린아이부터 피부색이 다른 이주노동자, 대학생, 청소년, 노인, 장애인, 동성애자, 비정규직 노동자와 대학교수까지 폭우가 쏟아지는 거리를 가로질러 그곳으로 걸어갔다. 그러나 희망버스 참가자 1만 명을 맞이한 것은 영도조선소 앞 대로를 가로막은 경찰의 차벽과 살수차, 끝없이 쏟아지는 최루액, 그리고 무자비하게 휘둘러대는 전경 방패들과 무차별 연행이었다. 김진숙을 더 가까이에서 만나고 싶은 열망으로 가득했던 청년들은 누구 하나 빠짐없이 얼굴에 독성 가득한 최루액을 맞아야 했다. 우리는 몇 번이고 소리치고, 울고, 외쳤지만, 경찰은 꿈쩍않고 시민들을 가로막았다. 더 끔찍했던 것은, 노동자들이 벽돌을 쌓아 경찰의 차벽을 넘어서려는 순간 전경들과 함께 들이닥친 '용역깡패'들이었다. 그들은 의기양양하게 경찰 방패들의 비호 속에서 '정리된' 거리를 쏘다녔다. 그때 겁에 질려 인도 뒤쪽으로 도망친 후배들과 함께 서 있던 나는, 카메라로 모든 것을 기록하고 있었는데, 영화에서나 보던 우락부락한 깡패들이 내게 한 협박과 욕지거리들을 잊을 수 없다. 대체 그들은 누구인가? 대체 누구이기에, 자본이 고용한 깡패들이 의기양양하게도 경찰과 함께 등장해 시민들을 깔아뭉갠단 말인가?

이런 폭력적 상황에서, 그리고 그에 앞서 지난 수십 년간 한진중공업 자본이 노동자들을 탄압하고 죽게 했던 구조적인 폭력 앞에서, '폭력시위' 운운하는 것은 얼마나 기만적인가. 김진숙이 용접노동자로서 조선소에서 일하던 시절에 노동자들이 일하다가 사고사하는 일은 부지기수였다. 어느 날은 커다랗고 시뻘겋게 달구어진 철근이 몸통을 관통하기도 하고, 또 어떤 날은 뜨거운 쇳물 속에 빠지기도 했단다. 그런 동료들을 보며 일해온 김진숙이다. 정리해고의 칼 끝에 목숨을 버리며 항거했던 두 동료 노동자를 보낸 김진숙이다. 우리가 그녀 앞에서, 대체, 어떤 '폭력'을 논할 수 있단 말인가. 지금 이 순간에도 김진숙을 향해 "외부세력"이니, "불법점거"니 떠드는 저 이데올로그들은 얼마나 잔인하고 끔찍한 말을 내뱉고 있는지 스스로 돌아봐야 한다. 그들은 마치 한진중공업 자본의 앵무새라도 된 것처럼, 억압받는 이들과는 정확히 반대편에 서서, 권력자들의 입장을 되풀이하여 읊조리고 있다.

이런 현실에서 아무것도 말하지 않는 것, 아무 행동도 하지 않는 것, 지켜보는 것, 오도된 중립으로 자신을 위장하는 것이란 얼마나 비겁한 일인가. 나는 구태여, 침묵하는 이들을 탓하고 싶진 않다. 그러나 적어도 자신의 침묵에 대해서 "중립"이니, "나는 폭력시위는 싫어"라는 식으로 기만적인 핑계를 대진 않기 바란다. 그것은 결국 저 노동자들과 마찬가지로 신자유주의 구조조정의 폭력 앞에서 힘겹게 살고 있는, 불안정-노동자인 자신의 삶을 기만하는 것이나 다름없기 때문이다.

나는 희망버스를 타고 부산에 다녀온 후 그 후유증으로 며칠간을 끙끙대며 보낼 수밖에 없었다. 국가권력이 자행하는 끔찍한 폭력을 목도한 사람이라면 어느 누가 맨정신으로 숨 쉴 수 있을까? 정신을 차리기가 힘들다. 어쩌면 지금 우리는 모두 공포에 질려 있는지도 모른다. 그러나 이 두려움마저도 용기의 자양분으로 삼기 위해 노력해야 한다. '주체'의 소멸과 정치의 '위기'와 '종언'이 맞이하는 지금의 파국적 세계는 '반드시 그렇게 하지 않으면 안 될' 상황으로 치닫고 있기 때문이다. 요컨대 우리는 결국 다시 '인간답게 사는 것'이 불가능한 세계에서 그 '불가능함'을 가능한 것으로 만드는 일에 함께하는 것과, 자본주의 기계의 작은 부속품이나 좀비 같은 존재로 사는 것 중 하나를 선택할 수밖에 없다. 시인 송경동이 누차 말하듯 한진중공업 영도조선소의 85호 크레인 위에서 김진숙이 벌이고 있는 싸움은 단지 그녀만의 싸움이 아니다. 그녀는 지금 한국 땅에서 불안정한 노동과 언제 잘릴지 모른다는 해고의 공포, 그리고 만연한 실업과 빈곤의 양산 속에서 힘겹게 저마다의 외로운 싸움을 벌이고 있는 우리 모두의 '최전선'에 서 있다. 그리고 그 최전선에서 모두가 불가능하다고 말하는 것을 지키고 버티며 꿋꿋하게 서 있지 않은가. 우리는 어느 곳에 내기를 걸 것인지 선택해야 한다. '가능한 파국'인가, 아니면 '불가능한 희망'인가. 매스미디어와 권력자들은 지금 '가능한 파국'과 '노예의 삶'을 강요하고 있다.

그러나 다행히도 아직 '망각'의 동물이 되지 않은 많은 사람들이 이 "불가능한 희망"에 내기를 걸고 있다. 보다 더 많은 사람들이 이 '내기'에 동참할 때 불가능은 가능으로 바뀔 수 있을 것이다.

마이너리티

전지은

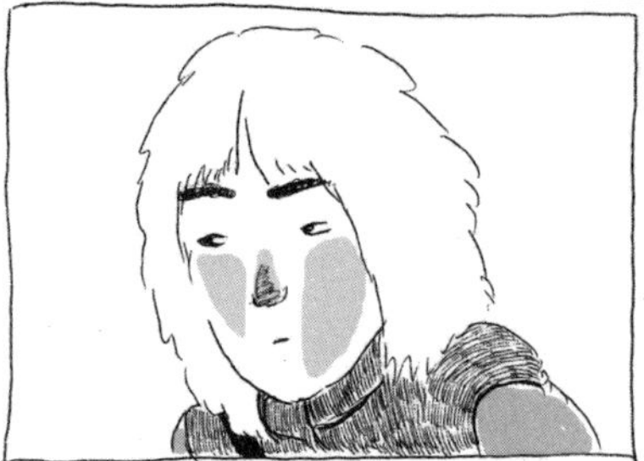

다행히도 정규직인 아버지의 회사에서 학비 지원이 되어 큰 부담 없이 미대를 나온 은지.

창작하며 살고 싶어 취직을 안 하는 은지의 한 달 벌이는 30에서 80만 원.

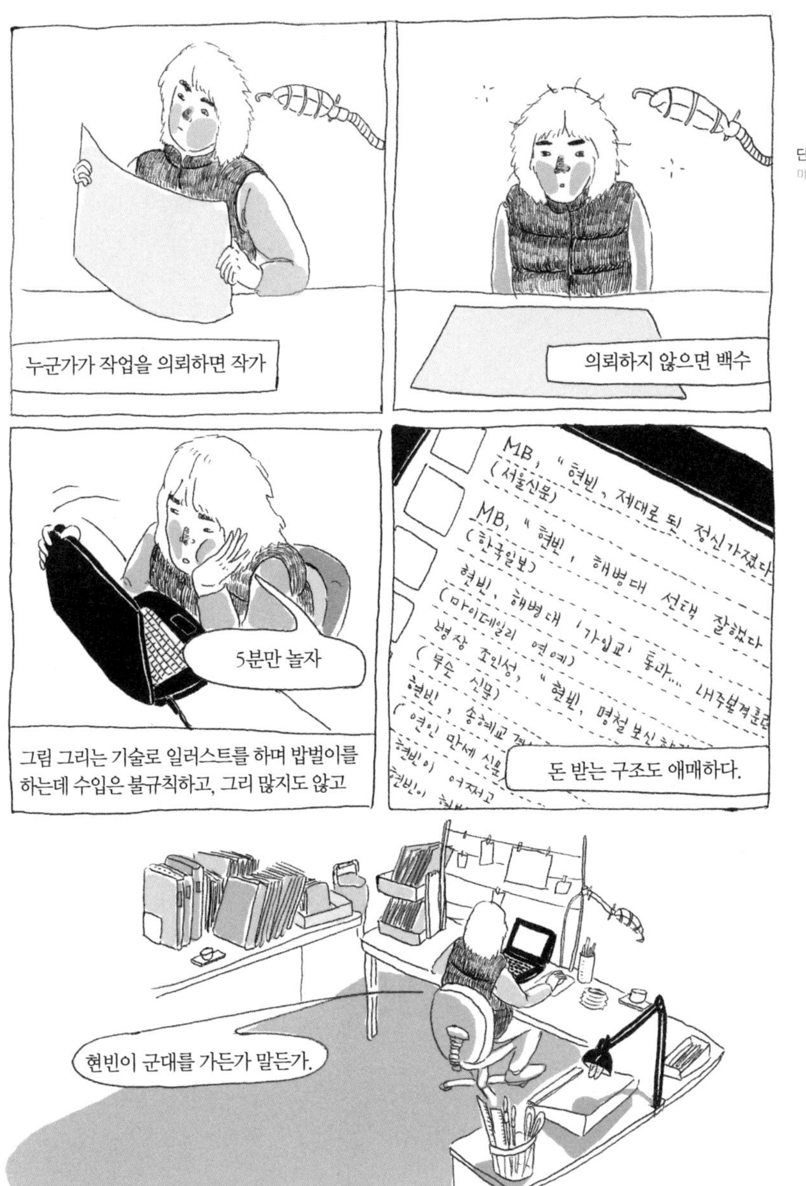
누군가가 작업을 의뢰하면 작가
의뢰하지 않으면 백수
5분만 놀자
그림 그리는 기술로 일러스트를 하며 밥벌이를 하는데 수입은 불규칙하고, 그리 많지도 않고
MB, "현빈, 제대로 된 정신가졌다
(서울신문)
MB, "현빈, 해병대 선택 잘했다
(한국일보)
현빈, 해병대 '가입교' 동나... 내주본격훈련
(마이데일리 연예)
돈 받는 구조도 애매하다.
현빈이 군대를 가든가 말든가.

동인천 유진식당
무에타이
41
바늘에서 인공위성

306 인천공항
끼이익~

한때 노래 부른 동영상으로 유튜브 스타였던 수용.
지금은 인천공항 화물운반 비정규직으로 일한다.

여보세요?

애인!
나 일 들어왔어요~
리플릿 만드는 거-
진짜? 얼~
잘됐다~~

근데 나흘 안에
해달래. 그럴 것도
많던데~
아. 빡세겠다.
그래도 잘해봐야지~

♡♥으앙 애인☆★
보고 싶어요♡~~
하하하. 이따가 다시
통화해요. 지금은 좀~

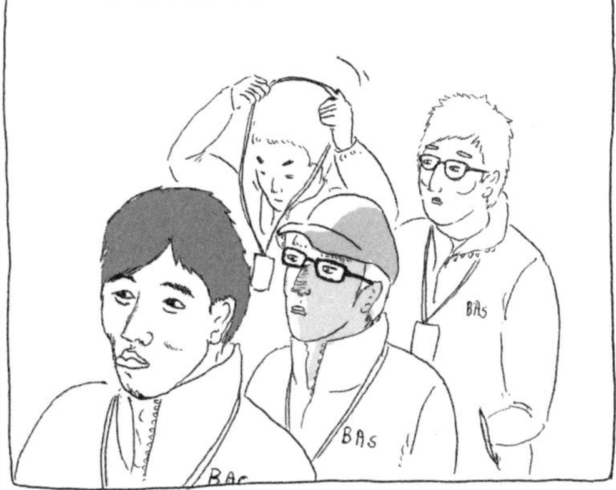

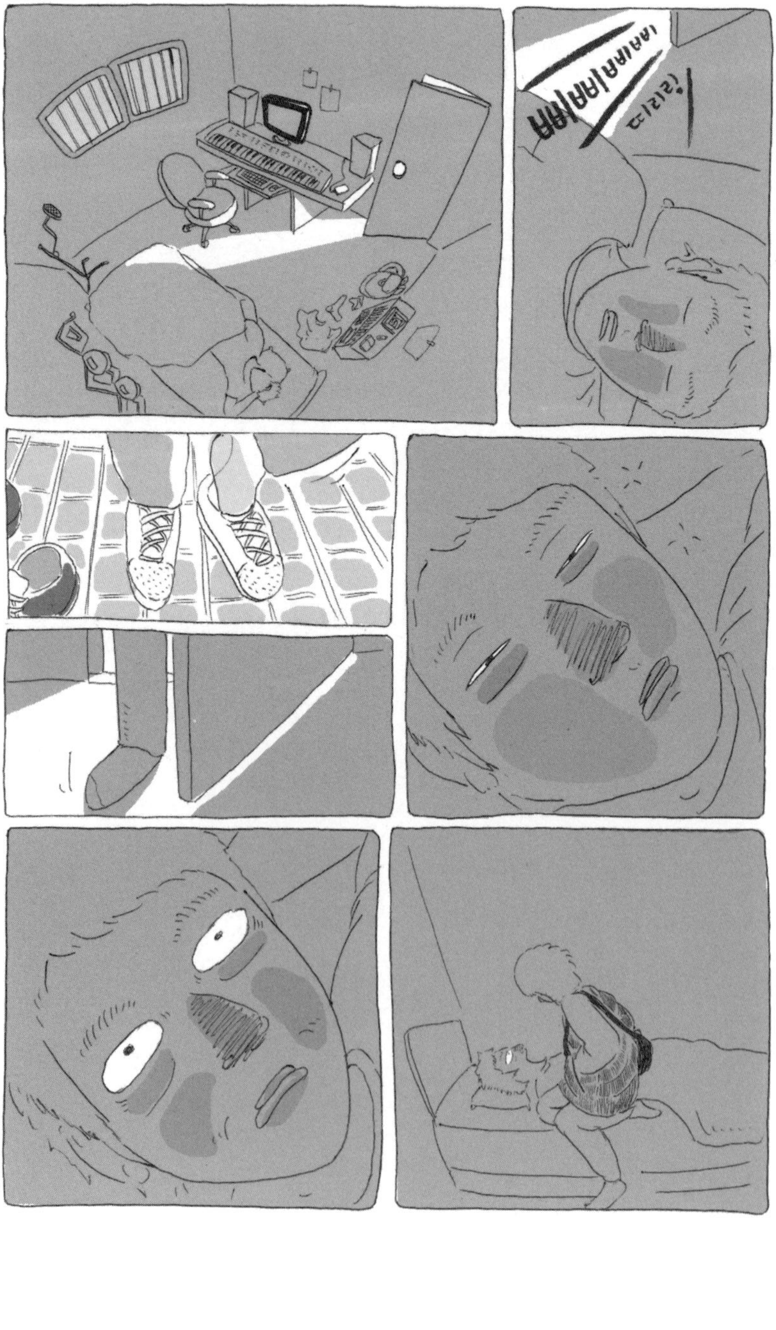

삐삐삐삐삐
띠리리!

흐흐. 안녕?

세상에. 은지 씨! 첫차 타고 온 거예요?

어차피 작업하느라 밤 샜거든요. 오늘 안 보면 내일모레까지 못 보잖아요.

하하 얼굴봐~
자기는~ 뭐!

우리 밥해먹자~ 참치 있네? 볶음밥 해먹을까요?

은지와 수용은 1년 전에 포장마차에서 만났다.
수용의 3교대 근무시간에 맞춰 한창 연애 중이다.

예뻐 죽겠네.

으갸갸갸~

비정규직들의 비정규적인 만남.

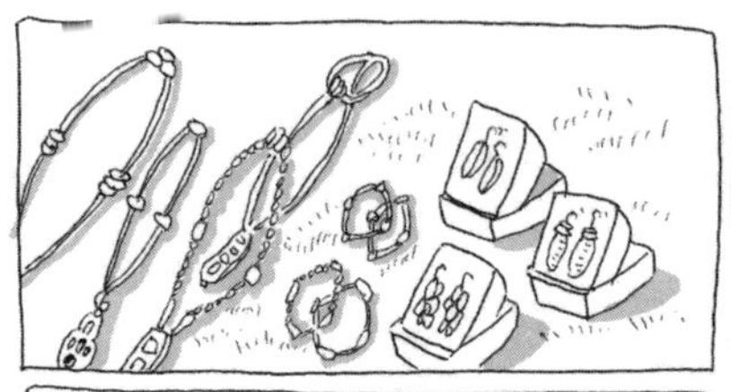

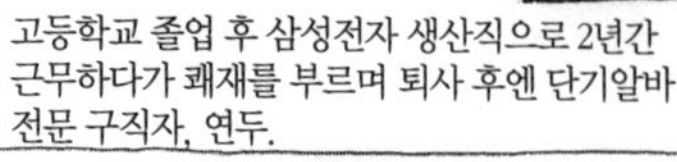
고등학교 졸업 후 삼성전자 생산직으로 2년간 근무하다가 쾌재를 부르며 퇴사 후엔 단기알바 전문 구직자, 연두.

MAPOGU03
TOY

해물칼국수

누가 개사료하고 생리대 좀
1년치만 줬으면 좋겠어.
어찌나 잘 드시고
어찌나 안 거르는지.
MENU

그러니까 일을 해야지 어쩌겠냐.
골라라. 난 상관없어.

MENU

여기요-

야, 내가 포장 못 하게 생겼냐?
왜 사람을 안 뽑아.

내가 보기엔 완전…
아 됐어! 말하지 마.

야
언제 배구나 보러 가자.

BACA
Rock
배구?
공놀이 배구??

나 완전 중독됐어.
배구만 봐.
배구는 참 신사적인 스포츠야.

배구라…
보러 가자.
직접 보고 싶어. 어?
그때 일 없으면
가주지! 소풍겸~
어!! 과자도 사가자!
너도 참 신선하다…
배구라니… ㅋㅋ
난
인기 없는 팀만 응원해.
보다 보니 멈출 수가 없어.
저게 뭐야?
니 자아다. ㅋㅋ
요샌
집엔 아무도 안 오고
스포츠만 보면서
기타만 치고
사는 게 소원이야.

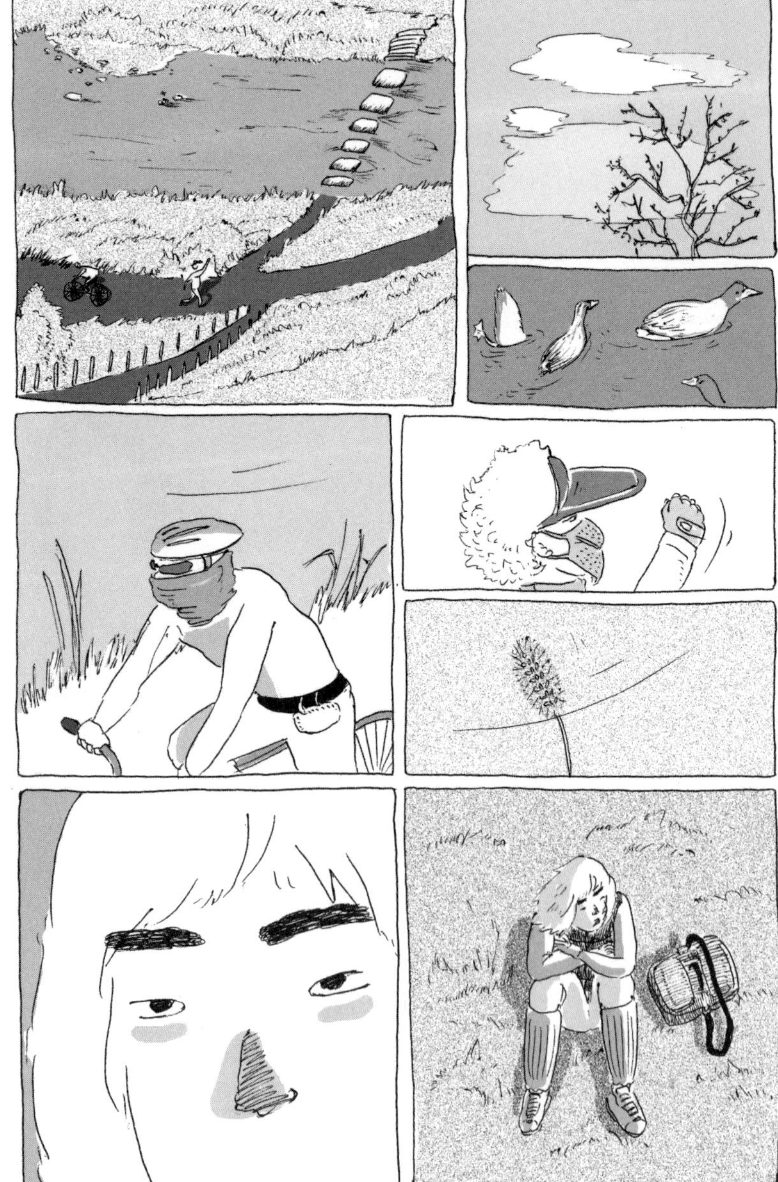

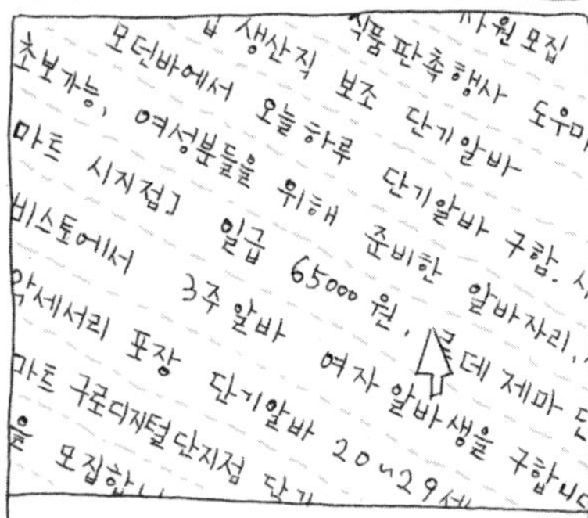

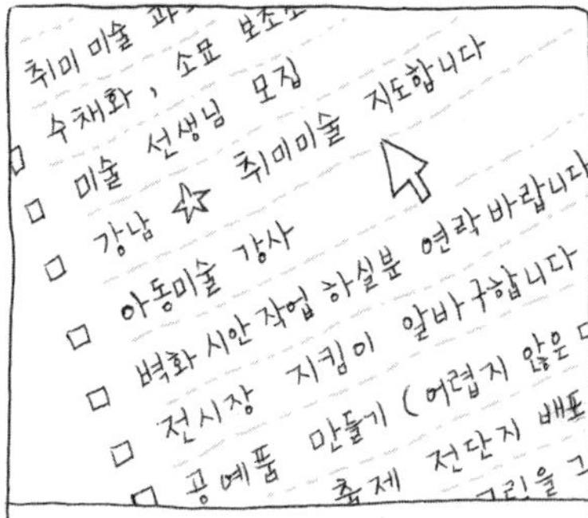

※ 서울대 미술관 전시장 안내요원(지

1. 채용인원 : 0명
2. 근무 조건
   - 기간 : 3.2 ~ 4.10
   - 시간 : 화~일 오전 10시~오후6시
3. 근무내용
   - 전시작품 보호 및 전시실 관리
   - 관람안내, 관람질서 유지
4. 급 여 : 평일 43,990원 / 일요일 65,980

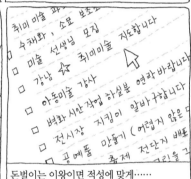

4. 근무 복장
· 남색 혹은 검은색 하의
· 단정한 복장
· 전시회 오프닝 당일에는 정장

5. 응시 자격 : 미술에 관심있는 20대 이상

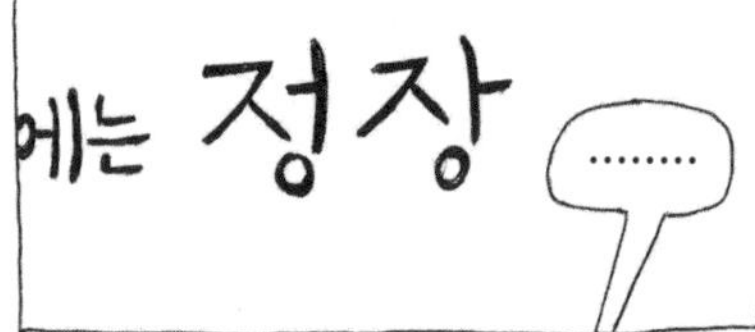

TOSHIBA
어~ 형미야~난데~
너 혹시 정장 있냐?

어 성조야~ 오랜만이다.
너 회사 다니냐?
진짜? 잘됐다!
그럼 나 정장 좀 빌려주라.

뭐? 55야?
어째 점점 물 건너가는 밥벌이다.

수용의 일터. 우우우웅~소리에서 잠시 멀어지는 시간이자
간식으로 지급된 빵과 초코우유 그리고 구름과자 먹는 시간.

어플도 받고

연애도 하는 시간.

오늘 몇 시 근무세요?

네 시요.
에~ 집에 못 들어가시는구나.
소주나 한잔할라 그랬더니.

자야죠 뭐~
아 난 열한 시 퇴근인데
또 택시비 안 줄라고
50분에 땡치는 거 아닌가~

지게차는 좀 익혔어요?
아~ 운전할 줄 아니까
쉬울 줄 알았는데 반대로
되어 있을 줄 누가 알았대요~

그거 오래 타면
엄~청 피곤해요.
사람이 40분 이상 진동에
노출되면 신체 리듬이
깨진대요~

ㅇㅇㅇㅇㅇㅇㅇ~~

들어가십쇼~
수고하세요!

근무가 새벽에 끝나면 택시비가 지급
되는데, 실제 비용보다 부족하다 보니

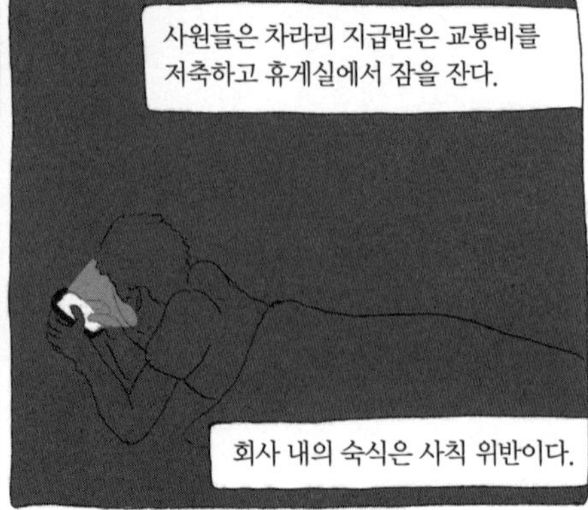

사원들은 차라리 지급받은 교통비를
저축하고 휴게실에서 잠을 잔다.

회사 내의 숙식은 사칙 위반이다.

크~ 아이고
좋다~

저 아줌마 포주죠?

잘 마시고 가. 언니~
고생해~

포주 전용 화장이
따로 있는 것 같아.

나

여기 일하는 거
오래 안 하고 싶었는데
목표가 생겨버렸어요.

근데
그 목표가 당신이랑
상관 있다?

와, 내가 되게 중요한
인물 같네~
안 하고 싶은 일을 하게도 하고.

근데 당신, 노래
다시 하고 싶지 않아요?

하고는 싶죠~
하지만 돈도 벌어야 되니까.
보컬트레이너나
문화센터에서
노래 가르치는 건요?

당장 그만두면 또
붕 떠요. 구체적인 게
잡혀야 되는데.
교대근무도 정신없이
돌아가고 이렇게
피곤해 하면서 언제요.

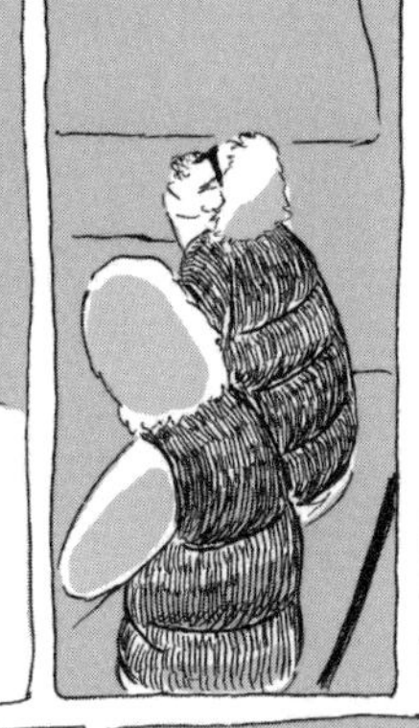

잘 생각해볼게~
너무 심각해지지 말아요~

으이그!!~
아아!~

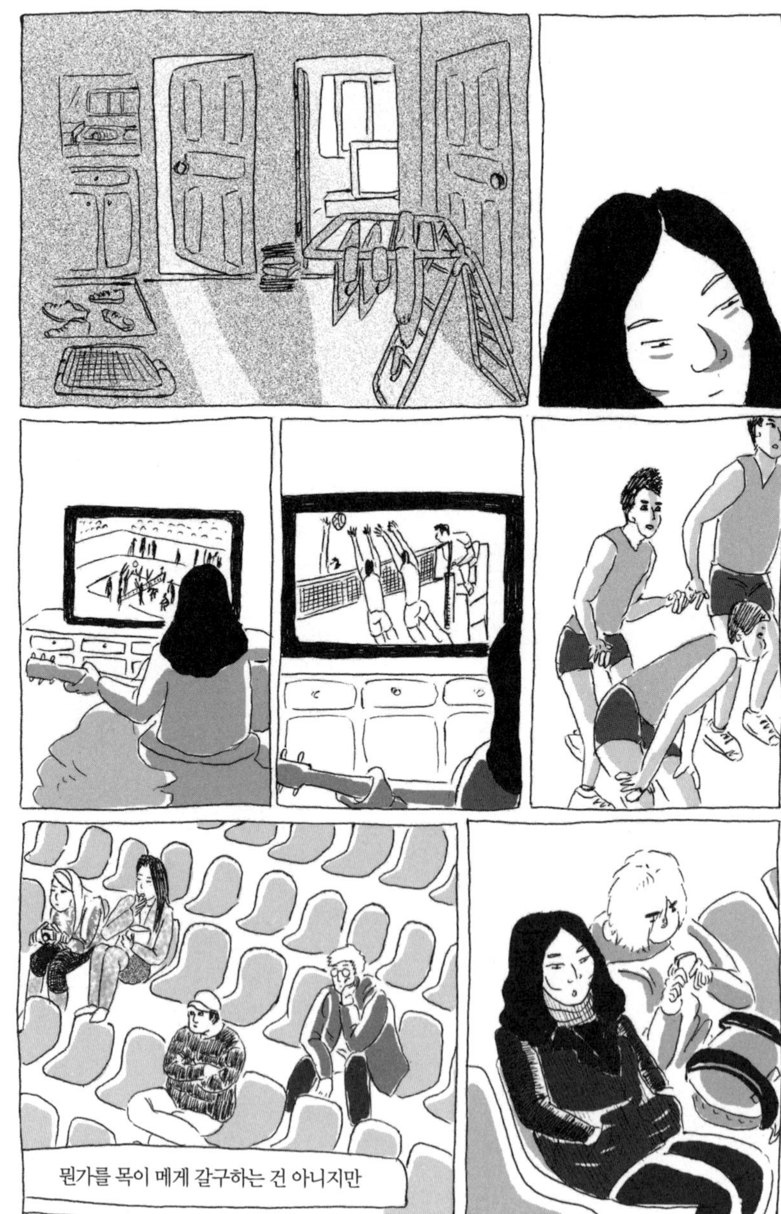
뭔가를 목이 메게 갈구하는 건 아니지만

어떤 변화라도 있어야 될 것 같은 기분이다.

PART 3

불안정청춘 20대의 오늘

아르바이트, 인턴, 수습! 20대 비정규직

2007년 여름. 다음 학기 등록금에 조금이라도 보태기 위해 각종 배달 아르바이트를 했다. 피자 배달, 냉면 배달 따위. 배달 일은 왠지 매력적으로 느껴졌다. 이따금 자장면이나 밥을 시켜 먹을 때 자주 마주치곤 했던 배달부들의 거세게 달려온 표정, 일을 하면서 느낄 수 있는 오토바이의 속도감, 거칠게 넘겨진 머리카락. 치기 어린 생각이었지만 무언가 더 넓게 이 세상을 볼 수 있으리라는 생각이 들었다. 또래의 배달부들을 보면 항상 왠지 모를 자유로움과 반항의 기운이 느껴지고, 도로를 달려오면서 바람에 눌린 머리와 상기된 표정 때문에 느껴지는 기운도 매력적으로 보였다.

우선 원동기 면허부터 땄다. 그리고 아르바이트 구인구직 사이트에서 D모 피자 월곡점에서 배달 알바를 구한다는 정보를 입수! 시급 4,700원이라는 말에 혹해 즉시 전화를 걸었다. 그러나 현실은? 상상 그 이상이었다. 알고 보니 그 피자집에서 지급하는 실제 '시급'은 법정 최저임금에도 못 미치는 3,800원이었다. "사이트에는 4,700원이라고 나와 있던데요." 순진한 물음에 사장은, "그거야 뭐, 가능하지. 처음에는 그게 좀 힘든데, 익숙해지면 가능해요"라고 말했다. 그러니까 4,700원은 한 시간 동안 '세 군데' 배달을 다녀온다는 전제하에 가능한 것이었다. 일종의 성과급제 같은 것이었는데, 배달 한 건당 300원씩 더 쳐주고 시급에 보태는 식이었다. 그러면서도 고용계약서상에는 기본 시급 4,100원으로 명시하자는 게

사장의 생각이었다. 그는 이미 '법'의 망을 빠져나가기 위한 여러 가지 궁리를 다 해놓고 알바 계약을 하는 것처럼 보였다. 이것이 '근로기준법'의 기준에 위배되는 '부당노동행위'임은 나중에야 정확하게 알게 되었지만(계약서상의 노동시간과 급여가 어떻게 규정되어 있느냐보다는 '실제 노동'이 어떻게 이루어지는가가 더 중요하다.) 그때는 찜찜해 하면서도 규칙을 받아들였다. 다른 곳도 별반 다르지 않았기 때문이다.

따지고 보면 거짓말 광고에 속아서 간 것이었다. 능숙한 'CITI-100' 라이더가 되어 쌩쌩 달리다 보면 4,700원도 가능하겠지, 싶었다. 그러나 웬걸. 한 시간 동안 세 군데에 배달을 간다는 것은 절대적으로 불가능한 목표였다. 나는 미친 듯이, 죽음을 각오하고 월곡 로터리를 질주하고 어쩔 땐 장위동 언덕길의 드높은 경사길에도 올랐지만, 한 시간에 두 군데 배달을 다녀오면 다행이었다. 때때로 엄청난 사고의 위험도 많이 겪어서 이러다가 정말 죽는 게 아닐까, 하고 생각한 것도 여러 차례였다. 생명의 위협을 느껴 벌벌 떨던 나는 피자 배달 아르바이트를 그만두었다.

좀 더 좋은 조건의 아르바이트 자리를 찾았기 때문이다. 다름 아닌 칡냉면전문점 배달 아르바이트였다. 시급도 5,000원이었고 배달을 한 군데를 가든지 두 군데 가든지 차이가 없었다. 채용 당시 나는 운이 참 좋다고 생각했다. 사장님께서 식사시간에 밥까지 제공해주었기 때문이다. 하루에 열두 시간 동안 오토바이를 타고 달리면 6

만 원이었다. 쉬지 않고 달리면 월 180만 원이다! 그 돈만 잘 모으면 등록금도 모을 수 있겠다 싶었다.

미친 듯이 달렸다. 배달 영역이 워낙 넓어서 동쪽으로는 신설동, 서쪽으로는 정릉까지 내달렸으며 돈암동과 월곡동 근방의 아파트라면 가보지 않은 곳이 없다. 처음에는 정말 재밌었다. 도로를 달리는 것도 참 기분이 좋았고 아파트단지에 가면 집집마다 문을 열었을 때의 제각각으로 펼쳐지는 풍경이 참 흥미로웠다. 어느 집은 아름다운 여성이 활짝 웃으며 문을 열고, 어느 집은 러닝셔츠 차림의 대머리 아저씨가 문을 열고, 또 어느 집은 쥐방울만 한 꼬맹이들이 문을 열었다. 사람 사는 풍경이라는 게 이렇게 제각각이면서 하나같을 수 있다는 게 참 재밌었다. 그 냉면집에 소속된 여덟 명의 배달부 중 배달 'top'을 차지하던 날도 꽤 있었다. 하루에 40건 배달! 한 시간에 세 건 이상 배달했다는 건데, 이건 정말 쉽지 않은 일이었다. 배달부로서의 자부심은 극에 달했다.

그러나 그런 즐거움도 잠시, 죽음의 위협은 하나둘씩 늘어갔고 로터리가 점점 무서워졌다. 엘리베이터는 지긋지긋해졌으며 점점 우울해지면서 나는, 엘리베이터 거울에 대고 핸드폰으로 '우울한 표정'들에 대한 인증샷을 하나씩 찍어대기 시작했다. 고달픈 나날들이었다. 제기랄, 내가 왜 이러고 살아야 되나, 하는 생각이 든 게 한두 번이 아니었다. "형 지금 뭐 해요? 영화 찍는다더니 냉면 배달하는 거예요?" 어느 날은 전에 다니던 대학 학생회관에 배달을 갔다

가 동아리방 문 앞에서 꼰대가 된 후배들을 마주해야 했으며, 또 어떤 날은 길음뉴타운 언덕길을 달리다가 냉면을 모조리 엎고 다시 가게로 돌아가서 냉면을 가져와야 했다. 쌍욕을 먹고 뉴타운을 달리는 기분이란! 그럴 땐 정말 정신없이 달려야 했는데 그러다가 죽을 뻔했던 적이 한두 번이 아니다. 유서를 써둘까, 아니면 건설교통부에 월곡로터리 정비를 정식으로 건의하는 민원을 넣을까 하는 생각도 했었다. 그러나 소심한 나는 결국, 아르바이트를 그만두고 말았다. 더 이상 배달이 늦거나 음식을 잘못 가져온다는 이유로 배달부들을 욕하지 않겠다고 다짐하면서 말이다.

앞에서 편의점 아르바이트에 대해서도 언급했지만 많은 20대 청년들이 생활비나 등록금 마련을 위해 '아르바이트'라고 불리는 파트타임 계약직 노동에 종사하고 있다. 이에 따라 많은 청년들이 불안정노동 시장에 내몰리고 있는 실정이다.

2011년 7월 2일 새벽. 스물두 살의 아르바이트생 황승원 씨를 비롯해 네 명의 노동자들이 대형할인매장 기계실 안에서 숨진 채 발견됐다. 이들은 자정 무렵 영업이 끝나기 무섭게 이물질이 끼어 들어간 터보냉동기에서 이물질 제거 작업을 하다가 숨진 것으로 드러났다. 이 죽음의 정확한 이유는 밝혀지고 있지 않지만, 열악한 작업환경과 부실한 안전교육이 한몫한 것으로 보인다. 게다가 이 냉동설비의 유지 보수를 담당하고 있는 용역업체에 '아르바이트'로 취직한 고 황승원 씨에 대해 아무런 보상도 이뤄지고 있지 않아 대형할인마트인 이마트 측에 대한 사회적 비난이 쏟아졌다. 원청임에도 불구하고 자신들과는 아무 상관이 없는 일이라며 책임을 회피하고 있는 것이다.

이 죽음에는 몇 가지 중첩된 사회적 착취와 억압이 연관되어 있다. 우선 고 황승원 씨는 스물두 살의 나이에 학자금 대출 빚이 1천만 원에 이를 정도로 '교육의 권리'가 전혀 보장되고 있지 않은 한국 사회에서 대학을 다니는 대학생이었고, 이런 여건 속에서 등록금과 생계비를 벌기 위해 고군분투하던 불안정노동자였다. 현실이 '공부하고 싶은' 황승원 씨를 빚더미로 내몰았고 산업안전이 취약한 불안정노동 시장에 뛰어들게 만든 것이다. 그 다음의 문제는 이 대형할인마트가 '비용절감'이라는 이유로 노동자들의 '안전'을 소홀히 했다는 노동현장의 구조적 현실에 있다. 자본가들은 '비용절감'이라는 알량한 이윤 획득의 조건 확보를 위해 노동자를 해고하거나, 노동자들이 안전하게 일할 수 있는 권리인 노동안전과 노동보건의 환경마저 무시하기 일쑤다. 이 매장의 기계실 역시 환기가 잘 이뤄지지 않는 등 노동자들이 일하기에 매우 열악한 환경이었으며, 안전교육도 제대로 이루어지지 않았다. 세 번째 문제점은 황승원 씨와 다른 설비노동자들이 일을 하다 죽었음에도 불구하고 '원청'으로부터 아무런 보상도 받지 못하고 있다는 것이다. 한 사업장에서 한꺼번에 네 명의 노동자들이 죽었다는 것에서 볼 때 이는 너무나 명백하게도 원청업체에게 1차적 책임이 있는 것이지만, 유통산업의 대자본인 이마트 측은 경찰의 수사 결과가 나올 때까지 기다리겠다는 입장이다. 이처럼 아르바이트 시장에 내몰린 20대 청년들은 법정 최저임금에도 못 미치는 조건에서 일을 하거나, 아니면 조금 더 임금을 받는 대가로 매우 열악하고 불안전한 환경에서 자신의 노동력을 팔아야 한다.

20대 저임금노동 시장의 범주는 아르바이트뿐만이 아니다. 이른바 '인턴'이라는 이름으로 채용되는 것도 일종의 저임금노동 시장에 속한다. IMF 외환위기 이후로 계속되는 경기침체 속에서 '20대', '청년' 세대는 비정규직 저임금 노동자로 내몰리게 되었다. '88만원 세대', '인턴 세대' 따위의 말도 등장하는데, 인턴 세대란 정규직으로 전환하지 못한 채 이 회사 저 회사의 인턴으로 전전하는 청년구직자들의 현실을 풍자한 말이다. 정규직의 기회를 얻지 못해 '한시적 공공근로자'나 '단기 비정규직'으로 일하는 이들이 바로 '인턴'이다.

청년실업 문제가 심각해지고 20대 산업예비군이 급격하게 늘어나 사회적인 문제로 부각되자 정부는 모종의 대책을 내놓았다. 그러나 신자유주의 기조를 철저하게 유지하고 있는 정부들(김대중 정부, 노무현 정부, 이명박 정부)이 항상 그렇듯 이 대책은 '임금 삭감'을 통한 '일자리 나누기'라는 형식으로 펼쳐진다. 달리 말해 '실업 나누기'에 불과한 것이었다. 대졸자의 초봉과 기존 노동자의 임금을 깎아버리고, 진짜 '일자리'는 전혀 창출하지 않는다. 그러면서 항상

'100만 일자리 창출'이니 '200만'이니 선전하는데, 그것은 다름 아닌 '인턴'인 것이다. 이제는 아예 기존에 정식 채용된 노동자가 하던 업무들까지 인턴들이 도맡아 하기 시작했다. 이조차도 퇴직금 지급 의무기한인 '1년' 채용을 피하려고 '10개월'로 채용기간을 한정했고, 임금마저도 최저임금 미만이 태반이다. 구조조정을 통해 노동자를 대량해고해 남아 있는 노동자들에게는 할 일이 더 많아지도록 하고, 청년실업이 심각한 사회 문제로 도래하자 해고된 노동자들의 생존은 내팽개쳐놓고 청년들을 '인턴'이라는 명목으로 아주 싼 값에 고용하고 있는 것이다. 이런 것이 '일자리 창출'이라면 이 시대 정치인들의 '일자리 창출' 공약은 모두 거짓말이다.

"자신은 돌아보지 않고, '나라는 뭐 하나? 학교는 뭐 하나? 우리 부모는 뭐 하나?' 등 남 탓만 하고 있다." 정부가 '청년고용종합대책'을 발표했던 2010년 10월 14일, 이명박 대통령이 한 말이다. 청년실업의 진정한 책임을 제공해놓고는 도리어 이런 사회에 대한 청년들의 '원성'이 정부가 아니라 '청년들 자신의 탓'이라고 가슴에 비수를 꽂은 것이다. 이날 정부가 발표한 청년고용종합대책은 '2012년까지 공공기관, 방재안전, 창업인턴 등 청년 일자리 71,000개 창출'을 주요 골자로 하고 있다. 그러나 2010년 8월 고용동향에 따르면, 사실상의 청년실업자는 124만 3천 명에 이른다. 청년실업자의 5.6퍼센트 수준에 불과한 7만여 개의 일자리를 만드는 것은 그저 형식적 제스추어가 될 뿐이다.

'언 발에 오줌 누기' 격이다. 일자리 7만여 개 창출을 위한 계획도 현실성이 없거니와 그마저도 인턴이나 단기 계약직에 불과하니 '불안정노동'만 양산하는 꼴이다. '대기업-협력업체 공동 채용박람회'라는 그럴듯한 이름의 고용 지원 대책은 그야말로 '전시행정'에 지나지 않는다. 또 민간부문 청년고용 지원 대책으로 발표한 '실근로시간 단축', '유연근로 도입', '세대간 일자리 나누기' 또한 하나의 일자리를 둘, 셋으로 쪼개 결국 비정규직만 늘리는 일이다.

설상가상으로 대졸 실업자에 대한 대책은 코미디에 가깝다. "고학력자 과잉 공급을 완화하겠다"며 대학 구조조정 방침을 내놓은 것인데, 청년실업 문제로 산업수요와 괴리된 교육이 문제라며 대학을 '신자유주의적으로 재편'하겠다는 것이었다. 이는 이미 전국의 모든 대학에서 진행되고 있는 대학의 '취업학원'으로의 전락에 좀 더 속도를 붙이겠다는 말에 다름 아닌 것으로 보인다. 일자리 자체가 부족한 현실에서, 그 책임을 청년 개인의 학력과 대학에게 전가하고 있는 것이다.

1년에 천만 원에 달하는 등록금을 내며 대학을 졸업하고, 거기다 취업 필수 코스인 유학, 자격증, 토익까지 하고 나면 청년들은 거대한 빚에 시달리게 된다. 그리고 기다리는 것은 '인턴'이라는 명목으로 던져지는 불안정 저임금노동 시장. 그마저도 경쟁률이 세니 '바늘구멍'에 들어가기 위한 120만 낙타들의 싸움이 되지 않겠는가.

시민운동 단체들이 모여 만든 청년실업네트워크에서는 이에 대한 대책으로 양질의 공공사회서비스 일자리를 확충하고, 공공기관과 대기업이 '청년고용의무제'를 도입할 것, 그리고 청년구직촉진수당을 도입하고 정부가 내놓은 청년고용종합대책은 폐기할 것을 요구했다. 그러나 이 외침이 비정규직 노동자와 청년실업자 스스로 행동하고 저항하는 싸움으로 나아가지 못한다면 돌아오지 않는 메아리로 그치고 말 것이다.

한동안 '88만원 세대론'이 유행처럼 신문 사회면과 인터넷을 장식한 적이 있었다. 지금은 그 세대론 논쟁마저 어느 정도 수그러들었는데, 사실 '88만원 세대'라는 표현이 무색하리만치 20대의 현실은 더 참혹하다. 오늘날 청년들은 일자리를 얻기조차 힘든 위치에서 살고 있을 뿐만 아니라, 취직을 하더라도 인턴이나 수습이라는 이름으로 '최저임금'에도 미치지 못하는 낮은 임금을 받고 일하기도 한다. 극심한 저임금, 불안정노동에 시달리고 있는 것이다. 요컨대 우리는 주류질서에 편입하는 것을 원하든 원하지 않든 상관 없이, 이 극심한 경쟁질서에서 낙오되지 않기 위해 주류질서의 규칙들을 철저하게 따르거나 아니면 죽은 척 살아가기를 강요받고 있다. 저 경쟁질서에서 '배제'당하지 않을까 공포를 느끼면서도, 또 한편으로는 주류질서에 자신이 '포섭'될 수 있을지도 모른다는 환상을 갖고 살아가는 것이다.

한때 '20대 개새끼론'이라 불리는 주장도 제기된 바 있었다. 어느 국립대 교수가 쓴 칼럼(「너희에겐 희망이 없다」, 김용민, 충대신문)이 발단이다. 2009년 노무현 전 대통령이 스스로 목숨을 끊었을 무렵, 386세대의 일부가 갑자기 '투표를 하지 않은 20대' 전반의 냉소적 분위기에 대해 비난의 화살을 돌린 것이다. 스펙에만 미쳐 세상을 바꾸려 하지 않는 20대는 '이미 글렀으니' 촛불을 든 10대에 희망을 걸겠다는 것이 주된 내용이었는데, '우리 386세대와 달리' 지금 너희 20대는 대체 무얼 하고 있느냐, 잘못된 세상에 대한 저항의식을 갖지 않고 '개새끼'처럼 순종하며 살고 있는 게 아니냐며, "너희들은 희망이 없다"고 쏘아붙였다. 그러나 윗세대가 품고 있는 젊은 세대에 대한 이런 불만은 최근에 노골적으로 드러난 것일 뿐 꽤나 오래된 것이다. 386세대는 '88만원 세대'라고 호명되곤 하는 20대에게 "너희는 왜 불의에 맞서 행동하지 않느냐"고 책망하고, 20대는 386세대에게 "좋은 시절에 운동하고 졸업해서는 떡고물 다 챙겨 먹고…… 우습지도 않다"고 조소한다. 젊은 세대 또한 극심한 불황기에 대학을 다니는 20대의 처지를 이해하지는 못하고 계몽적 태도만을 고수하는 윗세대에게 불만을 갖고 있는 것이다.

앞으로도 청년들이 저임금 불안정노동 시장의 문턱 앞에서 극심한 경쟁의 질서를 강요받는 한, 그리고 이 질서의 틀을 깨부술 행동의 단초를 마련하지 못하는 한, 이 난관을 헤쳐나가기란 무척이나 어려울 것이다. 그리고 그것은 윗세대에 의한 계몽과 훈계에 의해 이루어지는 것이 아니라 20대 자신이 얼마나 단결하고, 신자유주의 경쟁 이데올로기에서 벗어나는 궤를 만들어낼 수 있느냐에 달려 있다. 실업률이 급증하고 불안정노동이 증가한다고 해서, 사람들이 갑자기 이 '불합리'에 저항하기 시작할 것이라고 믿는 것은 완벽한 환상에 지나지 않는다. 이데올로기의 무시무시한 측면이 여기 있다. 과거 근대인들은 '자신이 무엇을 하는지 모르는' 위치에서 자신이 무엇을 하는지도 모르면서 행동했지만, 현대사회의 인간 대중은 스스로 어떤 행동이 어떤 문제가 있다는 것을 너무나도 잘 알고 있다. "나도 알아. 하지만 더 이상 뭘 어쩌라고?" 정말로 사람들은 신자유주의의 폐단이 무엇이고 오늘날 우리의 삶이 얼마나 피폐화되고 있는지 너무나도 잘 알고 있다. 그러나 그 현실을 어쩔 수 없는 무엇, 불가항력적인 무엇으로 받아들이고 있으며, 그것을 거부하는 것으로까지는 상상력이 나아가지 못하고 있는 것이다. 사회운동이나 저항 이데올로기가 어떤 전망이나 가능성을 보여주지 못한다는 점에서 그 연유를 찾을 수 있다.

어쩌면 우리들이 품고 있는 '불만'은 엉뚱한 방향으로 표출될 수도 있다. 타국에서 온 이주민이 100만여 명에 달하는 지금 이 시대에 '외국인 노동자'는 우리에게 어떤 존재인가? '우리 일자리를 뺏는 이방인들'이라는 시각이 공공연하게 퍼져 있지 않은가? 우리는 이렇게 국적이나 민족을 경계 삼아 경계 밖의 사람들을 '타자화'시키고 '외부화'시키며 '우리'라는 틀의 존엄을 지키려 하고 있다. 이 경계 밖으로의 타자화가 우려스러운 것은 결국 '우리'라고 명명되는 집단 주체 스스로가 우리 자신을 퇴행적인 모방의 주체로 밀어넣고 말 것이라는 두려움 때문이다. 나치 정권 시절의 독일 사회는 극심한 공황 상태에서 아무도 희망을 찾지 못하고 있었다. 당시 활발했던 노동자운동조차 뚜렷한 전망을 보여주지 못했으며, 공화국 체제는 점점 위협받고 있었다. 삶의 위기를 둘러싼 무엇에 대해서도 뚜렷한 대안을 내놓지 못하고 민중들의 삶은 점점 피폐화되었기 때문이다. 이때 등장한 것이 나치와 히틀러다. 나치즘은 몰락한 자존감을 회복할 대안으로서 '게르만 민족'의 위대성을 확인하는 것으로 자기 프로파간다를 구축했다. 집단적 무의식 속에 내재한 공포가 타자에 대한 철저한 배제로 전이되는 양상이 여기서 드러난 것이다. 이렇게 한 체제가 극심한 위기 상황에 도래하면 이런 극단적 위협 앞에 노출되기 십상이다. 따라서 우리는 '삶'과 '관계', 현실에서의 경제적 모순들을 둘러싼 쟁점에서 어느 하나도 우회하지 않은 채로 '대안적 삶의 양식'을 창출해야만 한다. 새로운 시기의 사회운동이, 퇴행해가는 주체들에게 '다른 세계는 가능하다' 는 믿음을 주려면 '불안정노동'이라는 주요한 사안에 긴밀하게 개입하면서도 그 저항 속에서 대안적 삶의 양식을 발굴해내야만 할 것이다.

니트족(NEET)은 누구일까? 일하지 않고 일할 의지도 없는 청년 무직자를 뜻하는 신조어로, 영어 'Not in Education, Employment or Training'의 약자다. 15~34세 사이의 취업인구 가운데 학교에 다니지 않으면서 가사일도 하지 않는 사람, 즉 '무업자'다. 취업에 대한 의욕이 없다는 점에서, 일할 의지는 있지만 일자리를 구하지 못하는 실업자나 아르바이트로 생활하는 프리터족과 다른 차원에서 규정될 수 있다. 니트족은 1990년대 경제적으로 내내 불황이었던 유럽에서 처음 나타났으며 일본으로 빠르게 확산되었다. 청년실업이 심각해져 아예 일자리를 얻는 것을 포기하는 청년실업자가 늘어나게 되었고, 이는 곧 사회불안을 유발하는 사회병리현상으로 자

리매김하고 있다는 것이 대체적인 분석이다. 현대경제연구원이 발행하는 《한국경제주평》에 따르면 2015년이 되면 우리나라에도 니트족이 전체 인구의 1.71퍼센트인 85만 3,900명으로 늘어날 것으로 추산하고 있다고 한다. 또 최근 밝혀진 통계에 따르면 고학력 대졸자이며 경제적으로 아무 소득도 없는 상태에 있는 인구가 300만 명에 이른다고 하니 가히 마지막 임계점에 도달했다고밖엔 볼 수 없다. 취업 자체가 거의 불가능한 상황에서 극심한 경쟁시장으로 뛰어드는 것 자체를 포기하게 된 청년들이 늘어나고 있는 것이다. 이런 현실에서 대통령이나 정치인들은 청년실업의 늪에 빠진 청년들에게 훈수를 아끼지 않는다. "다들 대기업 정규직이 되려고만 하지 말고 눈높이를 낮추면 된다"고 말하는 것이다. 그러나 이는 현실을 왜곡하는 일종의 기만이다.

이런 경제적 현실이 지속된다면 앞으로 청년들이 안고 있는 빈곤의 문제는 점점 더 심각해질 수밖에 없다. 빈곤이라고 하면 노숙인이나 쪽방촌에 사는 극빈층만의 문제라고 생각하기 쉽지만 워킹푸어(working poor), 다시 말해 일(노동)하는 빈곤층이 급격하게 늘어난 오늘날 빈곤의 문제는 우리 사회 대다수 사람들의 문제다. 직장을 갖고 일을 하면서도 살 집이 없는 우리는 모두 빈곤층이다. 대학에 다니면서 수백만 원, 수천만 원씩 빚을 지고 졸업과 동시에 신용불량자가 되어야 하는 청년들은 모두 빈곤층이다. 또 10년, 20년씩 일하다가도 사측의 계산기 놀음 하나에 정리해고를 당하는 노동자들은 결국 모두 빈곤층이다. 이처럼 빈곤의 문제는 특정한 '빈민들'만의 문제가 아니라 워킹푸어를 양산하고 신용불량자의 늪으로 빠뜨리는 구조적 모순을 안고 있는 우리 사회를 살아가는 모두의 보편적인 모순이 된 지 오래다. 그리고 청년들에게 이 빈곤의 문제는 무엇보다 심각한 삶의 문제다. 우리는 연거푸 취업에 실패하다가 결국 좌절해 목숨을 끊었다는 청년의 이야기, 빚더미에 시달리다가 비관 자살했다는 청년의 이야기들을 거의 매일 여기저기에서 듣고 있다. 따라서 빈곤의 문제를 바로 나와 우리 모두의 문제로 받아들인다는 것은 그 무엇보다 중요한 일이 아닐 수 없다. 이제 우리는 가난을 드러내는 것이 더 이상 수치스러운 일이 아님을 깨달아야 한다. 그것은 저 이데올로그와 정부, 혹은 자본이 주입하는 것처럼 우리 자신이 게으르거나 무능력해서가 아니라, 구조적인 모순과 착취 속에서 생기는 문제이기 때문이다. 이 때문에 빈민운동 진영은 "이제는 '빈민 연대'가 아니라, '반(反)빈곤 운동'을 벌어야 할 때"라고 말한다. 빈곤이라는 구조적 문제에 맞선 대중운동이 필요하다는 것이다.

얼마 전부터 10만여 명의 차상위 빈민들은 무더기로 '기초생활 수급권'을 박탈당하고 있다. 보건복지부가 시행한 부양의무자 재조사 결과 적용에 따라 수급권을 아예 박탈당하거나 수급비를 삭감당하는 사태가 속출하고 있는 것이다. 이를 두고 보건복지부는 '행복 e음 사회복지통합전산망 적용을 통한 조사'에 따른 "어쩔 수 없는 결과”라고 주장한다. 그러나 부양의무자의 소득과 자산만을 조사할 뿐, 실제로 부양이 가능한지, 가족관계가 유지되고 있는지 등 보다 현실적이고 실질적인 조건은 파악하지 않은 채 일괄적으로 수급비를 삭감하거나 탈락 조치를 취하고 있기 때문에, 결국 탈락된 수급자들은 절망에 내몰리고 있는 것이다. 청주에서 64세 노인이 수급 탈락을 비관하며 자살한 데 이어, 남해군의 노인요양시설에서 지내던 70대 수급자 노인이 스스로 목숨을 끊었다. 이야말로 사회적 타살이 아닌가.

이런 현실 속에서 이제 청년 세대의 경제적 자립은 거의 불가능해지고 있다. 사회 진출 역시도 지체될 수밖에 없다. 저임금 비정규직 일자리를 전전하거나 실업 혹은 반(半)실업 상태에 놓이기가 두렵기에 그런 미래-시간의 도래를 최대한 지연시킬 수밖에 없는 것이다. 이렇게 밀리고 밀리다 보면 문제는 더 심각해진다. 어느 순간 졸업, 취업, 결혼, 육아 등 일생일대의 문제들이 한꺼번에 닥치게 되고 경제적 자립은 생존의 문제가 된다. 그리고 불투명한 미래는 개인들의 삶의 활력을 무너뜨린다. 무언가 잘못되었다는 건 알면서도 청년들은 자신들 사이에 놓인 무수히 많은 경계들과 경쟁 이데올로기 때문에 저항을 도모하지 못하고 있다.

우리 시대, '대학'이라는 공간

2010년, 중앙대학교에서는 학교 재단이 우리나라 굴지의 재벌기업인 두산그룹에 넘어가면서부터 대대적인 구조조정이 시작되었다. 이 학교 재단 이사장으로 앉게 된 두산중공업의 박용성 회장은 신자유주의 구조조정의 최전선에 서 있는 저력과 추진력(?)의 자본가로도 유명하다. 2003년 초에도 그는 두산중공업 회장이었는데, 당시 두산중공업 민주광장에서 분신해 스스로 목숨을 끊은 배달호 열사를 기억하라. 노동조합에 대한 강도 높은 탄압으로 인해 당시 고 배달호 열사는 어마어마한 손배가압류 소송에 걸려 있었을 뿐만 아니라 감옥에도 투옥되었던 노동자 탄압의 희생양이었다. 그후로도 두산중공업은 조금이라도 나아지기는커녕 더욱 극심하게 노동자들을 탄압하고 있다. 그런데 바로 그 기업의 회장인 그가, 한 대학의 이사장이 된 것이다.

대학이 '진리의 상아탑'이었던 것은 오래된 일이라고 해도 엄연히 교육기관임은 분명한데 이윤 지상주의 논리를 자기 철학으로 밀어붙이는 자본가의 손에 넘어갔을 때 어떻게 변모해갈 수밖에 없는지, 중앙대학교를 보면 잘 알 수 있다. 이 대학을 인수하고 나서 얼마 후 학교 당국은 이른바 '학과 구조조정'이라는 명목으로 돈이 되지 않는 학과들을 정리하기 시작했다. 중앙대는 "우리 대학을 대표할 명품학과 6개를 육성하겠다"며 경영학과 등 소위 잘나가는 학과를 집중적으로 육성하겠다는 계획을 발표했다. 이 구조조정안에 따라 불어불문과와 독어독문과는 유럽문화학부로 편입되고, 일어

일문과도 아시아문화학부로 편입되게 되었다. 이로써 인문 분야의 학과들이 사실상 폐지되는 셈이었고, 이런 파격적인 구조조정 조치를 단행하는 과정에서 학교 당국은 내부 구성원인 학생들의 목소리를 전혀 듣지 않았다. 2009년 12월에 내놓은, 학문 단위로 학과를 재조정하는 구조조정안을 다음해인 2010년 3월 교무위원회에서 통과시켰고, 많은 학생들과 교수들의 반발에도 불구하고 18개 단과대학 77개 학과로 구성된 학문 단위를 10개 단과대학 46개 학과, 61개 모집 단위로 바꾸는 것으로 처리했다.

학생들은 거세게 반발했다. 구조조정안이 발표된 후 학생들은 결의대회, 기자회견, 천막농성, 삼보일배, 단식농성 등 모든 저항의 수단을 동원했다. 그러나 학교 당국은 내내 눈 감고 귀 닫은 채 구조조정에 반대하는 학생들의 목소리를 억누르기에 급급했다. 학생들에게 구조조정 반대 논리를 알리기 위해 총학생회가 설치한 천막은 설치한 지 19일 만에 강제 철거됐다. 플래카드마저도 죄다 사라졌다. 이뿐만이 아니다. 대학 구조조정에 대한 비판의 목소리를 담은 '교지'는 전량 회수되었고, 예산 명목으로 거두어지는 '교지대'도 전액 삭감됐다. 아마 당시 대한민국에서 가장 비민주적인 곳이 어디냐고 묻는다면, '중앙대학교'라고 말할 수밖에 없었을 것이다. 학생회가 '새내기새로배움터' 행사를 진행했다는 이유로 한 학생회장은 징계위원회에 회부되기도 했다. 심지어 새터 행사를 일방적으로 폐지시키기에 이르렀는데 이는 구조조정 반대 집회 및 기자회견을 진행해온 중앙대 총학생회장의 목소리를 차단하기 위해서였다. 여기에서 그치지 않고 학교는 세 명의 학생을 징계위원회에 회부하기까지 했다.

중앙대 정문 약학대학 및 R&D 센터 신축공사 현장. 30미터가 넘는 타워크레인 위에 한 학생이 올라가기 시작했다. 학과 구조조정에 반대하는 목소리를 내기 위해 크레인에 오른 독문과 3학년 노영수 씨였다. "우리의 의견을 말하기 위해 어쩔 수 없이 크레인에 올랐습니다. 타워크레인에 올라서게 된 사정을 헤아려주십시오." 그는 네 시간 넘게 크레인 위에서 고공농성을 벌였고, 자진해서 타워크레인에서 내려왔다. 사다리를 타고 크레인에서 내려오는 동안 아래에는 학생 50여 명이 여러 문구들이 적힌 피켓을 들고 서 있었다. 크레인에서 내려온 노영수 씨는 대기하고 있던 경찰에 의해 업무방해 혐의로 연행되었다. 신축공사 현장의 시공사인 두산건설이 경찰에 신고를 한 것이다.

한편 노영수 씨가 크레인에 올라가 있을 때 또 다른 중앙대학교 학생 두 명도 한강대교의 높이 10여 미터 아치 난간에 올라 시위를 벌였다. 이들은 "대학은 기업이 아니다!", "기업식 구조조정에 반대한다!"는 어찌 보면 매우 당연한 문구가 적힌 플래카드를 들고 농성을 벌였다. 이날 오전 열 시에는 중앙대에서 그간 준비한 구조조정안을 통과시키기 위한 이사회가 열렸다. 여기에서 구조조정안이 통과되면 사실상 '실행'으로 옮겨지는 수순을 밟게 될 터였다.

이 학교의 구조조정 반대 시위를 벌인 학생들은 재단과 같은 그룹 계열사인 두산건설로부터 난데없는 '손해배상 청구'를 당하고, 퇴학되기에 이르렀다. 비민주적이고 독단적인 결정들에 대한 학생들의 항의에 학교가 무차별 '폭격'으로 응수한 것이다. 두산 재벌에게 인수된 후 중앙대학교의 무지몽매함은 하늘을 찔렀다. 사람들은 더 이상 '대학'이 예전의 그 '대학'이 아니라는 것을 뼈저리게 실감하고 있었고, 대학 역시 '아카데미즘'의 가치 따위는 대놓고 무시했다. 스스로 '취업대비학원'임을 인정하기 시작한 것이다. 그것도 민주주의라고는 조금도 작동되지 않는 괴이한 운영방식을 지닌 취업대비학원 말이다. 어느 학과를 폐지한다고 했을 때 그 학과 학생 당사자들이 극렬하게 반대하는데, 그에 대한 어떤 민주적 의사결정 절차도 밟지 않는다는 것은 무얼 의미하는가. 대학이 더 이상 학문을 연구하는 공간이 아니라 기업을 위한 취업학원임을 공표하고, 스스로가 민주주의의 가장 기본적인 원칙조차 망각했다는 것을 고백한 것 아니겠는가. 노영수 씨에게 청구한 2,470만여 원의 손해배상을, 누가, 어떻게 갚겠는가. 학내의 문제로 시위를 벌인 학생에게 학교가 나서서 '손해배상'을 요구한 것 자체가 경악스럽지 않은가.

이른바 돈이 되지 않는 학과들을 통폐합시켜서 하나로 묶는다는 조치에 동의할 학생이나 교수는 없을 것이다. 애초 대학이 시장에서 얼마나 높은 가격을 책정받을 수 있는가의 기준으로 움직였다면 인문학이나 자연과학 기초학문은 아예 존재할 수 없었을 것이다. 허나 오늘날, 이런 상식은 모두 사라진 지 오래다. 독문학과, 불문학과, 철학과 등이 오로지 '경쟁력'을 갖추기 위해 사라져야 하는 현실인 것이다. 학교 당국과 재단이 이런 '손해배상 청구' 등의 잔혹한 조치를 가한 것은 당시 학생들이 외친 구조조정에 대한 반대의 목소리를 폭압적으로 잠재우기 위해서였을 것이다. 이는 7년 전 두산중공업의 노동자들이 '구조조정'과 '노동조합 탄압'에 맞서서 싸울 때에 두산 자본이 유사한 방식으로 노동자들의 절규를 억누르려 했던 것과 꼭 닮아 있었다.

결국 노영수 씨는 법정 싸움 끝에 퇴학과 무기정학에 대한 무효확인 청구소송에 대한 승소 판결을 얻어냈다. 그러나 퇴학이나 징계처분을 받아 학교를 떠나 법정에서, 거리에서 싸워야 했던 노영수 씨와 김주식 씨(철학과), 그리고 김창인 씨(철학과)는 다시 1년 2개월에서 1년 6개월에 이르는 유기·무기정학 처분을 받아야 했다. 법원이 퇴학 무효 판결을 내리자마자, 학교가 다시 중징계를 한 것이다. 법원의 판결 취지에도 어긋날 뿐만 아니라, 학생들이 그렇게 항의할 수밖에 없었던 근본적 원인을 제공한 대학 당국 자신의 책임도 망각한 결정이었다.

중앙대학교에서뿐만이 아니다. 전국의 모든 대학교에서 대학생들은 이런 학과 구조조정이나 대학 통폐합, 국공립대 법인화, 등록금 인상에 맞서서 싸우고 있다. 물론 이 싸움은 여전히도 미약하고, 저

거대한 골리앗의 힘에 비하면 초라하기 짝이 없다. 그러나 이 목소리가 커지지 않고서는 아무것도 바꿀 수 없다. 비정규직 양산이나 빈곤의 심화, 대학의 구조조정 등 신자유주의적인 개혁조치들은 오직 그걸 피부로 느끼고 삶에서 체감하는 평범한 사람들의 외침에 의해서만 '중단'될 수 있기 때문이다.

20대가 자신에게 처한 문제들에 대해 '저항'하는 것은 두말할 필요도 없이 중요하다. 20대의 상당수를 차지하는 대학생의 경우만 해도 등록금이나 청년실업, 대학 구조조정이나 국공립대 법인화를 둘러싼 문제가 20대 자신의 삶을 옥죄고 있기 때문이다. 청년실업으로 인한 불안과 대학의 높은 등록금으로 대학생들의 현실이 갈수록 암울해지고 있고, 이런 현실에 대한 불만은 상당히 광범위하게 퍼져 있다. 자본주의의 구조적 위기 속에서 발생하는 고통과 '비용'을 무조건 대학생이나 그 부모에게 전가시키려는 신자유주의 정책에 맞서는 것은 대학생 자신뿐만 아니라 동시에 다른 비정규직 노동자나 빈민, 소외받는 이들 전체의 '삶'을 지키기 위한 싸움이기도 하다. 그러나 문제는 이런 문제들이 표피만 건드리고 수박 겉핥기에 그치는 것이 아니라, 문제의 핵심을 건드리느냐 그렇지 못하느냐에 달려 있다. 대학생들이 그들 자신의 문제를 보편적인 쟁점과 연결시킬 수 있을 때야만 현실의 불만은 근본적인 변화의 장으로 연결될 수 있기 때문이다. 요컨대 대학생들의 '교육받을 권리'는 곧 '일할 권리'와 연결되어야만 한다.

"등록금은 학교가 얼마나 필요한가보다는 학생들이 얼마나 교육을 받고 있는가에 의해 측정되어야 한다." 모 대학이 등록금 인상을 발표하면서 덧붙인 말이다. 그런데 이에 대해 그 대학 총학생회는 등록금 인상이 부당하다고 하면서도, 인상의 근거와 같은 맥락의 이데올로기적 논리에 놓인 반박 근거를 내놓았다. "등록금 원가산정 과정에서 '우리가 생각하는 등록금 원가'에 대해 분명히 말하고, 원가산정 과정에 학생들도 참여할 수 있도록 하는 흐름을 만들어나가겠습니다"가 그들이 내놓은 대안이었던 것이다. 등록금을 인하해야 한다는 목소리가 실질적으로는 교육을 상품처럼 여기는 대학 당국과 정권의 논리에 제대로 맞서지 못하고 있는 것이다. 어떤 권력에 맞선다는 것은 단순히 거리에 나서는 것을 넘어서서 내재되어 있는 갈등들을 겉으로 드러내고 표면화시키는 것일진대, 여전히 우리는 등록금 문제에 대해 이야기할 때 '거품가격'을 제거하고 '합리적인' 가격으로 구매할 수 있어야 한다는 식의 '소비자' 마인드에서 벗어나지 못하고 있다. '교육 소비자'라는 관점에 있어서는 '등록금 인상'에 분노하는 이유들과 등록금이 인상될 수밖에 없다고 말하는 핑계들이 이데올로기적으로 동일한 뿌리 위에 싹을 틔우고 있는데도 말이다.

청년실업 문제 역시 마찬가지다. 청년실업은 그 어느 때보다 심각한 지경에 다다르고 있는 것으로 보인다. 그런데 한편에서는 이 문제에 대한 해결을 개인의 능력의 탓으로 몰아가고, '일자리'라는 걸 둘러싼 세대갈등을 부추기기도 한다. 경영부진과 경제불황에 대한 책임을 노동자들의 임금 삭감과 해고와 같은 손쉬운 방식으로 해결하려는 기업과 정부 정책의 이데올로기와 논리를 뒷받침하는 것은 노동자에 대한 청년 구직자, 즉 아랫세대의 압박을 거짓 표상화시키는 것으로 활용되고 있다. 정규직 노동자와 비정규직 노동자가 그러하듯, 공연한 경쟁과 갈등만 유발하는 것이다. 따라서 20대의 저항은 온전히 20대라는 '집단'의 이해를 넘어서 '모두'가 공유하고 연대하기 위한 보편적 권리를 제기하는 것으로 나아가야 한다. 그래야만 20대 자신도 저 유럽 여러 나라들의 청년들처럼 저항할 수 있고, 또 이 모든 사태의 구조적이고 근본적인 원인을 인식할 수 있다.

'반도체 소녀'와 무노조 경영

2004년 12월부터 2007년 9월까지 삼성전자 반도체 공장에서 일했던 박지연 씨는 온양공장에서 일한 지 2년 8개월여 만에 '백혈병' 진단을 받았다. 그녀 나이 스물한 살의 일이다. 그리고 2년이 넘게 항암제를 맞으며 암투병을 하다가 2010년 3월 31일 오전, 스물네 살의 나이로 운명을 달리했다.

고등학교 3학년 때, 대학에 가지 않고 바로 삼성전자에 입사한 그녀는 백혈병을 일으키는 주요한 요인인 방사능과 유해물질에 노출되는 몰드공정과 피니시공정에서 일했다. 그리고 사측의 철저한 무관심 속에서 투병하다가 사망한 것이다. 삼성반도체 측은 그녀의 목숨을 앗아간 질병이 직업병임을 인정하지 않고 있지만 2009년 12월까지만 기흥, 온양, 수원사업장 등 삼성반도체 공장 세 군데에서 백혈병, 림프종 등 조혈계 암에 걸린 사람은 확인된 숫자만 스물두 명이었다. 또 2011년 2월 말에 이르러서는 반도체 공장에서 일하다가 직업병을 얻은 피해자 수가 120여 명에 달했고, 이 가운데 삼성반도체 25명, 삼성LCD 6명, 기타 삼성전자 6명, 삼성전기 7명, 삼성SDI 2명 등 삼성전자·전기 산재 사망 노동자들은 46명에 이르렀다.

지난 2011년 3월 31일. 고 박지연 씨의 1주기 기자회견이 서초동 삼성본관 앞에서 열렸다. 이날 기자회견에는 삼성LCD 천안공장에서 일하다 사망한 고 김주현 씨의 아버지 김명복 씨와 삼성반도체 기흥공장에서 엔지니어로 일하다 2005년 백혈병으로 사망한 고 황

민웅 씨의 부인 정애정 씨, 삼성에서 해고돼 복직투쟁 중인 박종태 씨도 참석했다. 이들은 삼성그룹의 철저한 무노조 경영, 반노동자 경영이 낳은 희생자들이다. 고 김주현 씨의 아버지 김명복 씨는 "최소한의 안전조치도 없이 아들의 죽음을 방조한 책임이 있는 삼성이 그 아버지를 몇 푼의 돈으로 회유하려 했다"며 삼성 자본을 규탄했다. 그의 아들이 세상을 떠난 지 80여 일이 지났건만 그때까지 장례도 치르지 못하고 있었다.

우리는 지금도 끊임없이 묻고 있다. 이 스물여섯의 청년, 내 또래의 건강했던 청년은 왜 죽었을까? 그는 2010년 1월부터 삼성전자 천안LCD 공장에서 설비엔지니어로 일했다. 그런데 일을 시작한 후로 피부에 붉은 반점이 생기고 허물이 벗겨지는 등 각종 피부질환을 앓았다. 극도의 스트레스에 시달릴 수밖에 없었다. 그는 1월 11일 삼성전자 기숙사 건물 13층에서 몸을 던져 스스로 목숨을 끊었다. 입사한 지 불과 1년 만의 일이었다. 유가족은 회사 측에 책임 있는 답변을 요구했지만 사측은 내내 묵묵부답이었다.

지난 3월 초. 김주현 씨가 세상을 떠난 지 두 달여가 지난 어느 날. 삼성본관 빌딩에서 그의 아버지가 우락부락한 남자들에 의해 질질 끌려나오며 다시, 울부짖었다. 삼성에서 일하다가 희생당한 다른 이들의 가족들과 함께 '항의 방문'을 한 그는, 로비도 채 지나치지 못하고 처참하게 끌려나왔다. 아들의 영정사진을 뺏기지 않으려고 실랑이를 벌이다가 부서진 액자에 찍혀 피를 흘리기도 했다. 삼성

측은 이렇게 발생하는 무수한 희생자들에 대해 줄곧 모르쇠로 일관하고 있다. 이것은 말 그대로 기나긴 죽음의 행렬이며, 일종의 '연쇄살인' 아닐까?

왜 젊은 노동자들이 일하다가 죽어야 한단 말인가. 익히 알려진 대로 삼성그룹에는 민주적인 노동조합이 존재하지 않는다. 따라서 노동자들이 일하다가 죽거나 다쳐도, 정리해고를 당해도 어디다가 속 시원히 호소할 곳도 존재하지 않는다. 막강한 힘을 지니고 대한민국이라는 나라의 정치권력까지 좌지우지하는 자본은 노동자들의 절규를 철저히 외면하는 것으로 유명하다.

"어려운 형편에 부모님께 효도해보고자 대학도 포기하고 삼성이라는 대기업에 취업"한 고 박지연 씨는 취직한 지 3년도 안 되어 백혈병을 얻었다. 입사 전까지 감기 한 번 걸리지 않고 건강했던 그녀였다. 검사공정에서 제품의 외관검사 및 엑스레이 검사, 피니시공정의 품질 실험 특성검사인 도금 접착성 실험 등 제품의 불량 유무를 검사하는 일을 맡은 그녀는 공장 '몰드공정'에서 엑스레이 검사의 비중이 컸다고 증언했다. 게다가 엑스레이 설비가 10년이 넘은 노후설비인데 바쁘게 일하다 보면 설비가 켜져 있는지도 모른 채 문을 열고 작업할 때도 많았다. 피니시공정에선 납에 제품을 담글 때 피어오르는 하얀 연기가 코로 바로 흡입이 될 수밖에 없었다. 냄새는 역겹고, 머리가 아플 지경이었으며, 심지어 화학약품을 손에 묻히는 일도 다반사였다. 장갑이랍시고 주어진 면장갑을 착용해도 약

품이 손에 스며들었고 물로 씻어도 약품이 남아 지워지지 않았다. 4조 3교대가 원칙이지만 사실상 2교대 근무에 2주 연장 야간 일을 할 때도 있었다. 장시간 노동으로 피로가 누적되고 스트레스가 쌓여 면역력이 저하되었고, 그런 위험하고 열악한 작업환경에서 일하며 건강을 잃은 그녀는 결국 자신의 인생을 송두리째 빼앗기고 말았다. 그녀는 "더 이상 저와 같은 병에 걸리는 사람이 나오지 않길 바라며, 앞으로 제가 병원비, 생활비 걱정만은 없이 살아갈 수 있도록 근로복지공단은 치료비 보상과 생존권 보장을 마땅히 책임져야 할 것입니다"라고 말하며 법원에서의 최후진술을 마쳤다. 그러나 지금 그녀는 이 땅에 살아있지 않다.

이 죽음들은 노동자들에게 끊임없이 복종을 강요하는 우리 사회에서 일종의 '거울 보기'다. 취업을 위해 대학원에 진학한 대학원생이나 비정규직 노동자, 기간제 교사, 학습지 교사 노동자나 운수노동자, 그리고 청소노동자나 모든 이름 없는 문화노동자 등 신자유주의 금융화의 끔찍한 현실에서 살아가며 일하는 한, 우리는 모두 비정규직인 것이다. 이 죽음들을 결코 그냥 흘려보내서는 안 된다. 이것을 통해 '당당하게 거울 보기를 하면' 우리 자신과 가족, 이웃의 모습이 그렇게 추하지 않다는 것을 깨닫게 될 수 있기 때문이다. 우리 삶을 둘러싼 모순들과 진실을 '응시'하기를 멈춰선 안 된다.

김예슬 선언을 뒤로하고

군대를 늦게 갔던 탓에 제대하고 복학하니 어느덧 스물여덟이었다. 무언가 남들보다 뒤처져 있는 것일지도 모른다는 불안감이 아주 종종 일상을 흔들곤 했다. 그러나 어쩌면 나이가 조금 많거나 적은 것은 별로 중요한 게 아닐지도 모른다. 많은 사람들이 빈곤과 불안정한 삶의 나락으로 빠지고 있는 오늘, '20대'란 위치는 너나할것없이 끊임없이 '불안'을 체화하고 강요받는 곳에 자리 잡고 있기 때문이다. 등록금을 내기 위해 밤새 아르바이트를 해야 하고, 지옥 같은 입시경쟁을 거쳐 대학에 와서도 경쟁 질서에서 자유로울 수 없으며, 자신이 진정으로 하고 싶은 것보다는 시장에서 어떻게 평가받고 인정받을 수 있는가에 가치를 두고 버텨야만 한다. 이것은 결코 오늘날 20대 개개인의 의식 수준이 낮거나 보수적이어서가 아니다. 우리의 존재를 조건 짓고 있는 21세기 한국 사회의 정치적·경제적·사회적 구조가 고립 분산된 청년 개인들로 하여금 이렇게 살도록 강요하고 있는 것이다.

제대 직후 나는 누구나와 마찬가지로 앞으로 어떻게 살아야 할지에 대해 무수히 고민하고 있었고, 남들처럼 아르바이트를 두 개쯤 하고 있었다. 2010년 3월 11일 아침이었을 것이다. 부리나케 지하철 플랫폼으로 뛰어 들어간 나는 버릇처럼 신문 가판대 앞을 지나갔다. 어느덧 시니컬한 눈빛으로 보수언론의 헤드라인들을 훑어보는 버릇이 생긴 탓이었다. 나의 그런 행동이 다름 아닌 '복종'의 또 다른 자세일지도 모른다는 우려도 들었지만 시니컬한 시선일지언정

그것을 넘어서는 것에 대한 용기는 도무지 생기지 않았다. 이건 습관적인 무기력증에 가까울 것이다. 그러나 그런 진지한 성찰조차도 빽빽한 지하철 인파에 떠밀려 이리저리 뛰어다녀야 하는 가쁜 삶 앞에서는 기억상실증이라도 걸린 것처럼 흩어져버린다.

그런데 《경향신문》의 머리기사를 본 그 순간, 이런 생각이 들었다. '모두, 지금 즉시, 거리로 나가 가판대에서, 편의점에서, 아직 오늘이 가지 않은 지금, 늦지 않았을 때, '물질'로 된 오늘자 경향신문을 구입해야 한다.' 그날 경향신문의 헤드라인은 다음과 같았다. "길 잃은 88만원 세대 온몸으로 '저항 선언'" 그 아래에는 "고대생 '자퇴' 대자보…… '대기업 하청업체 된 대학을 거부한다'"라는 부제가 붙어 있었다. 그 즉시 지갑에서 600원을 꺼내 신문을 사지 않을 수 없었다. 단숨에 그 머리기사를 읽었고, 사회면으로 이어지는 관련 기사들을 읽었다. 자퇴를 앞둔 한 여대생이 대자보를 붙였고, 그 대자보에는 "끊임없는 불안감과 경쟁만 조장하는 대학을 그만두겠다"는 선언이 담겨 있었다는 내용이었다. 그 기사는 지금껏 내가 신문을 통해 읽은 그 어떤 기사보다 충격적으로 다가왔다. 스스로 자신의 자퇴를 '자발적 퇴교'라고 이름 붙인 후에 그것 자체를 '사건'으로서 '선언'해낸 당사자는 내가 다녔던 고려대 경영대 학생이었다. 04학번 김예슬. 그 대학 시절 이따금씩 마주치던 후배였다.

지금까지 그 누가 자신의 '자퇴'를 '사건화' 시키기라도 했었던가.

내가 아는 바 근 10년간 아무도 그렇게 한 바 없었다. "오늘 나는 대학을 그만둔다. 아니 거부한다"로 시작되는 이 대자보는 "이름만 남은 '자격증 장사 브로커'가 된 대학. 그것이 이 시대 대학의 진실"이고 "국가와 대학은 자본과 대기업의 '인간 제품'을 조달하는 하청업체가 됐다"고 지적하고, "내 삶이 시들어버리기 전에 쓸모 있는 상품으로 '간택'되지 않고 인간의 길을 '선택'하겠"노라고 선언하고 있었다. 이 대자보 앞에는 오후 내내 수십 명이 서 있었고, 그 옆에는 연대의 말이 적힌 A4 종이들과 장미꽃 세 송이가 붙어 있었다고 한다.

갑자기 바보처럼 눈물이 났다. 사람들이 옴닥옴닥 들러붙어 움직일 수도 없는 출근길의 지하철 안에서 멍청하게 눈물을 흘렸다. 그녀의 용기에 너무도 뜨거운 울림을 받았고, 바로 어제까지 삶이 고단하고 외롭다며 징징대던 내 삶이 저 멀리에서 지지받고 있다는 착각(?)도 들었다. 나는 다시, 삶의 용기를 얻었다.

그리고 얼마 전 우리는 카이스트(KAIST)에 대한 흉흉하고도 섬뜩한 소식을 들어야 했다. 이 학교에서만 올해 들어 네 명의 학생들이 스스로 죽음을 택한 것이다. 이 뉴스는 순식간에 인터넷 포털사이트와 텔레비전 뉴스, 각종 일간지를 장식했고, 우리들의 '담화' 주제를 정복했다. 왜 세상이 이래야 하는지, 오늘날 '대학'이라는 공간이 왜 이렇게 처참한 모습이 되어야 했는지 한탄하는 소리들이 들렸다.

중·고등학교를 다니는 내내 '1등'이나 '최고', '엘리트'가 되기를, 그래서 다른 친구들보다 더 잘난 '무엇'이 되기를 독려, 혹은 강요받아온 우리들은, 그 끔찍했던 '추억'이 대학에 와서도 재현되고 있다는 사실이 두렵다. 그렇다면 세상이 어딘가 심각하게 잘못되어 가고 있는 것은 아닌지 되물어야 하지 않을까? 바로 이 지점에서 우리는 '오늘'을 다시 돌아보지 않으면 안 되는 것이다.

한때 보수언론은 이 사태를 야기시킨 카이스트 서남식 총장의 조치에 대해 '교육혁신'이라며 극찬을 쏟아 마지않았다. 그러나 지금 불운하게 세상을 떠난 네 명의 학생과 한 교수의 죽음을 보고도 그렇게 말할 수 있을지 궁금하다. 카이스트의 비극적 사태는 오늘날 대학가를 지배하는 경쟁주의적 시스템이 다름 아닌 '살인 제도'임을 증명하는 결과다.

오늘날 자본주의가 환기시키는 현실의 공기는 이토록 잔인하다. 비정규직 노동자뿐만 아니라 도시빈민과 농민, 그리고 20대 대학생들까지 끊임없이 쳇바퀴 속에 빨려 들어간다. 대학에 들어가는 즉시 취업전선에 뛰어들어야 하며, 졸업을 하고 설사 '취업'에 성공한다고 하더라도 계약직이나 인턴, 기간제, 하청, 용역 등 불안정노동의 그물에서 빠져나가기 어렵다. 구조적으로 모두가 '비정규직 노동자'가 되기를 강요받고 있는 것이다.

그렇다면 이 비정규직 노동자 문제야말로 대학생 자신, 20대 자신의 문제가 아닐 수 없다. 현실에 발 딛고 서 있는 지금 이 순간, 불

안정노동이라는 현실과 맞닥뜨리고 있기 때문이다. 만약 '김예슬 선언'을 통해 우리가 던질 수 있는 질문이 하나 있다면, 그것은 바로 '그렇다면 우리는 무엇을 할 것인가?'이다. 그래, 그녀는 '선언'을 통해 자퇴를 했고 이 지긋지긋한 현실의 진실을 드러냈다. 그럼 우리도 따라서 자퇴를? 오히려 그와는 반대일 것이다. 김예슬 선언이 드러낸 현실의 공백을 드러내는 궤적을 따라, 우리들 각자가 위치한 조건과 상황 속에서 '무엇을 할 수 있을지' 되물어야 하지 않을까? 그 치열한 질문들은 우리의 미래를 배반하지 않을 것이다. 우리는 지금 이 잔인한 체제를 어떻게 변화시키고 어떤 세계를 만들지 상상해야만 하는 시기에 놓여 있다.

비정규직 노동자들이 불안정노동과 실업의 위험을 제거하거나 방어하기 위해 싸울 수밖에 없듯이, 대학생을 포함한 모든 20대 청년들도 인턴이나 아르바이트와 같은 불안정노동과 청년실업의 현실을 들여다보아야 한다. 비정규직 노동자들의 싸움과 청년들의 싸움의 '현상'은 조금씩 다르지만 그것들을 유발한 '원인'은 크게 다르지 않으며, 하나의 거대한 그물망으로 얽혀 있다. 오늘날 신자유주의 국가와 자본이 자신들이 벌여놓았던 '금융투기 세계'의 위기와 그 피해를 가장 먼저 노동자나 빈민, 농민, 청년들에게 전가시키는 것, 그럼으로써 자신들의 위기를 우회적으로나마 만회하려는 것을 생각하자. 그 해결책으로 '운동'을 이야기하는 것이, 비정규직 노동자와 노동조합의 특수한 권리를 위한 것이라고 폄훼할 순 없을 것이다. 요컨대 이것은 '모든 시민의 보편적 권리'에 대한 요청이라는 것이다.

신자유주의가 야기한 '노동유연화'와 그 직접적 효과로서 '실업' 모두를 포괄하는 의미에서의 불안정노동에 맞선 운동은 그 어떤 사회보장적 제도 도입에 앞서 노동자운동의 강화와 이를 통한 노동권의 전면적인 확산을 통해 가능하다. 이것만이 실업자와 취업자의 경쟁을 완화할 수 있고, 실질임금의 상승과 고용안정을 가능하게 만들 수 있다. 청년실업은 이 사회 구조가 근본적으로 바뀌지 않는 한 아무도 해결할 수 없는 문제임은 분명하다.

최근 세계 자본주의가 구조적인 위기국면에 도달하면서 신자유주의 금융세계화의 모순은 이곳저곳에서 폭발하고 있다. 이번 위기는 금융세계화 안에서 일시적으로 당면하는 부분적 위기가 아니라 '금융세계화 그 자체의 위기'다. 따라서 이런저런 불안정 요소들을 제거하는 것으로는 우리들의 삶을 아무것도 바꿔낼 수 없다. 오직 권력과 자본을 쥔 사람들의 힘을 유지·강화시키는 데 일조할 수 있을 뿐이다. 세계 자본주의가 국가의 범주를 넘어서게 되면서 개별 국가들은 경제정책의 자율성을 상실하고 있다. 또 정치인이나 자본가들 내부에서조차 쉽사리 회복되지 않는 이번 경제위기의 책임을 서로에게 떠넘기는 데 급급하고 있다. 금융위기 속에서 이른바 노동자운동, 학생운동은 '대중'들의 이데올로기적인 반역과 마주치지 못하고 있다. 그 과정 속에서 운동의 주체로 나섰던 이들은 하나 둘씩 힘이 빠져 냉소나 회의, 혹은 자괴감을 남기고 떠나기도 한다. 이것은 이른바 '운동'이 보편적 전망을 제시하지 못하고 있다는 사실, 요컨대 '운동의 위기'가 우리 각자의 삶 속에 얼마나 깊숙하게 파고들고 있는지를 보여준다. 한국의 노동자운동은 '상층 중심'으로 이루어지면서 의회에 매몰된 태도와 권력자들과 타협적인 태도를 잇는 것으로 변모해왔다. 이는 지배계급의 전략에 효과적으로 대응하지도, 노동자·민중의 계급성을 복원하는 데도 별반 도움이 되지 못했다. 노동자운동의 다른 편에서 '정치'의 영역을 전담하겠다던 진보정당은 오히려 대중들을 수동적으로 만들었을 뿐, 집단적 자기통치를 강화하는 데 전혀 도움이 되지 않았다. 밑천이 바닥난

것이며, 대안적 이념과 조직마저 부재하게 된 것이다. 그러니까 사람들이 행동의 기저로 삼는 어떤 '표상' 자체가 사라진 것이다.

대졸이라는 고학력을 지니고도 취업하지 못한다는 것은 개인적으로나 대학, 정부 차원에서나 한심한 상황일 수밖에 없다. 정부는 이 불만을 관리하면서 동시에 신자유주의 시대에 적합한 노동력 양성과 지식의 생산을 담보하기 위하여 '세계화 시대', '지식기반사회' 등의 담론을 유포하면서 대학을 보다 친기업적인 교육기관으로 만들어나갔다. 이 과정에서 대중의 계층상승 욕구에 조응하고 사회적으로 요구받는 노동력 재생산에 기여하기 위한 '교육개혁'은 지배 이데올로기로의 형식적이고 실질적인 포섭을 완료하게 되었다. 그 결정적 계기는 바로 '학부제', '상대평가' 등 대학 교육과정에 대한 '경영기법'을 도입하는 것이었다. 이는 노동력 재생산의 유연화된 흐름에 조응하는 교육과정의 유연화일 뿐만 아니라, 학점 취득을 둘러싼 대중들간의 경쟁을 체계적으로 조직함으로써 질 낮은 교육과 수업에 대한 대중적 불만과 갈등을 봉합하고 관리하는 데에도 유용한 수단이었다. 특히 '신지식인', '자기계발' 같은 이데올로기를 유포하며 대학생들의 동의를 얻어나갔다. 이러한 경영기법의 도입과 이데올로기는 민주화운동을 통해 형성되었던 대학사회 내 학생들 사이의 유대와 공동체들을 점차 해체시키게 되었다. 그리고 급기야는 오늘날 청년실업 문제처럼 결코 개인의 책임과 문제로 환원될 수 없는 체제의 구조적 위기에 대한 집단적인 발언과 실천을 원천적으로 봉쇄하는 데 결정적 역할을 담당했던 것이다.

헌데 많은 사람들이 공동의 입장을 갖고서 함께 실천하는 것이 아닌 무엇이 유효한 효과를 만들어낼 수 있을까? 따로따로 떨어져 있는 사람들의 개별적 대응을 이끌어내는 대학 내의 이데올로기는 다름 아닌 '자기계발 이데올로기'가 아닐까? 취업의 가능성을 높이기 위하여 대학생들에게 자기 자신을 돌보는 데 더 많은 시간을 투자하라고 요구하는 그것 말이다. 그런 삶의 양식은 점점 더 뭔가 아름다운 미덕이 되고, 끝을 모르는 경쟁마저 당연한 것으로 받아들여지고 있다. 이른바 '멀티족'이라 불리는, 영어학원, 헬스, 영화감상, 학점관리 등의 스케줄이 빼곡하게 적힌 다이어리를 들고 있는 '열심히 사는 대학생'이 그 전형적인 모습이다. 이러한 신자유주의적인 주체화 양식은 신자유주의 시대 불안정한 노동이라는 자본의 요구에 걸맞은 '다용도성'을 기르는 것을 자신의 가치를 높이는 일이라 생각하여 끊임없이 다방면의 지식과 경험을 쌓는 것을 중요한 삶의 자세라 여긴다. 각자가 처한 '현실의 모순을 투명하게 드러내는 것'으로 대중이 즉각 저항의 주체로 자리 잡지 않는 이유가 바로 여기에 있다. 고액의 등록금, 청년실업과 불안정노동이 심화되고 있다는 현실을 폭로하는 것만으로는 그/녀들이 도서관으로 가는 발걸음을 더욱 재촉할 뿐인 것이다.

이제 우리는 구체적으로 무엇을, 어떻게 해야 할 것인지에 대해서

이야기하지 않으면 안 된다. 기회는 많지 않고, 우리가 사는 세계는 점점 피폐해지고 있기 때문이다. 어떤 사람들은 '합리성'을 제1원칙에 두고 모든 잣대를 합리적이고 이성적인 기준으로만 판단하려 하기도 한다. 그러나 그것만으로는 부족하다. 문제는 보다 심원한 곳에서 출발하기 때문이다. 앞서 언급한 어떤 삶의 미덕의 문제, 그리고 '자기계발 이데올로기'라는 주체화 양식의 문제로 접근하려면 우리는 좀 더 심미적인 차원에서 '어떻게 살 것인가' 의 문제를 들여다보지 않으면 안 된다. 쉽게 말해 끊임없이 비정규직과 청년실업이 양산되는 작금의 현실 앞에서 어떤 구체성을 갖고, 어떻게 살 것인가를 생각하지 않을 수 없다는 것이다.

얼마 전 독립영화 〈마이 제너레이션〉을 다시 볼 기회가 있었다. 한국영상자료원에서 기획한 '청춘영화 기획전'에서 이 영화를 상영한 것. 대부분의 장면이 흑백으로 이루어진 이 영화는 신자유주의 사회의 도래와 함께 무기력하게 세상의 외부로 밀려나고 있는 청년들의 모습을 그리고 있다. 취업문 앞에서 헤매거나, 날품팔이 격의 아르바이트 시장을 떠도는 우리 세대의 삶을 있는 그대로 '전시'한 것이다.

주인공들은 영화가 끝날 때까지 웃지도 않고, 뚜렷한 정치적 입장을 드러내지도 않으며, 무언가에 저항하지도 않는다. 그저 도처에 널려 있는 불안 속에서 삶을 응시할 뿐이다. 6년 전에 이어 다시 이 영화를 보니, 현실은 영화보다 더 참혹해진 게 아닐까 하는 생각이

들었다.
모두들 청년실업이나 비정규직 문제를 해결하겠노라 공언하는 정치인들이 거짓말을 하고 있다는 것을 알고 있다. 또 이 문제가 대단히 구조적이고 복잡다기한 삶의 문제와 얽혀 있다는 것도 알고 있다. 그러니까 우리들의 삶이 단지 잘난 대통령을 뽑는다고 해서 해결되지 않는 것임을 '이미' 안다는 것이다.
더 이상 '청년다운 패기'는 발휘되기 어려운 말이다. 욕망을 누리기도 전에 우리는 해묵고 실망스러운 현실을 마주하다가, 이내 혐오감을 느낀다. 이렇게 지리멸렬하게 고단한 현실의 공기를 환기시키는 이유는 우리가 발 딛고 선 땅의 위치를 다시금 응시하기 위해서다. 밭을 새로 일구는 심정으로 시작하지 않을 수 없기 때문이다.
대부분의 청년들은(극소수 부유층 자녀들을 제외하고) 크게 다르지 않은 경제적 현실 속에서 살아가는 '동시대인'이다. 극심한 불안정노동의 시대에 청년들은 먹고사는 문제를 둘러싼 '동일한' 곤궁을 해결하기 위해 무엇을 할 수 있을까? 우리에게 불안정한 삶을 강요하는 체제와 지배 이데올로기에 맞서서 연대하고, 함께 싸우는 것 말고는 답이 없다.
그러나 참 쉽지 않다. 제각각 처해 있는 삶의 조건과 상황이 A부터 Z까지 판이하게 다르기 때문이다. 그러니까 오늘날 청년 세대 대중운동이 처해 있는 위기의 정점은 단순히 그것이 덜 계몽되고 덜 알려져 있기 때문이 아니라는 것인데, 이에 대해서는 좀 더 근본적이

고 역사적인 차원에서의 응시와 분석이 필요하다.

이제 비정규직 노동자들은 일을 더욱더 많이 할 수밖에 없고, 저임금과 무한경쟁은 지극히 '당연한' 현실이 되었다. 이는 청년 세대에겐 보다 더 극심한 측면이 있다. 한정된 일자리에 비해 불안정노동의 폭이 무한정 넓은데다 실업률이 여느 세대보다 높기 때문이다. 저임금과 고용불안이 결국 '노동하는 빈곤층'을 양산한다는 점에서 볼 때 오늘날 청년 세대는 아르바이트나 인턴 등 일을 할 때조차도 '빈곤'의 나락을 빠져나올 수 없는 처지에 놓여 있다. 작은 바늘구멍만을 쳐다보며 '포섭'에 대한 환상을 품고, 반대로 내가 '배제'되지는 않을까 공포를 느낄 수밖에 없는 것이다.

이런 상황에서 문제는 국가권력과 자본이 끊임없이 '내부'의 분할/지배를 통치전략으로 잇고 있다는 점이다. 예컨대 대공장 정규직-남성 노동자들이 '여전히' 누리는 호혜들이 마치 그들의 '이기주의'에서 비롯된 것처럼 호도하는 것을 보라. 실제로는 끊임없이 일부분의 노동자인 그들을 '포섭'하는 방식으로, 그리고 비정규직 노동자들을 배제하는 방식으로 '노동자' 안에 또 다른 경계선을 긋는 것이다. 애초에 왜 한 공장에서 똑같은 일을 하는 노동자들이 두 개의 '계급'으로 나누어졌는지 생각해본다면 사태의 풍경은 뚜렷하게 보인다.

한국의 노동자운동이 비정규직-여성 노동자 중심으로 재구조화되어야 함은 명약관화한 사실이다. 노동조합은 조합원 당사자들의 문제를 해결하면 되는 조직이라는 식으로 '정치'나 '사회'적인 쟁점들과 등한시해 판단하다 보면 결국 우리에게 남는 것은 '조합주의 이데올로기'뿐이다. (조합주의 이데올로기란 노동조합의 목적을 엄격하게 자본주의의 테두리 안에서의 '임금 인상'과 '노동조건의 개선'을 도모하는 데 있다고 주장하는 경제주의 이데올로기다. 영국의 사회민주주의자 S. J. 웨브가 『노동조합운동사』와 『산업민주주의』에서 처음 사용한 것으로 알려져 있다.) 그러나 이에 대해 도덕주의적인 '비난'만 쏟아내는 것으로 충분한가? 우리는 과거 노동자운동이 남긴 이 썩은 유산을 똑바로 응시하며 넘어설 필요가 있다. 대체 왜, 조합이기주의는 팽배해졌는가, 라고 질문하면서 말이다.

이런 분할-통치는 세대 문제에서도 드러난다. 최근 몇 년간 유행하고 있는 세대담론 또한 어느 측면에서는 노동자계급 내의 다른 두 세대 사이의 사회·문화적 갈등을 증폭시킨다. 청년 세대에게는 우선 40, 50대는 어느 정도 과거 호황기의 호혜를 누린, 경제적으로 잘나가는 세대이고 대학 시절에 '정의를 위한답시고 데모도 했'다지만 나중에는 대기업에 잘도 취직했다, 는 식의 냉소가 퍼져 있다. 반면 오늘날 20, 30대는 이런 사회적 호혜와 거리가 멀뿐더러 아무것도 얻을 것이 없는 빈털터리 세대다. 이따금 인터넷을 비롯한 여러 논쟁 공간에서 두 세대 노동자간의 감정적 격분만으로 이루어진 충돌을 보게 되는데, 이는 이러한 분할-통치의 구도 속에서 이루어지는 갈등들이다. 결국 세대담론은 당사자의 주체화에도 무기력하면서 동시에 세대를 막론한 전체 민중을 벼랑 끝으로 내몬 구조와 체제에 맞선 저항으로도 이끌지 못하는 것이다. 세대와 부문을 초월한 계급적 연대를 통하지 않고서는 아무것도 바꿀 수 없다는 증거가 아닐까?

주지하다시피 청년실업은 결코 개인의 능력과 책임의 탓이 아니다. 그러나 이명박 대통령 같은 이들은 하나같이 그것이 "청년들이 치열하게 살지 못해서"라고 말하며 경쟁의식만을 부추기고 있다. 일자리를 둘러싼 세대갈등의 양상이 드러날 때 여기서 드러나는 포섭된 청년-배제된 청년, 기성세대 대기업 노동자-불안정노동에 집중된 청년 사이가 분열됨으로써 '분할-통치'의 구도가 생겼음을 인식할 필요가 있다. 우리는 이런 분할-통치 논리의 기만성을 깨닫고, 폭로하는 것으로부터 시작해야 한다. 자본이 스스로 맞이한 전면적 위기를 노동자들의 임금 삭감과 해고와 같은 '손쉬운 방식'으로 해결하는 신자유주의 통치전략의 면모들을 드러내야 한다는 것이다.

따라서 굳이 떠올리자면, 청년유니온과 같은 실리적 경향의 노동자운동 조직이 2010년 "임금피크제는 장년층의 일자리를 보장해주는 편법이다"라고 말하면서 단순하게 "괜찮은 일자리를 많이 만드는 게 정답이다"라고 말한 것은 위태로운 면이 있어 보인다. 이는 노동자 혹은 산업예비군을 정규직과 비정규직, 기성세대와 청년 세대로 끊임없이 분할하면서 '갈등'을 관망하거나 방조하는 신자유주의 정권의 통치전략에 대한 폭로와는 거리가 멀기 때문이다. 세대를 막론하고 일자리마저 빼앗고 있는 신자유주의 체제에 대한 저항이 아니라, '장년층의 일자리를 보장해주는 편법'은 청년들에겐 당장 돌아오는 게 없으니 청년들에게 '괜찮은 일자리를 많이 만드는 것'을 요구하는 것이 어떤 효과를 만들 수 있을까? 괜찮은 일자리를 만들라는 요구가 신자유주의 통치전략의 부당성을 폭로할 수 있을까? 난데없이 정부가 매년 '30만'이니 '50만'이니 수사를 가져다 붙이며 양산하는 비정규 일자리만 보고 있게 되는 건 아닐까? 우리는 여기서 2010년 가을 프랑스에서 들불처럼 일었던 청년들의 집단적 저항을 떠올릴 필요가 있다. 고등학생부터 시작해 수십만에 달하는 청년들이 거리에 나섰고, 기어이 노년에 이르는 노동자들까지 합세해 신자유주의 개혁조치에 맞서 투쟁했다(물론, 세계를 떠들썩하게 한 프랑스에서의 대중투쟁은 한국과는 다른 또 다른 한계로 인해 패배적으로 귀결되었다). 왜 이들이 함께 싸웠을까? 사르코지가 노동자들이 연금을 탈 수 있는 기한을 60세에서 65세로 늘리려고 했기 때문이라는 논리적 교설만으로는 부족하다. 언뜻 보면 고등학생들과는 전혀 상관 없을 것 같은 중년 노동자들의 문제에 10대와 20대 청년들이 가장 먼저 저항하고 나섰다는 데 의의가 있다. '저들'의 문제가 곧 '우리'의 문제임을 인식하고 '연대'한 것이다. 요컨대 분할-통치를 무효화시키는 저항은 여기서 시작된다.

청년실업은 현 사회구조가 근본적으로 바뀌지 않는 한 누가 대통령

이 되어도 해결할 수 없다. 가시적 성과를 고려한 캠페인들의 절박함은 충분히 공감하지만, 노동조합 스스로가 실리주의적으로 경도되는 것은 확실히 경계해야 한다. 우리가 목도하고 있는 대공장 정규직 노동조합의 실리주의적이고 때때로 비정규직 노동자의 저항을 스스로 통제하기까지 하는 참극은 결코 노동조합 간부들 개개인이 도덕적으로 '썩었기 때문'만은 아니다. 정규직 노동자 전반의 이데올로기가 실리주의라는 편향된 경향에 물들어 있기 때문에 그런 지도부가 당선될 수밖에 없는 것이다. 먹을 건 먹고, 적당한 때 빠지는 건 자못 영리한 전략처럼 보이지만, 대의적 차원에서의 대중운동 전략이 기각되는 그 순간, 운동은 저 끈적거리는 액체처럼 유연하고 유동적인 '체제' 속으로 흡입되는 것밖에는 아무것도 남지 않는다. 정규직 스스로 비정규직의 '정규직화 쟁취' 싸움을 적대시하게 되어 노동자가 노동자를 탄압하는 '자발적 노예성'으로 나아가게 된다는 것이다.

주지하다시피 우리는, 몫 없는 자들, 노동자들은 자본에 의한 분할-관리 체계에서 무수한 경계들 안에 고립 분산되어 있다. 개별적인 주체들이 하나하나의 사안에 대해 분노할지라도 이 분노는 쉽게 흩어지고, 이내 즉자적 분노가 지녔던 에너지를 상실하게 된다. 대안적인 이념을 구축하지 못하고 정념적인 수준에서만 분노가 모아지기 때문이다. 이런 분노는 '정치'가 사라진 지금의 조건에 대해 구조적인 사유를 전개할 수 없기 때문에 어떤 순간에 폭발적인 에

너지를 발휘할 수도 있지만 아주 쉽게 흩어지기도 한다. 가까이 2008년의 촛불시위에서 우리는 무수한 자발적 주체들을 광장에서 만났지만 그들이 그만큼 아주 쉽게 흩어지는 모습도 볼 수밖에 없었다. 이것이 사회의 근본적인 모순들을 바꾸는 힘이 되려면 개별적으로 흩어진 주체들, 차이들로 이루어진 주체들을 하나로 모아내는 대안 이념이 필요하다. 새로운 세계의 모습을 상상할 수 있는 사상이 필요하다는 것이다. 따라서 우리는 이런 외부의 분할-관리와 내부의 실리주의적 편향을 넘어서서 청년 세대의 대중운동, 혹은 학생운동을 어떻게 구축할 것인가를 다시 사고해야 한다. 전자에 대해서는 재야 철학자 김영민의 '동무론'이 이 사유를 전개하는 데 모종의 나침반이 될 수 있지 않을까 한다. 그의 저서 『동무론』에 따르면 "서로간의 차이가 만드는 서늘함의 긴장으로", "함께 걷는" 것이 '동무'라고 했다. 그렇다면 오늘날 저마다의 삶에서 고군분투하며 살아가는 청년들의 잇따른 죽음들과 당면한 억압들을 목도하면서도, 여전히 '다른 세계는 가능하다'고 말하려는 우리는 모두 '동무'가 아닐까?

세대론을 넘어

몇 년 전 『88만원 세대』가 큰 인기를 끌면서 한국 사회 논쟁의 키워드로 자리 잡았을 때, 많은 사람들이, 특히 말로 먹고사는 기성세대들 상당수가 이 키워드를 쥐고 20대에게 다가왔다. 오늘날 너희가 마주하는 현실이 이토록 잔인하지 않냐, 왜 저항하지 않냐, 왜 '우리 때처럼' 짱돌을 들고 바리게이트 앞에 서지 않느냐, 면서 말이다. 2000년대 학번이라면 누구나 들었을 법한 이 요청은 매우 정의로운 요청처럼 들린다. 내용 그 자체로만 본다면 말이다. 신자유주의적인 질서에 대해 비판적으로 응시하며 불의와 잘못된 세상에 저항하고 분기할 것을 말하는 것이기 때문이다. 실제로 많은 청년들이 반응하기도 했다. 진보적 성향의 어느 인터넷언론에서는 선풍적인 인기를 끈 이 책을 가지고 고등학생들의 릴레이 서평 기사를 연재하기도 했다. 저마다 언젠가 이 이야기가 수면 위로 오르길 바랐다면서 한 마디씩 거들었다.

학생운동이 위기에 빠지고 '20대의 보수화'가 공공연하게 회자되던 그 즈음 이런 기획은 자못 적실했던 것으로 보인다. 이 '88만원 세대론'의 한 방향이 계급적 갈등과 모순을 '세대갈등'으로 한정시켜버리는 모순에 빠진 것은 분명 불행이지만, 다른 한편에서는 오늘날 다른 어느 세대보다도 더 깊게 불안정노동의 나락에 빠진 20대를 계급적 갈등의 전선으로 호출했다는 점에서 의의를 지닌다고 하겠다.

그러나 당시 이 담론이 전개되는 전반적인 양상에서 나는 난감하고

불편한 마음을 감추기 어려웠다. 대체 무슨 영문인지 알 수 없었지만 담론이 이곳저곳 다양한 논쟁의 장소들로 유포되는 과정에서 저 386세대라는 이데올로그들에 의해, 기대하지 않은 '호명'을 받았다는 느낌을 지울 수 없었다. 일단 저 요청의 발화자가 다른 누구도 아닌 '386세대'였다는 점이 조금은 기이하게 느껴졌다. 왜 갑자기 그들이 우리에게 분기탱천할 것을 요구하는가. 우리 세대가 지닐 수밖에 없는 주된 의문의 하나였다.

물론 80년대생부터 90년대생까지의 오늘날의 '청년 세대'에게 있어서 저런 요청은 그리 낯선 것만은 아니다. 우리는 기이하게도 중·고등학교에 다니면서, 그리고 대학에 와서는 '선생님' 혹은 '아는 아저씨'들로부터 저런 이야기를 종종 들어왔다. "우리 땐 말이야. 만날 데모 하고 그러느라고 수업도 못 듣고 그랬는데……"로 시작되는 회고담. 이 레퍼토리는 1980년 5월 광주에 대한 관념 속의 '죄의식'에서 출발해서 87년 6월과 91년 5월을 아우르는 학생운동 역사의 '자랑스러운 시간' 속에 보낸 무수한 무용담으로 이어지다가, 그런데 결국 정신 차려서 "대기업에 들어갔지"나 "대학원에 갔지", 아니면 "유학을 갔지" 등으로 끝나는 해피엔딩으로 마무리되곤 했다.

그러나 나는 이 널리고 널린 '정의로운' 훈계들이 결국 지금의 20대에게 아무런 의미도 남기지 못한다고 생각한다. 이것이 설사 아무리 정의롭고 정당한 요청일지언정 이 요청의 수신자인 20대 자

신에게는 아무런 이데올로기적 전복도 시도되지 않는, 그저 알량한 '정의감'을 운운하는 것에 그치는 공허한 울림 그 이상 이하도 아니기 때문이다. 문제는 20대 스스로 얼마나 주체적으로 거듭날 수 있는가에 있다. 청년들이 스스로 이데올로기적인 균열들 속에서 자기 자신을 재조직화하며 '싸우는 20대'로 거듭나야지 누군가에 의해 '대상화'된 채로는 아무것도 그 자신의 것이 될 수 없을 것이다. 90년대 중후반 이후 '386세대'라고 지칭되는 지금의 40대 중산층은 나름의 역사적 소명의식과 자부심을 지니면서도 다른 한편에서는 전도된 방식의 부채의식을 갖고 있는 것처럼 보인다. 87년 체제의 도입을 통해 민주화를 향한 당대의 욕망을 어느 정도 성취했다는 오판 속에서 자부심을 지니지만, 동시에 1998년 외환위기 이후의 신자유주의적인 반동과 경제적인 모순의 폭발 과정 속에 숨겨진 죄의식을 갖고 있다. 청년 세대에 대한 그들의 요청은 온전히 영원히 '청년 세대'로서의 정치적 지위를 잃지 않으려는 저 386세대 자신의 욕망에 의해, 그러나 현재의 20대라는 표피로서의 청년들에게 투사된 채 이루어진 것이다. 결국 기성세대의 이런 욕망은 아랫세대인 20대의 분기탱천을 추동하는 황망한 제스처들로 이어진다. 나는 이것이 '세대론'의 함정이라고 생각한다. 요컨대 애초에 88만원 세대론이 가야 할 길이었던 '20대'에게 유독 강렬하게 일어나는 불안정노동 시대의 모순이 공공연하게 드러나게 하려는 기획이 좌초되면서 '세대 갈등'에 시선이 집중되었고, 이 사이 '386세대'의 욕망이라는 것이 고개를 내밀면서 더 공공연하게 폭로해야 할 계급적·경제적 모순과 착취의 메커니즘을 내재된 강박과 히스테리로 전치시켜버린 것이다. 담론이 이렇게 진행된 것은 애초부터 이 담론의 주체가 운동-주체가 아니라, 운동의 당위를 기각하거나 부정하는 방식으로 주류 질서에 편입된, 절차적 민주성을 어느 정도 회복하는 정도라면 만족할 준비가 된, 기성세대였다는 점에서 원인을 찾을 수 있지 않을까. 이들은 '저항'을 20대 스스로 구조적 모순을 인지하고 주체로 나서는 과정으로 사고하지 못함으로써, 20대를 하나의 집단적 구경꾼 혹은 욕망 투여의 대상으로만 봤던 것이다.

정리하자면 앞서 이야기한 바와 같이 결국 '88만원 세대'라는 호명은 오늘날 불안정노동이라는 현실이 20대에게 유독 더 넓고, 강하게 퍼져 있다는 것을 확인하고 그런 현실에 대한 자각, 그리고 이 모순투성이 세상을 바꿔야겠다는 열망이 20대 자신의 대중운동으로부터 도출되어야 함을 재-인식하는 것을 통해서 환류되어야 한다. 그렇지 않은 상태에서의 호출은 성공한다 하더라도 제2, 제3의 '386 친위대'를 모으는 것 이상, 이하도 될 수 없다. 다시 말해 '20대'가 스스로를 제대로 정립하는 길은 오직 '계급의식'을 갖는 길밖에 없다.

여느 책 제목처럼 "아프니까 청춘"인 것이 아니라, 아프게 되는 것을 두려워하지 않고 동시에 아프지 않은 것이 바로 청춘이 아닐까? 혹은 반대로 이렇게 말할 수도 있으리라. 시시콜콜 '아픔'을 느낄

수 있는 존재는 청춘이 아니다! 더불어 자본주의 착취 메커니즘과 이데올로기가 만드는 공공연한 상처들을 두려워하고 피하기만 한다면 자신의 '청춘'을 영원히 찾을 수 없을 것이다. 영원한 광대로 남겨질 뿐이다. 오늘날 우리는 대부분 억압받는 이의 자리에 앉아 있다. 그리고 이제 일어설 때가 되었음을 우리 모두 느끼고 있지 않은가.

에필로그

지난봄 고려대와 연세대, 이화여대의 청소노동자 890여 명이 벌인 '청소노동자 총파업'은 비정규직 노동자 투쟁의 역사에서 남다른 사건으로 기억될 만한 것이었다. 봄 내내 이어졌던 이 싸움은 용역업체들과의 단체협상 합의를 이끌어내면서 마무리되었다. 노동자들이 요구한 '생활임금 쟁취' 요구를 획득하진 못했지만 "법정 최저임금이 곧 '최고임금'"이라는 사회적 통념과 기준을 깨부수는 데 기여했다. 최저임금에도 미치지 못했다는 점에서 한계적이지만 시급을 4,600원까지 올림으로써 이후 정부와 자본, 노동계가 갖게 될 최저임금 협상과 다른 청소노동자들의 전반적인 노동조건 상향 투쟁의 기준점을 마련했다는 점에선 시사하는 바가 크다.

그리고 무엇보다 중요한 것은 오늘날 불안정노동과 극심한 저임금 노동 시장에 맞서서 저항하고 '보편적인 권리'를 제기하는 싸움의 주체로서 다른 누구도 아닌 '비정규직 노동자들'이 직접 행동에 나섰다는 점이다. 보편적 권리를 쟁취하는 것은 입바른 소리만 뱉는 스타정치인이나 기성 언론 등이 아니라, 바로 비정규직 노동자 자신에게서 시작된다는 걸 스스로 증명한 것이다.

이런 파고를 잇기 위해 4~5월에는 '청소노동자 실태조사' 프로그램이 진행되기도 했다. 서울에 사는 대학생, 네티즌, 시민 등이 모여 직접 청소노동자들을 만나고 그녀들이 어떤 환경에서 어떻게 일하고 있는지 조사하는 것이었다. 이 실태조사에 참여하면서 나는

도심 어디에서건 청소노동자들의 노동조건과 삶이 그다지 다르지 않음을 알 수 있었다. 이런 상황에서도 고무적인 것은 인터뷰에 어렵게 응한 청소노동자들의 하나 같은 말들이었다. "노동조합? 너무나 필요하지. 있음 얼마나 좋겠어."

도심의 한 박물관 청소노동자 A씨는 계약서상 오전 여덟 시 출근임에도 일이 많아 새벽 여섯 시 반에 출근한다. 그녀는 관리자로부터 온갖 인격모독을 받고 '법정 최저임금' 하한선에 맞춰 임금을 받고 있었는데 단 한 번도 누군가에게 자신의 어려움을 하소연할 수 없었다. 어떤 방식이든 '불만'을 토로하는 순간, "그럼 그만두든지"라는 매몰찬 대답이 돌아와 '해고'로 이어지기 때문이다.

유명 대형백화점의 청소노동자 B씨는 번쩍번쩍한 백화점 대리석 바닥을 매일같이 쓸고 닦다 보니 근골격계 질환이 생겼다. 당시 그녀는 통증이 너무 심해 병원에 한 달이나 입원할 수밖에 없어 관리자에게 '병가' 신청을 냈다. 그러자 돌아오는 대답이 가관이었다. 병가를 내줄 수 없으니 "사직서를 쓰라"는 것이었다. 결국 B씨는 사직서를 쓰고 한 달간 자기 돈으로 치료를 마쳤다. 다시 백화점에 돌아왔지만 휴직하기 전 3개월간 일한 시간의 퇴직금 요건은 사라졌다. 상식적으로는 있어서는 안 되는 일들이 횡행하고 있다.

이처럼 오늘날 청소노동자, 그리고 대다수 비정규직 노동자들이 부딪히고 있는 어려움은 이 책에서 다루고 있는 사례들보다 더 다양하고 심각하다. 아니, 비정규직 노동자들이 어떤 애로사항을 갖고 있는지 우리는 단 3퍼센트의 사례밖에 모른다고 말하는 것이 옳을 것이다. 비정규직 노동자들의 노동조합 가입률이 3퍼센트에 불과하기 때문이다. 이런 상황에서 노동자들은 한국 사회에 만연한 불안정노동의 착취 구조를 해결하기 위해 그 어느 때보다 연대의 손길과 저항을 갈망하고 있다.

지금 이 시각. 부산의 한진중공업 영도조선소 85호 크레인 위에는 아직도 김진숙 씨가 220여 일이 넘게 농성을 지속하고 있다. 수많은 우여곡절과 무수한 투쟁, 세 차례에 걸쳐 영도를 찾은 희망버스의 외침으로 조남호라는 한 자본가가 국회 청문회 자리에 오르기까지 했지만 아직도 해결된 것은 아무것도 없다. 이 뜨거운 열망이 전국적으로 퍼져 그 어느 때보다 크고 강한 행동들이 모이고 있음에도 불구하고 우리는, 여전히도 냉소와 비관, 절망의 목소리들을 듣는다. 그럴 때마다 얼마나 곤혹스럽고 안타까운지. 1만여 명이 넘는 사람들이 전국 도처에서 영도로 모일 때, 왜 부산의 그 많은 비정규직 노동자들, 평범한 사람들은 그들과 같은 목소리를 내지 않았던가. 왜 "해고 철회! 비정규직 철폐!"라는 지극히 정당하고 당연한 목소리들은 보이지 않는 벽에 부딪혀 사라지거나 냉소의 벽을 뚫지 못하는 것일까. 이 땅에서 자본에 착취당하며 고통을 느끼는 이들이 한자리에 모여 연대한다면 얼마든지 해결할 수 있는 문제들이 좌절되는 것을 지켜볼 때마다 쓰라린 마음을 감출 수 없다. 어떤 이들은 그것이 과연 가능한 것이냐고 되묻기도 하고, 또 어떤 이들

은 심각한 비관에 빠지기도 한다.

물론 우리는 이 세상을 꼼꼼하게 조직하고 결정짓고 있는 무수한 끈들을 어느 한 순간에 풀어낼 수 없다. 한 번의 싸움으로 세상이 바뀔 수 있으리라는 건 환상에 가깝다. 우리는 쉽게 기대를 품다가도 쉽게 좌절하는 조울증적인 난관에 빠져 무기력을 느끼곤 하지 않나. 따라서 지금 우리가 고민하고 기획해야 하는 일은 어떤 일회성 이벤트의 수준을 넘어서는 무엇, 비교적 긴 전망을 통해 잃어버린 연대의 끈과 몫 없는 자들의 '정치'를 복원해나가는 것이 되어야 한다. 어떻게 '다르게' 살 것인지, 어떤 대안을 구축할 것인지를 고민하며 불안정한 노동의 문제에 다가서야 한다는 것이다.

최근 진보진영에서도 포퓰리즘적 기대에 의거한 구호들이 난무하고 있다. 뭐든지 '무상'을 이야기하고, '반값'을 호언하면 그것이 세상의 대단한 변혁을 이룰 것이라는 막연한 환상이 이념이 사라진 사회운동의 분위기를 호도하고 있는 것이다. 그러나 자본주의의 구조적 위기에 대한 분석과 비판이 존재하지 않는 한, 그런 구호들은 자칫 정치 자체가 사라진 대중 이데올로기의 조건을 변화시키기는 커녕 도리어 정치의 위기 자체를 더 빠르게 종용하는 것이 될 가능성이 크다. 불안정노동을 양산하는 구체적인 조건들에 맞선 구체적인 구호들을 고민해야 할 때다. 우리는 계속 스스로에게 질문을 던져야 한다. 왜 이토록 많은 이들, 그리고 우리 자신이 수많은 모순들 속에 살면서도 저항하지 않는 것일까? 자신이 처한 문제가 오직

개인의 불행에 기원한 문제라고 여기거나, 대안적인 정치 자체를 발명해내지 못하고 있기 때문이 아닐까? 끊임없이 질문을 던지며 구체적인 쟁점에 대한 구체적인 대안을 만들어나가야 한다.

언제나 현실에서의 운동들이 어려움에 처할 때, 막연한 낭만에 기댄 운동이나 국가 체제 내적인 수준에서의 '개혁'과 '수정'에 대해 기대를 보내는 경향이 강해지곤 한다. 그러나 낭만과 휴머니즘만으로 세상이 바뀔 수 있으리라는 믿음은 막연하고 맹목적인 환상일 뿐이다. 국회의원 몇몇을 더 당선시키거나 좀 더 '인간적'인 대통령 개인이 나타나면 세상이 바뀔 것이라는 자유주의적 믿음 또한 자본주의의 구조적인 모순에 대한 고민이 없는 순진한 생각이다. 차라리 우리는 청소노동자나 한진중공업의 노동자들처럼 스스로의 대안과 삶을 신뢰하고, 노동자 자신의 연대를 통해 세계의 모순을 해결하려는 움직임들에 기대를 걸어야 한다. 그것만이 우리 자신을 '정치'의 주인으로 삼는 행동이며, 구조적인 모순을 똑바로 직시하고 잘못된 현실을 변화시킬 수 있는 길이다.

미국발 세계 금융위기의 징조가 나타나고, 최근 들어 그 징후는 세계 도처에서 드러나고 있다. 지난 2011년 8월 영국의 토트넘에서는 빈민가 청년들의 폭동이 일어났다. 이 사건은 신자유주의적 착취 구조에서 공공예산 삭감, 청년층 실업률 증가로 인해 발생한 민중들의 광범위한 불만에 그 원인이 있다는 것이 대체적인 분석이다. 또 그리스와 스페인, 남미의 칠레 등에서는 당면한 경제위기

속에서 노동자들의 지속적인 총파업 투쟁, 구조조정 반대 투쟁이 이어지고 있다. 신자유주의적 개혁조치들이 더 이상 자신들의 삶을 위한 것이 아님을 자각한 대중들이 거리로 쏟아져나온 것이다. 지난겨울에는 튀니지와 이집트, 알제리, 리비아, 시리아, 예멘 등에서 거센 저항이 일어나기도 했다. 노점상 단속으로 사지에 몰린 한 청년이 분신한 사건으로 시작된 튀니지 혁명(재스민 혁명)은 23년간 계속된 독재정권을 무너뜨렸으며, 리비아와 시리아에서는 여전히 저항이 이어지고 있다.

야만에 맞선 '대안'의 세계화를 구축하느냐, 아니면 다시금 야만의 세계의 리뉴얼을 맞이하느냐의 갈림길에 놓여 있는 것은 한국 사회의 우리 또한 마찬가지다. 미국발 금융위기의 촉발을 계기로 초국적 금융자본이 구가한 거대한 잔치는 막을 내리고 있다. 이제 자본이 택할 수 있는 선택지는 그리 많지 않으며, 노동자, 빈민 등 대다수 사람들 역시 상황은 다르지 않다. 자본과 국가가 그어놓은 무수한 분할선들을 깨고 억압받는 이들간의 '연대'를 형성해 싸우지 않으면 삶의 파괴를 막을 수 없는 상황에 놓여 있는 것이다.

우리가 이 책에서 살펴본 청소노동자를 포함한 비정규직 노동자들의 현실과 그에 맞선 저항은 지금의 국제 정세 속에서 가장 근본적인 모순 위에 놓여 있음을 잊어선 안 된다. 각종 언론매체나 학교 교육과정에서는 노동자들이 왜 파업이나 투쟁을 하는지보다 교통 혼란이 가중되었다거나 자본에 끼친 손해액이 얼마인지를 늘어놓으며 그것의 '반사회적' 효과들을 선전하는 것에만 열중할 뿐, 우리들 각자의 구체적인 삶의 풍경들이 걸린 객관적인 현실을 말해주진 않는다. 그러므로 우리는 끊임없이 현실 세계의 모순들에 대해 '공부' 하고, 다른 사람들에게 '알리고', 희망버스와 같은 대중적 행동을 '조직' 하며 부당한 억압과 착취의 현실을 바꿔낼 수 있어야 한다.

결론에 이르러서 나는 독자들에게 다소 뜬금없게 들릴 수도 있는 행동의 '요청' 을 하고 있다. 사실 우리는 이 책을 평화롭고 낭만적인(?) 어조로 끝낼 수도 있었다. 그러나 그리 녹록지 않은 현실의 무게와 당면한 위기의 상황이 그렇게 할 수 없게 만들고 있다. 불안정노동이 우리의 삶을 지배하는 지금, 비정규직 노동자의 투쟁에 연대하는 것은 절망의 시대에 '희망' 을 노래할 수 있는 유일한 길이기 때문이다. 우리는 청소노동자들이 내지른 주먹에서, 제조업 하청 노동자들이 외친 '인간답게 살고 싶다' 는 외침 속에서, 그리고 청년들이 처한 불안정노동과 실업의 절박함 속에서, 그들이 느끼는 삶의 억압이 우리 자신이 처한 각각의 억압들과 동떨어져 있는 것이 아님을 깨닫고 "당신의 해방이 곧 나의 해방"이라고 말해야 하지 않을까? 이 책은 그렇게 믿는 모든 이들과 함께하고픈 마음에서 만들어졌다.

또한 이 책은 대학생이라는 위치에 서서 바라본 비정규직 노동자들과의 연대의 기억들로 구성되었다. 현실에 대한 면밀하고 과학적인

비판과 분석의 측면에서는 미흡한 부분들도 있을 것이다. 이런 공백은 독자 자신의 깊이 있는 학습과 성찰을 통해 채워나가 달라고 제안하고 싶다. 특히 그 과정에서의 끊임없는 현실과의 조우, 삶에서의 실천은 필수적이다.

지금 이 순간에도 전국 곳곳에서 벌어지고 있는 비정규직 노동자들의 저항이 어떤 미래로 나아갈 수 있을지, 궁극적인 변혁의 길로 나아갈 수 있을지는 장담할 수 없지만 이 책이 그 흐름에 아주 미약하나마 보탬이 되길 바란다. 우리 모두 두려움을 떨치고, 다른 세계는 가능하다고 이야기하자. 우리의 행동, 비판의 목소리, 뼈아픈 성찰들 하나하나가 모여 파도를 이루는 딱 그만큼 세계는 바뀌기 시작한다. 브라질의 민중들은 자본의 착취에 맞선 싸움의 대열에 나설 때 자신이 세상의 주인임을 선언하며 이렇게 외쳤다고 한다. **"행복해지기를 두려워하지 말자!"**